中等职业教育国家规划教材
全国中等职业教育教材审定委员会审定

# 电 工 基 础
## 第 2 版

王占元　籍　宇　王　宁　编

机械工业出版社

本书第 1 版是经教育部审定的中等职业教育国家规划教材之一，现经过修订再次出版。本版特点在于突出基本知识和基本方法；密切联系实际应用；增加阅读自学的内容；注重应用电工技术分析问题、解决问题的方法和思路。

修订后的教材精简为六章，内容主要有：电路的基本概念和基本定律；直流电路分析；磁与电磁；正弦交流电的基本概念；交流电路分析；三相正弦交流电路分析等。内容中分为必学、选学、练中学和阅读四种类型，以适用不同专业、不同地区和不同学时的教学需要。每章后面有小结，附有思考题和习题，以增强学生的学习兴趣，培养自学能力，为学好专业知识打下基础。

本版适合制造、能源等行业三年制中等职业学校电类专业的师生使用。亦适合作为初、中级电工技术人员的培训教材或参考书。

为方便教学，本版配有电子教案和实验指导书，凡选用本书作为授课教材的学校均可来电索取，联系电话：010-88379195。

## 图书在版编目（CIP）数据

电工基础/王占元，籍宇，王宁编．—2 版．—北京：机械工业出版社，2007.6（2026.1 重印）
中等职业教育国家规划教材
ISBN 978-7-111-09727-3

Ⅰ．电… Ⅱ．①王…②籍…③王… Ⅲ．电工学—专业学校—教材 Ⅳ．TM1

中国版本图书馆 CIP 数据核字（2007）第 091458 号

机械工业出版社（北京市百万庄大街 22 号　邮政编码 100037）
责任编辑：高　倩　版式设计：冉晓华
责任校对：张晓蓉　责任印制：单爱军
北京盛通数码印刷有限公司印刷
2026 年 1 月第 2 版第 17 次印刷
184mm×260mm・13 印张・315 千字
标准书号：ISBN 978-7-111-09727-3
定价：39.80 元

| 电话服务 | 网络服务 |
| --- | --- |
| 客服电话：010-88361066 | 机　工　官　网：www.cmpbook.com |
| 　　　　　010-88379833 | 机　工　官　博：weibo.com/cmp1952 |
| 　　　　　010-68326294 | 金　书　网：www.golden-book.com |
| 封底无防伪标均为盗版 | 机工教育服务网：www.cmpedu.com |

# 第 2 版前言

本书第 1 版是根据 2000 年教育部颁发的中等职业学校电工基础课程的教学大纲编写的,是中等职业教育国家规划教材之一。

本书第 1 版自出版以来,受到全国各地很多师生的好评,同时也有很多读者提出了宝贵的意见和建议。随着这几年中职教育的蓬勃发展,学制及生源特点都发生了很大的变化。因为一直从事本课程的一线教学工作,我们深切地体会到第 1 版教材的修订工作是迫切且必要的。

根据当前职业教育教学改革的要求,本版立足于实际应用,对内容做了精简和调整。将原来的十一章缩编为六章,以适应三年制中专的教学要求。其中,各章内容仍然分必学、选学(带 * 号)、练中学(带 ⊙ 号)和阅读(带 Δ 号)四种,以根据不同专业和不同地区选用。

本版教材着重突出了三点:一是更突出了基本知识和基本方法。例如:增添了三种负载元件和两种电源的阐述,强调常用简单电路的分析方法,对复杂电路只介绍几种最基本的分析方法,对电磁现象及规律也作为重点内容介绍。二是更加密切地联系实际应用。例如:教材中的举例、练习题及阅读材料等多以实际典型元器件为对象,以使学生感到学了有用。三是增添了阅读自学内容,教材中增加了一些实际应用和简单专业知识,供学生阅读,目的是增强学生的学习兴趣,培养自学能力,为学习专业知识打下基础。

**教学参考课时分配**

| | 理 论 课 时 | | 练 中 学 | 实验课时 | 小 计 |
|---|---|---|---|---|---|
| | 讲 授 课 时 | 阅读指导课时 | | | |
| 绪 论 | 1 | | | | 1 |
| 第一章 | 12 | 2 | 2 | 4 | 20 |
| 第二章 | 12 + 4 | 1 | 2 | 6 + 2 | 27 |
| 第三章 | 10 | 2 | | 4 | 16 |
| 第四章 | 10 + 2 | | 2 | 2 | 16 |
| 第五章 | 8 + 6 | 1 | 3 | 4 + 2 | 24 |
| 第六章 | 8 + 2 | 4 | 4 | 4 | 22 |
| 合 计 | 61 + 14 | 10 | 13 | 24 + 4 | 126 |

注:表中所列课时 a + b,其中 a 为必学课时,b 为选学课时。

本版由河北机电职业技术学院王占元、籍宇、王宁三位老师共同编写。由于本书第 1 版的部分章节由纪锋老师编写，而本版是在第 1 版基础上修订的，因此，本版自然也包含了纪锋老师的辛勤劳动，编者在此向纪锋老师表示深切的谢意。

编者的水平有限，书中难免还存在不妥和错误之处，恳切希望各位老师和读者批评指正。

编　者

# 第1版前言

本书为中等职业教育国家规划教材之一。

2000年教育部颁发了中等职业学校电工基础课程的教学大纲。本教材的编写就依据此教学大纲，并吸取了各学校多年来的教学经验和教训。内容的选取适应当前电工技术飞速发展的形势。它适合机械制造、能源等行业中等职业学校电类专业的学生使用，是上述专业的重要技术基础和主干课程。

教材的编写，突破了原来旧的体系，按教学大纲的要求，以模块形式组织内容。基础模块部分是各专业必学内容，选用模块部分是根据专业不同和地区差别进行选学的内容，带"Δ"号内容为阅读和应用部分，供学生自学。同时，考虑到三年制和四年制的差别，书中带"*"号的内容是四年制学生必学内容，三年制的不要求。本教材既突出了基础性，即基本理论、基本知识和基本方法，又注意到联系实际应用。对传统内容作了精选，保证了必需的常用基础知识，但增加了适应新技术的基础知识，旨在拓宽学生的知识面，便于和新的先进技术接轨。编写时，尽可能做到以定性分析为主，辅以必要的定量计算；淡化理论推导，注重实践应用，注重分析问题和解决问题的思路。

本书的第一、二、四、五章由河北省机电学校王占元老师编写，第三、六、七、八、九、十、十一章由河北省机电学校纪锋老师编写，王占元老师统稿。全书由北京市仪器仪表学校高级讲师蒋湘若老师主审。审稿会在北京召开，参加会议的有北京信息职业技术学院电子工程系主任刘连青老师，北京市仪器仪表学校自动化室主任刘玉娟老师，北京市化工学校的尹宏业老师，北京市一八九中学的王振老师，河北省机电学校的高级讲师许翏老师。会上，同志们提出了许多意见和建议。后来，全书由孙文卿教授和吴锡龙教授进一步审定，在审定中对全书又提出了宝贵的修改意见，使书稿得到进一步完善。在编写过程中，还得到北京信息职业技术学院王惠玲老师的指导，河北省机电学校的王海萍老师、萧淑霞老师也给予我们很大支持和帮助，在此一并表示诚挚的谢意。

由于编者水平有限，书中难免存在不妥和错误，恳切希望各位老师和读者批评指正。

编　者

# 目 录

第2版前言
第1版前言
绪论 ································ 1
**第一章 电路的基本概念和基本定律** ····· 3
 第一节 电路和电路模型 ············· 3
 第二节 电路的基本物理量 ············ 6
 第三节 电阻元件 ··················· 11
 第四节 电源与电路的工作状态 ········ 15
 第五节 基尔霍夫定律 ················ 21
 ⊙第六节 万用表和绝缘电阻表的
    使用简介 ··················· 24
 △第七节 常用电工材料 ············· 30
 △第八节 常用电光源简介 ············ 32
 本章小结 ·························· 36
 练习及思考题 ······················ 36
**第二章 直流电路分析** ················ 38
 第一节 电阻串、并联电路的分析 ······ 38
 第二节 支路电流法 ················· 44
 第三节 叠加原理 ··················· 45
 第四节 戴维南定理 ················· 47
 *第五节 等效变换法 ················ 50
 第六节 电容元件 ··················· 53
 ⊙第七节 实际电容器 ················ 57
 *第八节 电容器充、放电电路的分析 ···· 62
 △第九节 电工识图知识 ·············· 65
 ⊙第十节 直流电量的测量 ············ 68
 本章小结 ·························· 71
 练习及思考题 ······················ 71
**第三章 磁与电磁** ···················· 76
 第一节 磁场的概念 ················· 76
 第二节 铁磁材料 ··················· 80
 第三节 磁场对电流的作用 ············ 84
 第四节 电磁感应定律 ················ 86
 △第五节 电磁感应的利用和避免举例 ······ 91
 本章小结 ·························· 98
 练习及思考题 ······················ 98
**第四章 正弦交流电的基本概念** ········ 101
 第一节 正弦交流电概述 ············· 101
 第二节 正弦交流电量的有效值
    和平均值 ··················· 105
 第三节 正弦交流电量的旋转
    矢量表示法 ················· 106
 第四节 正弦交流电路中的电阻元件 ···· 108
 第五节 正弦交流电路中的电感元件 ···· 110
 第六节 正弦交流电路中的电容元件 ···· 113
 *第七节 正弦交流电量的相量表示法 ···· 117
 ⊙第八节 交流电量的测量 ············ 120
 本章小结 ·························· 125
 练习及思考题 ······················ 126
**第五章 交流电路分析** ················ 128
 第一节 RL 和 RC 串联电路 ··········· 128
 第二节 RLC 串联电路 ··············· 132
 第三节 正弦交流电路的功率 ·········· 134
 第四节 功率因数的提高 ············· 138
 *第五节 用相量法求解交流电路 ······· 140
 *第六节 谐振电路 ·················· 143
 △第七节 谐振的利用 ················ 148
 ⊙第八节 实际正弦交流电路举例分析 ···· 150
 *第九节 非正弦交流电路简介 ········· 156
 本章小结 ·························· 161
 练习及思考题 ······················ 162
**第六章 三相交流电路分析** ············ 164
 第一节 三相交流电源 ··············· 164
 第二节 三相负载的连接方式 ·········· 167
 第三节 三相对称电路的计算 ·········· 172
 第四节 三相交流电路的功率 ·········· 174

- △第五节 电力供电系统 …………… 176
- △第六节 三相异步电动机 …………… 180
- ⊙第七节 安全用电知识 ……………… 183
- ⊙第八节 三相电路的功率和电能测量 …… 188
- 本章小结 ……………………………… 190
- 练习及思考题 ………………………… 191
- **附录 部分练习题答案** ……………… 194
- **参考文献** …………………………… 197

# 绪　论

电能是现代工业、农业、国防、交通、通信及科研等部门的主要能源。人们的日常生活也离不开电能，从某种意义上讲，电气化的程度已作为衡量一个国家是否发达的主要标志之一。

我国虽然是文明古国，在电学和磁学方面对人类都有一定贡献，但漫长的封建社会造成我国的社会生产力低下。解放前仅有的一点电力工业也十分落后。

解放后，特别是改革开放以来，仅仅几十年，我国的电气事业和其他事业一样，有了惊天动地的变化。

目前，我国不仅建成了各类装机容量的发电站，而且正在朝着以水电为主、核能为辅的新的洁净能源方向发展。浙江秦山和广东大亚湾核电站的建成，长江三峡水利枢纽工程的投入发电，这些都标志着我国的电能生产已向世界先进行列迈进。

电气事业的飞速发展，使制造、能源、运输等各行业的生产方式也发生了深刻的变革。例如：以多工序数控机床和工业机器人为代表的高精度机械加工设备相继问世和使用；计算机正在各行业中发挥其快速准确的优势；互联网和移动通信的迅速发展使我国的国民经济进入信息时代等。

展望未来，电气事业的飞速发展和普及，将给人类带来一个无限美好的世界。

## 一、本课程的性质和任务

21世纪，一定是高科技发展的世纪，电气化必将渗透到各行各业中。自动化、智能化的产业大量涌现，要求我们从事电类专业的初、中级人才必须要牢固掌握电工技术，这样才能适应发展的需要，满足今后工作的要求。

"电工基础"是电类专业的技术基础课，它的主要任务是使电类专业的初、中级技术人员获得电工技术的基本知识和基本技能，为进一步学习专业课知识打下一定的基础。同时，通过学习，使自己树立辨证唯物主义观点和实事求是的科学态度，培养分析问题和解决问题的能力。

本书重点讲述电工技术最初步、最根本、最具共性的知识、规律和分析方法，并根据不同的行业和地区增设一些选学内容。另外，为扩大知识面，还增加了阅读材料和实际应用知识。

## 二、学习"电工基础"应注意的问题

"电工基础"虽然是专业基础课程，但内容比较丰富，涉及的元器件多，电路形式多，概念和方法也多。因此，学习中应注意以下几点：

（1）抓基本概念　弄清楚基本概念是进行分析和计算问题的前提，是学好本课程的关键。首先要学会定性分析，认清物理本质。

（2）抓规律，抓特点，抓思路，抓相互联系　对每一章节，都要抓住问题是怎么提出来的，有什么矛盾，如何解决，又如何进一步发展，从而形成一条清晰的思路。要注意，重要的不是具体的、个别的知识，不是各种电路的简单罗列，而是解决问题的一般方法和彼此的内在联系。唯此，才能举一反三、触类旁通，才能在不同的条件下灵活运用所学知识。

（3）抓课后练习　和其他课程一样，要把做习题作为一个不可缺少的重要环节。它对巩固概念、启发思考、熟练运算、暴露学习中的问题和不足是极其必要的。做完一道题，都要回头想一想，体会一下这道题的意图，总结自己做题中的收获。若是抱着完成任务的态度，为做习题而做习题，是达不到预期效果的。

（4）要认真地阅读教材　阅读教材要注重领会精神实质，理解概念的含义，掌握分析问题的思路，切忌停留在字面上死记硬背。在课堂上一定认真听老师的讲解，课下有选择、有重点地阅读教材，充分利用教材帮助自己消化知识。

（5）注意总结归纳　学完每一节、每一章后，最好总结一下。这样就会知道哪些问题该掌握，哪些问题该了解，重点、难点一清二楚，便于记忆。

（6）理论联系实际　教材中提供了一些阅读和应用材料，课余时间要认真阅读。同时还要注重实验环节。通过这些培养解决实际问题的能力。

以上几点建议仅供参考。读者可根据各自的特点、基础找到一个切实可行的学习方法。我们相信，只要刻苦学习，脚踏实地地下一番苦功夫，一定能学好这门课程。

# 第一章

## 电路的基本概念和基本定律

**教学目的**
1. 了解电路的组成、功能及工作状态。
2. 理解电路中各物理量的含义,记住它们的单位、大小和方向。
3. 掌握电阻元件的主要特点,记住电源的两种表示方法及其等效变换。
4. 掌握欧姆定律、基尔霍夫定律的内容,并会在电路分析中应用。

电路是电工技术的主要研究对象。因此,电路知识和对电路的分析方法是电工基础的主要内容。本章先介绍电路的基本概念,主要物理量,元件的特点以及电路中的主要定律。为后面学习电路的分析打下基础。

 ## 第一节 电路和电路模型

通过我们初中学过的用电常识可以知道:无论供电、用电,还是控制保护等均离不开电路。为了掌握电路的有关知识,首先要知道什么是电路,电路的组成和电路的作用是什么。

### 一、电路的组成和作用

什么是电路?通俗讲,**电路**就是电流通过的路径。它是由一些电气设备和元器件按照一定方式连接而成的总体。例如:提供电能的供电电路,用电设备的控制电路,信号放大电路,检测用的测量电路,以及存储信息的存储电路等。

图 1-1-1a 所示为最常见的手电筒实际电路,它由电池、电珠、开关和金属连片等组成。为了画图和识图方便,还可用规定的图形符号代表各种实际元件,画出如图 1-1-1b 所示的

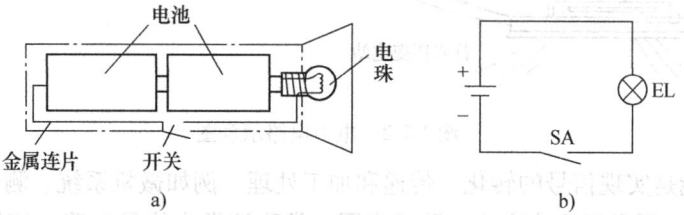

图 1-1-1 手电筒电路
a) 实际电路图 b) 电路原理图

电路原理图。

手电筒电路可以反映电路的组成共性，即电路是由电源、负载和中间环节三个基本部分组成。其中：

**电源**是提供电能的器件和装置（电池、发电机等）。它将其他能量（化学能、机械能、热能、原子能等）转化成电能提供给电路。电路中的信号源也属于电源。

**负载**是将电能转变为其他能量的设备，又称用电器（白炽灯、电炉、电动机、收音机中的扬声器、电视机的屏幕等）。

**中间环节**包括电源和负载之间的连接导线，控制设备（开关、按钮等），保护装置（熔断器、自动保护开关等）和检测仪表（电压表、电流表等）。

人们虽然使用不同电路来完成各种各样的任务，但是按照工作任务划分，电路的主要功能有以下两类。

第一类功能是进行能量的传输、转换和分配。前面所例举的手电筒电路就属于该类。又如在供电电路中，电厂中的发电机将机械能变成电能后，通过变压器、输电线分配输送到各个用户，各用户再通过各种用电设备将电能转化成其他形式的能量（光能、热能、机械能等），常称该类为**电力电路**，如图 1-1-2 所示。

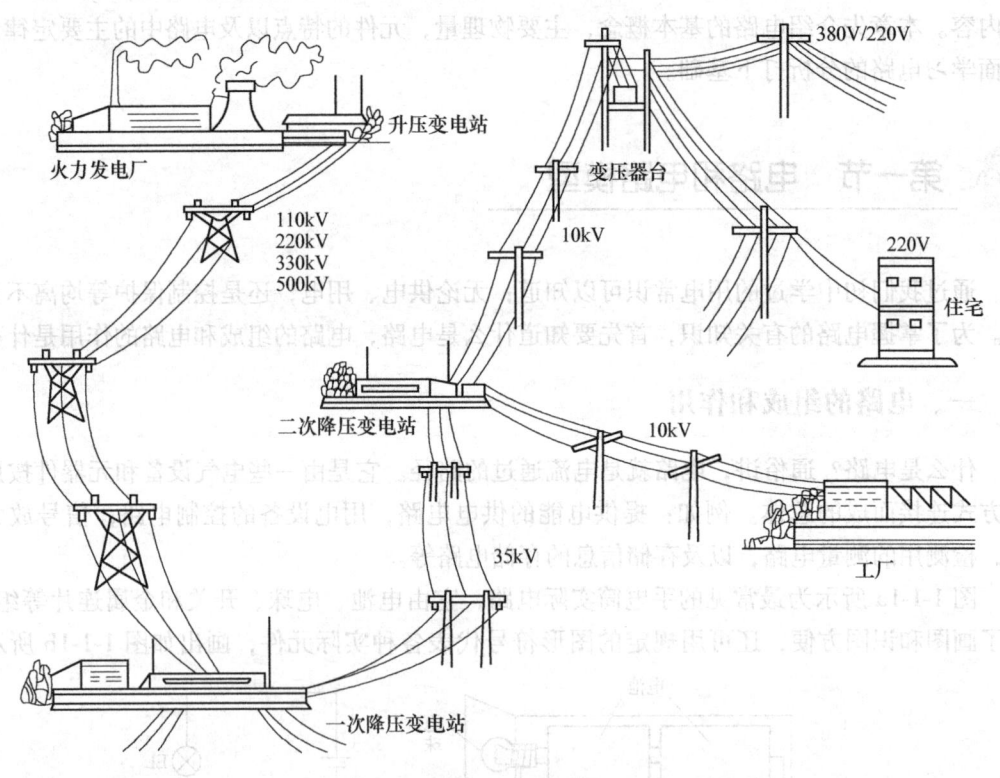

图 1-1-2 电力电路示意图

第二类功能是实现信号的转化、传递和加工处理。例如微机系统、测量电路、各种视听设备等。图 1-1-3 所示即为收音机电路示意图，常称该类为**信号电路**。信号电路的输入信号又叫做激励，输出信号叫做响应。

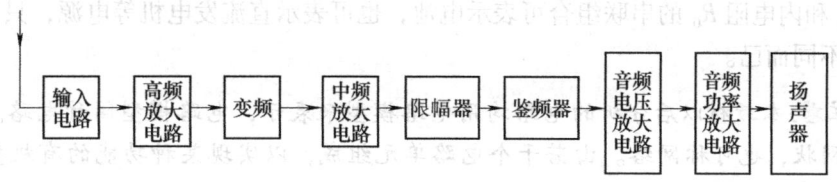

图 1-1-3 收音机电路示意图

## 二、电路模型

一个实际电路由各种各样的元器件组成,而每个元器件的电磁性能严格地说又是比较复杂的。以常见的白炽灯为例,当电流通过时,它主要表现为消耗电能变为光能(热能),此外,电流还产生磁场、电磁效应;电荷在灯丝上还产生电场等。若将它的所有电磁特性考虑进去,将会使电路的分析变得非常繁琐,甚至难以进行。

💡 **提示**:实际工程中常抓主要矛盾,将次要矛盾忽略,用一个或几个假想的理想元件的组合来近似代替实际元件,这样不仅分析起来方便简单,也符合实际元件的主要规律。例如:电路中的白炽灯、电阻器、电热器等电气器件就用耗能性的理想电阻元件来代替。

电路分析中常见的理想元件有四类,它们各具有单一的电磁性能。电阻元件以消耗电能为主要特征——耗能元件;电容元件以储存电场能量为主要特征——储能元件;电感元件以储存磁场能量为主要特征——储能元件;电源包括电压源和电流源,它们以供给电能为主要特征——供能元件。凡具有两个接线端钮的理想元件通称为二端电路元件。这些理想元件均用特定的图形和文字符号来表示,如图 1-1-4 所示。

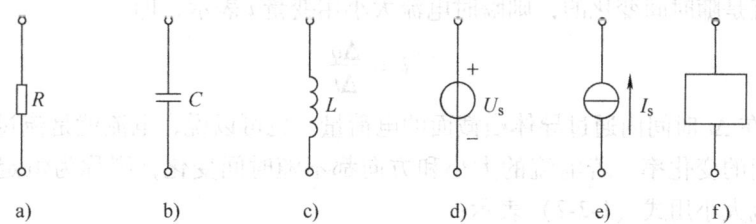

图 1-1-4 理想元件的图形文字符号

a) 电阻元件 b) 电容元件 c) 电感元件
d) 电压源元件 e) 电流源元件 f) 二端电路元件

用理想元件和无阻导线连接的组合来表示实际电路称为**电路模型**。图 1-1-5 表示的就是手电筒电路模型。其中 $E$ 和 $R_0$ 的串联组合反映实际电源(干电池)的情况,$R$ 反映电珠的发热(发光)情况。

电路模型虽然与实际电路的结构不完全一致,但在工程上允许的范围内,实际电路的分析完全可以用电路模型代替。这样,不仅使电路的分析得到简化,而且还有普遍意义。例如:无论电能变为何种其他能量,凡是消耗了电能的元件都可以用电阻元件 $R$ 表示;

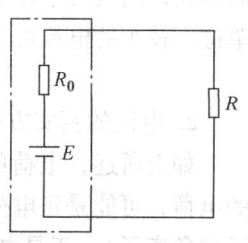

图 1-1-5 手电筒的电路模型

电压源 $U_S$ 和内电阻 $R_0$ 的串联组合可表示电池，也可表示直流发电机等电源，只不过它们的参数大小不同而已。

> 注意：本教材以后分析的电路均用电路模型来表示，电路模型简称电路。较复杂的电路呈现网状，也可称网络。由若干个电路单元组成，以实现某种功能的有机整体又称系统，如电力系统，计算机系统等。

## 第二节　电路的基本物理量

电路的作用是进行电能与其他形式能量之间的相互转换。那么，就必须用一些物理量来表示电路的状态及电路中各部分之间能量转换的相互关系。这些物理量主要有电流、电压、电位、电动势、电功率等。认识和了解这些物理量，是分析和计算电路的基础。

### 一、电流

1. "电流"的两个含义

1）电流表示一种物理现象。电荷有规则的运动就形成电流。通常在金属导体内部的电流是由自由电子在电场力作用下运动而形成的。而在电解液中（如蓄电池），或者在被电离后的气体导电过程中，电流是由正、负离子在电场力作用下，沿着相反方向运动而形成的。负电荷的运动效果与等量正电荷在相反方向上的运动效果是相同的。

2）电流的大小用电流强度来表示。电流强度是指在单位时间内通过导体横截面的电荷量。通常将电流强度简称为电流，所以电流又代表一种物理量。

如果电流是随时间变化的，则瞬时电流大小用变量 $i$ 表示，即

$$i = \frac{\Delta q}{\Delta t} \tag{1-2-1}$$

式中，$\Delta q$ 是在 $\Delta t$ 时间内通过导体横截面的电荷量。也可以说，电流就是流过导体横截面的电荷量对时间的变化率。若电流的大小和方向都不随时间变化，则称为恒定电流，简称直流。这时电流大小用式（1-2-2）表示：

$$I = \frac{q}{t} \tag{1-2-2}$$

式中，$q$ 是 $t$ 时间间隔内通过导体横截面的电荷量。电流的单位是安培（库/秒，即 C/s），简称安，用大写字母 A 表示（国际单位制）。此外，对于较大的电流可以用千安（kA）作单位，较小的电流可以用毫安（mA）或微安（μA）作单位，它们的关系是

$$1\text{kA} = 10^3 \text{A} \quad 1\text{A} = 10^3 \text{mA} = 10^6 \mu\text{A}$$

2. 电流的真实方向和参考方向

如上所述，电荷的有规则移动形成了电流，而形成电流的电荷，可能是正电荷（如正离子），也可能是负电荷（如电子或负离子），于是电流就有一个方向的问题。

习惯上，我们把正电荷运动的方向规定为电流的方向。如图 1-2-1 所示，一段金属导体中的自由电子在电场力的作用

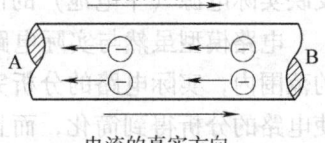

图 1-2-1　电流的真实方向

下由 B 向 A 运动，其效果与等量正电荷自 A 向 B 运动相同。导体中电流的方向是从 A 到 B，这就是电流的真实方向或实际方向。

但在实际问题中，电流的真实方向往往难以在电路图中标出。例如：交流电路中的电流方向随时间变化，很难用一个固定的箭头来表示真实方向。即使在直流电路中，在求解较复杂电路时，也往往难以事先判断电流的真实方向。为了解决这样的困难，我们引入参考方向这一概念。参考方向又叫假定正方向，简称正方向。

所谓参考方向，就是在一段电路中，在电流两种可能的真实方向中，任意选择一个作为标准，或者说作为参考。当实际的电流方向与它相同时，取正值；相反时，就取负值。例如在图 1-2-2 中，实线箭头是选定的参考方向，虚线箭头表示的是该段电路中电流的真实方向。其中图 1-2-2a 表示的是电流真实方向与参考方向一致，电流 $I$ 是正值；图 1-2-2b 表示的是二者相反的情况，电流 $I$ 则是负值。

从另一个角度看，同一个电流，例如大小为 0.5A，但因选取的参考方向不同，可能是正值，也可能是负值。

在图 1-2-3a 中选定的参考方向下（用实箭头表示），电流 $I = 0.5\text{A}$；在图 1-2-3b 中选定的参考方向下，电流 $I = -0.5\text{A}$。但是它们实际上是同一个电流。

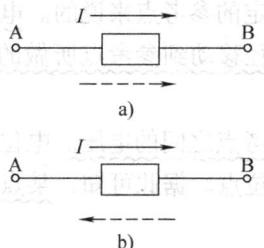

图 1-2-2　电流的参考方向
a) $I$ 为正值　b) $I$ 为负值

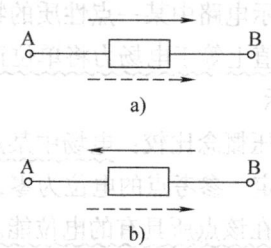

图 1-2-3　电流正负值的讨论
a) $I = 0.5\text{A}$　b) $I = -0.5\text{A}$

💡 提示：从上述分析可以得出如下结论：电流的参考方向与它的真实方向是两个不同的概念。

1) 电流的真实方向是一种客观存在，不能任意选择。电流的参考方向则是用来确定电流真实方向，分析计算电路的一种方法和手段。

2) 在规定了参考方向之后，电流是一个代数量，可正可负。参考方向与该代数量结合即可确定电流在电路中的真实方向。

3) 一段电路中电流的参考方向虽然是可以任意选定的，但是在可能条件下总是尽量使参考方向与真实方向一致。电流的参考方向一经确定，在整个分析计算过程中就必须以此为准，不允许再更改了，这点尤为重要。

今后在电路图中，所标注的电流方向均为参考方向，如有例外，应做特殊说明。

## 二、电压、电位

如上所述，电荷在电场力的作用下形成电流。在这个过程中，电场力推动电荷运动做功。为了表示电场力对电荷做功的本领，我们引入"电压"和"电位"这两个物理量。

1. 电压

在图 1-2-4 所示的一段电路中，若正电荷 $\Delta q$ 在电场力的作用下从 A 运动到 B 时，电场力做的功是 $\Delta A$，则 A、B 两点之间的电压 $U_{AB}$ 即为

$$U_{AB} = \frac{\Delta A}{\Delta q} \tag{1-2-3}$$

从数值上看，A、B 之间的电压就是电场力把单位正电荷从 A 移动至 B 所做的功。其物理意义是，A、B 之间的电压反映了电场力在 A、B 两点间做功的能力。在国际单位制中，电荷的单位是库仑（C），功的单位是焦耳（J），电压的单位是伏特，简称伏（V），即

$$1V = 1J/C$$

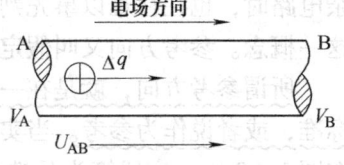

图 1-2-4 电压的概念

电压的辅助单位有千伏（kV）及毫伏（mV），它们的关系是

$$1kV = 10^3 V \quad 1mV = 10^{-3} V$$

不随时间变化的电压是直流电压，规定用大写字母 $U$ 表示。小写字母 $u$ 用来表示交变电压，它是时间的函数。

**2. 电位**

电位是表示电路中某一点性质的物理量，而且是相对确定的参考点来说的。电路中某点 A 的电位在数值上等于电场力将单位正电荷自该点沿任意路径移动到参考点所做的功。A 点电位用 $V_A$ 表示。

电位与电压概念比较：电场中某点的电位就是该点到参考点之间的电压。电位的单位也是 V。并且规定，参考点的电位为零，所以参考点又叫零电位点。据此可知，某点的电位就是单位正电荷在该点所具有的电位能。

对于电位这个概念来说，参考点是至关重要的。

💡 **提示：** 首先，电位是一个相对的物理量，不确定参考点，讨论电位也就没有意义了。

其次，在同一个电路中，当选定不同的参考点时，同一点的电位是不同的。那么，应该如何确定参考点呢？原则上说可以任意选定。但在实际研究电场时，一般选无限远处为参考点；在研究的电路中若有接地点，通常选择接地点为参考点。以大地电位为参考点，是因为大地容纳电荷的能力很大，它的电位很稳定，不会因为局部电荷量的变化而影响大地电位的高低。在电子电路中选取多条导线汇集的公共点作为参考点，或者选机壳作为参考点。在一般的原理性电路中，可选取多条导线汇集的公共点作为参考点。必须注意，在研究同一问题时，参考点一经确定，各点电位也就确定了，参考点也就不能再更改。

第三，在同一电路中，参考点选定后，则电路中其余各点的电位就都有唯一、确定的数值，而且，当电位为正值时，说明其电位高于参考点电位；为负值时，其电位低于参考点电位。这便是电位的单值性原理，它是电路的重要性质之一。

**3. 电压的参考方向**

在实际中，仅知道两点间的电压数值是远远不够的，还必须知道这两点中哪一点电位高，哪一点电位低。例如：半导体二极管中，只有其正极电位高于负极电位时，才能导通；直流电动机电枢绕组两端电压的极性不同，电动机的旋转方向也不相同。这就要求我们必须引入电压的极性，即方向问题。

如前所述，既然 $U_{AB}$ 是电场力将单位正电荷从 A 点移动到 B 点所做的功，那么 A 点电位一定比 B 点电位高。和电流相似，习惯规定电压的实际方向就是由高电位点指向低电位点。也就是说，沿着电压的实际方向，电位是逐渐降低的。正电荷沿着这个方向运动，将失去电能，转化为其他形式的能量。

在分析和计算电路时，当某一段电路两端的电压实际方向难以确定时，或者该电压的极性随时间不断变化时，我们也给电压规定一个参考方向。原则上，电压的参考方向也是任意规定的。当电压的实际方向与规定的参考方向一致时，电压为正值；不一致时就是负值，这表明电压也是一个代数量。

电压的参考方向根据习惯可以用三种方法表示，如图 1-2-5 所示。用箭头的指向来表示，它由假定的高电位端指向低电位端；用"＋"、"－"符号分别表示假定的高电位端和低电位端；用双下标字母表示，图 1-2-5 中用 $U_{AB}$ 表示其参考方向，第一个下标 A 表示假定的高电位点，第二个下标 B 表示假定的低电位点。

上述三种方法所代表的意义是相同的，可以互相通用，可任选一种。有了参考方向，和电流一样，代数量电压和参考方向就可以共同确定电压的实际方向。此外，为了使电路分析研究方便，对电压和电流总是采用关联一致的参考方向。即在同一段电路中，电流的参考方向与电压的参考方向选取时应完全一致，这样两者只标注一个参考方向即可，计算时非常方便，如图 1-2-5 所示。

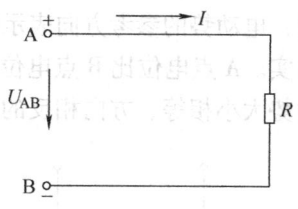

图 1-2-5　电压的参考方向

4. 电位与电压

电位和电压这两个物理量在本质上是相同的。但也要注意到它们之间的区别和联系。电路中某点的电位就是该点到参考点之间的电压。电路中两点之间的电压就是这两点的电位之差，即 $U_{AB} = V_A - V_B$。因此，电压又叫电位差，它与参考点的选择无关。

## 三、电动势

电动势是衡量电源将非电能转化成电能本领的物理量。它表征电源内部非电场力对正电荷做功的能力。

图 1-2-6 所示为一个完整电路，在电源以外的电路中，电流总是从电源正极流出，最后流向电源负极。或者说从高电位点流向低电位点。这是电场力推动正电荷做功的结果。

为了在电路中保持连续的电流，在电源内部，必须有一种非电场力使电流从电源的负极又流向电源的正极。这种非电场力又称**局外力**或**电源力**。它在电源内部对正电荷也要做功，故取电动势 $E$ 来表征电源力的能力。其定义为：在电源内，电源力将单位正电荷从电源的负极移到电源的正极所做的功，即称为电动势。对直流电动势，表示为

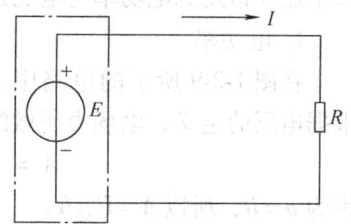

图 1-2-6　电动势的作用

$$E = \frac{A}{q} \tag{1-2-4}$$

电动势的单位也是 V。

注意:电动势的实际方向习惯规定为从电源的负极指向正极，或者从低电位点指向高电位点。在电路中，用"＋"、"－"符号在电源两端标出。

作为分析与计算电路的一种方法，同样也对电动势选取参考方向。当电动势的真实方向和参考方向相同时，电动势为正值；相反时，电动势为负值。显然电动势也是一个代数量。它的代数值和参考方向共同反映其真实方向。例如图 1-2-7 中，图 1-2-7a 所示为电动势的真实方向，数值为 5V；在图 1-2-7b 所示的参考方向下，$E = -5V$；在图 1-2-7c 所示的参考方向下，$E = +5V$。以后电路中所标的均为参考方向。若电动势已知极性，参考方向的标注应尽可能和真实方向一致。

电动势与电压是两个不同的概念，但是，都可以用来表示电源正负极之间的电位差。且从电源对外部电路所表现的客观效果来看，既可用正、负极间的电动势来表示，也可用其间的电压来表示，但要注意二者的区别和联系。

在图 1-2-8 所示的电源中，$E$ 和 $U_{AB}$ 的参考方向刚好相反。这是因为它们的物理意义不同；电动势的参考方向表示电位升；电压的参考方向表示电位降，但它们反映的是同一客观事实。A 点电位比 B 点电位高，所以 $E = U_{AB}$。正因为如此，有许多电路常用一个与电源电动势大小相等、方向相反的电压来表示电源。

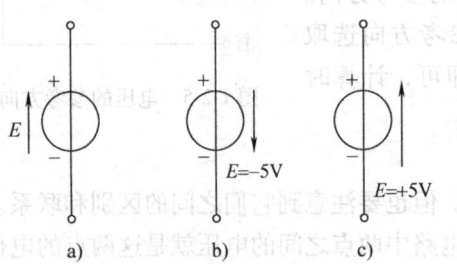

图 1-2-7 电动势的真实方向和参考方向

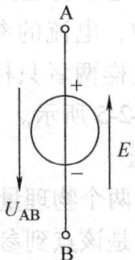

图 1-2-8 电动势与电压的关系

## 四、电功率和电能

使用电路的目的就是为了进行电能与其他形式能量之间的转换，所以在电路的分析与计算中还经常用到电功率与电能这两个物理量。

1. 电功率

在图 1-2-9 所示的电路中，正电荷 $q$ 从 A 点移到 B 点，根据电压的定义，电场力所做的功为

$$A = U_{AB}q$$

因为 $q = It$，所以 $A = U_{AB}It$。

单位时间里电场力所做的功就是电功率，用 $P$ 表示，则

$$P = \frac{A}{t} = U_{AB}I \qquad (1\text{-}2\text{-}5)$$

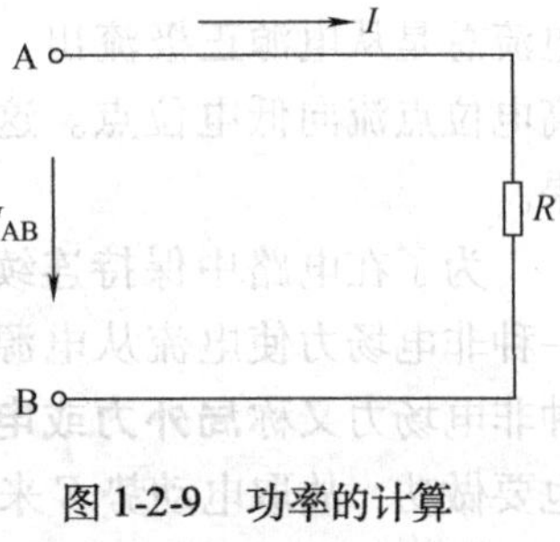

图 1-2-9 功率的计算

在国际单位制中，电压的单位是 V，电流的单位是 A，则功率的单位是瓦特（W），简称瓦。1W 功率等于每秒消耗（或产生）1J 的功。也可以用千瓦（kW）或毫瓦（mW）作单位，关系是

$$1\text{kW} = 10^3\text{W} \qquad 1\text{mW} = 10^{-3}\text{W}$$

**2. 电能**

除了功率之外，有时还要计算一段时间内电路所消耗（或产生）的电能，用 $A$ 表示。

$$A = Pt \tag{1-2-6}$$

工程上，电能的单位经常用千瓦小时（$\text{kW} \cdot \text{h}$）表示。千瓦小时又称为度。通常所说的一度电可理解为：额定功率1kW的电器（如1kW的电阻炉），在额定状态下工作1h所消耗的电能。

**【例1-2-1】** 某电视机的功率为90W，平均每天开机2h，若每度电费为0.50元，则一年（以365天计算）要交纳多少电费？

解：该电视机一年内消耗的电能为

$$A = 0.09\text{kW} \times 2\text{h} \times 365 = 65.7 \text{kW} \cdot \text{h}$$

则一年交纳的电费为

$$0.5 \text{元}/\text{kW} \cdot \text{h} \times 65.7 \text{kW} \cdot \text{h} = 32.85 \text{元}$$

**【例1-2-2】** 某车间原来使用50只额定电压为220V，功率为60W的白炽灯照明，现改为40只额定电压为220V，功率为47W的荧光灯（灯管40W，镇流器7W），不但照度提高，而且省电。若每天使用8h，问一年（以300天工作日计算）可为国家节省多少度电？

解：原使用白炽灯一年消耗的电能为

$$A_1 = 0.06\text{kW} \times 8\text{h} \times 300 \times 50 = 6200 \text{kW} \cdot \text{h}$$

现使用荧光灯一年消耗的电能为

$$A_2 = 0.047\text{kW} \times 8\text{h} \times 300 \times 40 = 4512 \text{kW} \cdot \text{h}$$

一年节电则为

$$A_1 - A_2 = 6200 \text{kW} \cdot \text{h} - 4512 \text{kW} \cdot \text{h} = 1688 \text{kW} \cdot \text{h}$$

**3. 功率的性质判断**

在电路分析计算时，不仅要计算某元件的功率大小，还要判断出该元件功率的性质，即元件是消耗（或吸收）的电功率还是元件发出（或产生）的电功率。

判断的方法是：元件上的电压和电流实际方向若一致，那么它的功率一定是消耗（或吸收）的电功率；若两者的实际方向相反，则是从元件上向外发出（或产生）电功率。

电源元件向电路发出（或产生）电功率时，其两端的电压和流过元件的电流实际方向一定是相反的。但有时，电源处于负载状态下（比如电池充电时），电压和电流的实际方向一致，是消耗电功率的，这种情况在后面电路分析时一定要注意判断。

##  第三节　电阻元件

### 一、导体的电阻

电流在导体内通过时，受到导体本身电荷的吸引或排斥，会使电流遇到阻力，导体对电流的这种阻碍作用称为电阻。电阻是导体本身客观存在的基本特性，其大小用 $R$（或 $r$）表示，其单位为欧姆（Ω）。

若一个导体两端的电压为1V，通过该导体的电流是1A，则该导体的电阻就是1Ω。

此外，常用的电阻单位还有千欧（kΩ）和兆欧（MΩ）。

$$1\ k\Omega = 10^3 \Omega \quad 1M\Omega = 10^3 k\Omega = 10^6 \Omega$$

实验证明，当温度一定时，导体的电阻大小与其导体的长度 $l$ 成正比，与其导体的横截面积 $S$ 成反比，与其导体的材料性质有关。可用下式表示：

$$R = \rho \frac{l}{S} \qquad (1\text{-}3\text{-}1)$$

式中，$\rho$ 是与导体材料有关的物理量，称作电阻率或电阻系数。电阻率的大小等于在一定温度下，长度为1m、截面为1mm² 某种材料的导体的电阻值，其单位是欧米（Ω·m）。

表1-3-1 列出几种常用材料在20℃时的电阻率及主要用途。

表1-3-1　几种常用材料在20℃时的电阻率

| 材　料 | | 电阻率/Ω·m | 主　要　用　途 |
| --- | --- | --- | --- |
| 纯金属 | 银 | $1.6 \times 10^{-8}$ | 导线镀银、触点等 |
| | 铜 | $1.7 \times 10^{-8}$ | 制造各种导线 |
| | 铝 | $2.9 \times 10^{-8}$ | 制造各种导线 |
| | 钨 | $5.3 \times 10^{-8}$ | 电灯灯丝、电器触点 |
| | 铁 | $1.0 \times 10^{-7}$ | 电工材料、制造钢材 |
| 合金 | 锰铜（85%铜、12%锰、3%镍） | $4.4 \times 10^{-7}$ | 制造标准电阻、滑线电阻 |
| | 康铜（54%铜、46%镍） | $5.0 \times 10^{-7}$ | 制造标准电阻、滑线电阻 |
| | 铝、铬、铁、电阻丝 | $1.2 \times 10^{-6}$ | 电炉丝 |
| 半导体 | 硒、锗、硅等 | $10^{-4} \sim 10^{7}$ | 制造各种晶体管、晶闸管 |
| 绝缘体 | 电木、塑料 | $10^{10} \sim 10^{14}$ | 电器外壳、绝缘支架等 |
| | 橡胶 | $10^{13} \sim 10^{16}$ | 绝缘手套、鞋、垫等 |

由表1-3-1中看出，金属银、铜、铝等的电阻率最小，导电性能好，故目前多用铜、铝做导线；而电木、塑料、橡胶等的电阻率很大，导电性能差，故适合做绝缘体。

【例1-3-1】　用康铜丝来绕制10Ω的电阻，问需要多长直径为1mm² 的康铜丝？

解：由式（1-3-1）得出：

$$l = \frac{RS}{\rho}$$

而 $S = \frac{\pi d^2}{4}$，康铜的 $\rho = 5 \times 10^{-7} \Omega \cdot m$，则需康铜丝的长度为

$$l = \frac{10\Omega}{5 \times 10^{-7} \Omega \cdot m} \times \frac{3.14 \times (10^{-3})^2 m^2}{4} = 15.7 m$$

<u>实验还证明，导体的电阻与温度有关</u>。通常，金属的电阻都是随温度的升高而增大。例如：220V、40W的白炽灯，不通电时其灯丝电阻约为100Ω，而正常发光时的灯丝却高达1210Ω，康铜的电阻受温度的影响极小，因此，用康铜可做标准电阻、安培计的分流电阻等，误差很小。但有的物质（如半导体、电解液等），其电阻随温度的升高却减小。利用这

些特点，工程上常用半导体制造能够灵敏地反映温度变化的热敏电阻。电镀业中常用加热的方法来减小电镀液的电阻等。

实际工程上，利用导体的电阻可制造不同用途、不同阻值和不同形状的电阻器。常见的几种电阻器如图 1-3-1 所示。

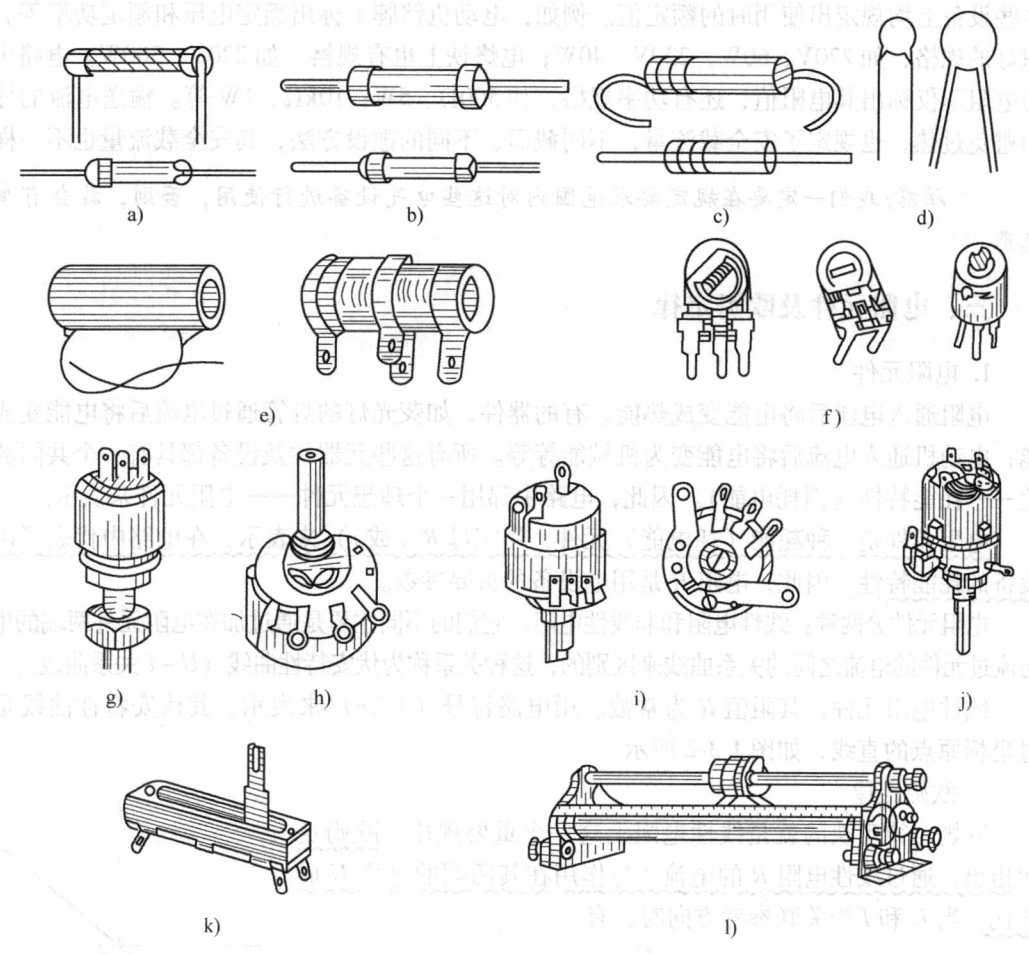

图 1-3-1 常见的几种电阻器外形
a）碳膜电阻器 b）金属膜电阻器 c）碳质电阻器 d）热敏电阻器 e）线绕电阻器 f）微调电位器
g）有机实心电位器 h）碳膜电位器 i）带开关电位器 j）推拉式电位器 k）直滑式电位器 l）滑线变阻器

## 二、电流的热效应

由于导体上有电阻，当电流通过导体时必然克服阻力而消耗电能。消耗的电功率均变为热能，而且这种转换是不可逆的。当电阻一定时，电流越大，消耗的电功率及转换的热能就越大。而当电流一定时，导体的电阻越大，电能转换的热能同样越来越大。称此特性为**电流的热效应**。

生产和生活中常见的一些电热设备和器具就是根据电流的这种热效应制成的。例如：工业用电阻炉、家用电炊具、电取暖器、电烙铁等。结构简单，使用方便的照明灯具、白炽灯等也是利用电流流过灯丝发热到白炽程度而发光的原理制成的。

在某些电器设备和电路中，电流在电阻上产生的热量也带来一些不利和损失。例如：常见的电动机、变压器以及输电线路、电阻器等，在工作运行时，电流不可避免地产生热量。这不仅是一种无谓的损耗，而且，由于发热过重还会使设备寿命降低，甚至烧坏。因此，在这些设备上均规定出使用时的额定值。例如：电动机铭牌上标出额定电压和额定功率等。白炽灯的规格，如220V、60W，220V、40W；电烙铁上也有规格，如220V、300W。电路中用的电阻不仅标出其电阻值，还有功率规格，如500Ω、5W；10kΩ、1W等。输送电流的导线为避免过热，也规定了安全载流量，不同截面、不同的敷设方法，其安全载流量也不一样。

注意：我们一定要在规定要求范围内对这些电气设备进行使用，否则，就会有事故隐患。

### 三、电阻元件及欧姆定律

**1. 电阻元件**

电阻通入电流后将电能变成热能。有的器件，如荧光灯的灯管通过电流后将电能变成光能；电动机通入电流后将电能变为机械能等等。所有这些元器件及设备都具有一个共同的特性——耗能特性（消耗电能）。因此，电路中都用一个理想元件——电阻元件来表示。电阻元件是一种耗能（耗电能）元件，用字母 $R$（或 $r$）来表示，在电路中代表了用电设备的耗能特性。因此，电阻 $R$ 是用电设备的重要参数。

电阻元件分两种：线性电阻和非线性电阻。它们的不同主要是通过加在电阻元件两端的电压与流过元件的电流之间的关系曲线来区别的，这种关系称为伏安特性曲线（$U-I$ 关系曲线）。

线性电阻元件，其阻值 $R$ 为常数。用电路符号（—▭—）来表示。其伏安特性曲线是通过坐标原点的直线，如图 1-3-2 所示。

**2. 欧姆定律**

欧姆定律反映的就是线性电阻上这一个重要规律。欧姆定律指出，通过线性电阻 $R$ 的电流 $I$ 与作用在其两端的电压 $U$ 成正比。当 $U$ 和 $I$ 为关联参考方向时，有

$$I = \frac{U}{R} \quad (1\text{-}3\text{-}2)$$

式中，电压 $U$ 的单位为 V；电流 $I$ 的单位为 A；电阻 $R$ 的单位为 Ω。

电阻元件也可用另一个参数——电导 $G$ 来表征，其定义为

$$G = \frac{1}{R} \quad (1\text{-}3\text{-}3)$$

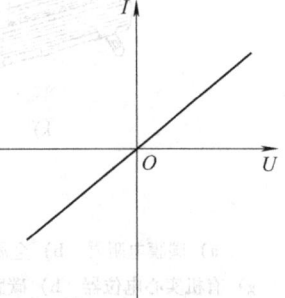

图 1-3-2　线性电阻的伏安特性曲线

电导的大小反映了电阻元件的导电能力。它的单位是西门子，简称西（S）。若用电导表征线性电阻元件，欧姆定律为

$$I = GU \text{ 或 } U = \frac{I}{G} \quad (1\text{-}3\text{-}4)$$

根据式（1-2-5）、式（1-3-2）和式（1-3-4），电阻元件上消耗的电功率为

$$P = UI = I^2 R = \frac{I^2}{G}$$

或

$$P = UI = \frac{U^2}{R} = U^2 G \tag{1-3-5}$$

【例1-3-2】 一个100Ω、1W 的碳膜电阻，在使用时电流、电压不得超过多大数值？

**解**：由式（1-3-5）可得

$$I = \sqrt{\frac{P}{R}} = \sqrt{\frac{1}{100}}\text{A} = \frac{1}{10}\text{A} = 100\text{mA}$$

由式（1-3-2）可得

$$U = IR = 100 \times 10^{-3}\text{A} \times 100\,\Omega = 10\text{V}$$

故在使用该电阻时，电流不得超过100mA，电压不得超过10V。

**非线性电阻元件**，其电阻 $R$ 一般不是常数，用电路符号（）来表示。其伏安特性曲线不是直线或者是直线不过原点。例如：半导体二极管的内阻即可用非线性电阻元件表示，其伏安特性如图 1-3-3 所示。

严格地说，线性的实际电阻元件是不存在的。但是在一定的范围内，若它们的电阻值变化不大或者基本不变，我们就认为是线性电阻，本书讨论的主要是线性电阻元件。由线性电阻构成的电路常称为线性电路。

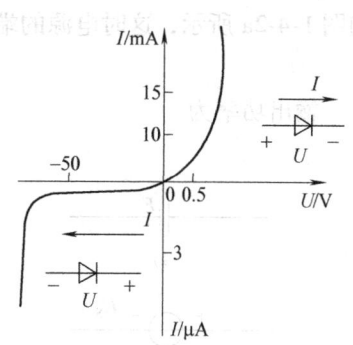

图 1-3-3 非线性电阻元件（二极管内阻）的伏安特性曲线

## 第四节 电源与电路的工作状态

电源是将其他能量转换为电能的重要设备。它在电路中是不可缺少的部分。实际电源，如发电机、电池及各种信号源，接入电路后，它们既提供电路电压，又消耗一部分电能而发热。为了准确而又方便地分析电路，我们常用理想元件的组合代表实际电源，组成电源模型。常见的电源模型有电压源模型和电流源模型。

### 一、电压源

1. 理想电压源

电池是大家很熟悉的一种电源。电池内部的化学反应给予正电荷一定值的能量，这是由化学反应的性质所确定的。如前所述，此定值的能量就是电池的电动势 $E$。若电池本身没有内电阻，即没有能量损耗，那么电池两端间的电压 $U_S$ 恒等于 $E$，这种在其两端能保持一定电压值的电源就叫做理想电压源，用字母 $U_S$ 或 $E$ 表示。图 1-4-1a 和 1-4-1b 所示的电路符号，表示的就是直流理想电压源，理想电压源也简称电压源。其中图 1-4-1a 中长线段代表高电位端，即正极；短线段代表低电位端，即负极，常用它代表理想电池及电池组。图 1-4-1b 为电压源的一

一般符号，标注着理想电压源的正、负极性。如果电压是一定的时间函数，用字母 $u_s(t)$ 来表示。

理想电压源是一个理想元件，它有两个基本性质：①它的端电压 $U_S$（或电动势 $E$）是一定值或一定的时间函数，与流过的电流无关。②流过它的电流不是由电压源本身就能确定的，而是由与之相连接的外电路来决定。对外电路而言，它是一个无限大容量的电源。图 1-4-1c 所示为直流电压源的伏安特性，它是一条与横坐标轴平行的直线，表明电源两端的电压 $U_S$ 与电流大小无关。

### 2. 实际电压源

在实际电压源中，当供给外电路能量时，内部本身也消耗能量，说明实际电压源有内电阻 $R_0$ 存在。所以实际电压源的模型可以用理想电压源 $U_S$ 与电阻 $R_0$ 串联的组合模型来表示，如图 1-4-2a 所示，这时电源的端电压为

$$U = U_S - R_0 I \tag{1-4-1}$$

输出功率为

$$UI = U_S I - R_0 I^2 \tag{1-4-2}$$

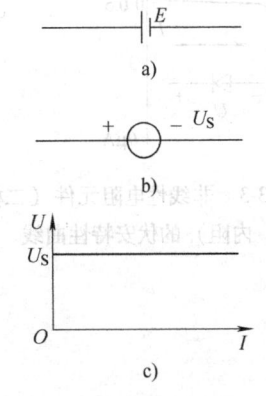
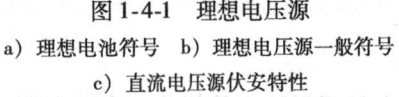

图 1-4-1 理想电压源
a) 理想电池符号　b) 理想电压源一般符号
c) 直流电压源伏安特性

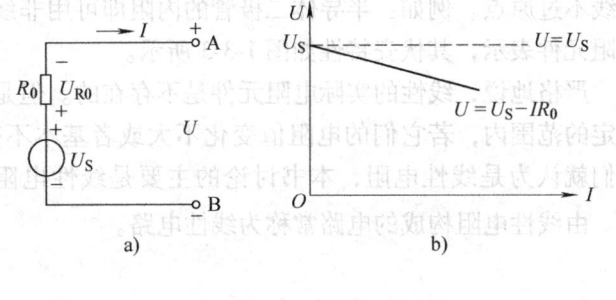

图 1-4-2 实际电压源
a) 实际电压源模型　b) 实际电压源伏安特性

💡**注意**：式 (1-4-1) 说明，实际电压源的端电压不再等于 $U_S$，而与负载电流有关。电流越大，内阻上的电压降越大，端电压便越低，伏安特性是一条下降的直线，如图 1-4-2b 所示。

式 (1-4-2) 指出，实际电压源产生的功率是 $U_S I$，有一部分消耗在内电阻（$R_0 I^2$）上，输出的功率只是 $UI$。内电阻 $R_0$ 的损耗将使电源发热，温度升高。故电源只能在小于或等于额定电流下工作。

若实际电压源对外开路（即空载）时，$I=0$，则开路电压 $U_0 = U_S$（或者 $U_0 = E$）。显然，实际电源可以用它的开路电压 $U_0$ 以及内电阻 $R_0$ 这两个参数串联组合来表征。但是要注意 $U_S(E)$，$R_0$ 以及电阻上的电压降，都不能在电源工作时直接用电表测量出来，只能用间接方法测量。

实际电压源的内电阻又叫电源（信号源）的输出电阻。内电阻越小，越接近理想电压源。

**【例1-4-1】** 某电源的开路电压为24V，与外电阻 $R$ 接通后，用电压表测量 $R$ 两端的电压 $U=22.5V$，流过 $R$ 的电流 $I=5A$，求电阻 $R$ 以及电源的内电阻 $R_0$。

**解**：电源开路时电压为24V，接上负载后电压下降为22.5V，说明该电源有内电阻，用电压源模型表示此电源如图1-4-3所示，图中电路的 $U_S=24V$，根据图中参考方向，可得：

$$U = IR$$

$$R = \frac{U}{I} = \frac{22.5V}{5A} = 4.5\Omega$$

由式（1-4-1）可知：

$$R_0 = \frac{U_S - U}{I} = \frac{24V - 22.5V}{5A} = 0.3\Omega$$

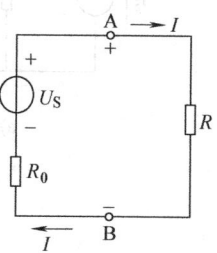

图1-4-3 例1-4-1图

## 二、电流源

### 1. 理想电流源

实际电源还可以建立另一种理想模型叫电流源。

输出电流与电压无关，其值一定或保持一定的时间函数的电源为理想电流源（简称电流源）。

对直流电流源而言，它具有两个基本性质：①它的电流是定值，与端电压无关；②它的端电压不由电源本身确定，而是由与之相连接的外电路来决定。理想电流源的图形符号及其伏安特性如图1-4-4所示。

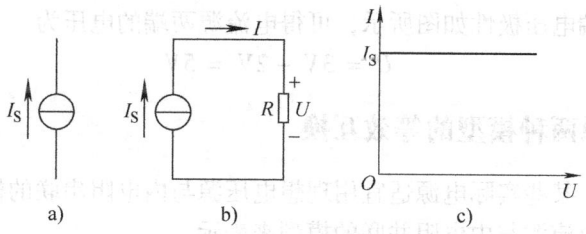

图1-4-4 理想电流源
a）图形符号 b）与外电路相连 c）理想电流源伏安特性

光电池、晶体管一类的器件，工作时的特性比较接近电流源。

### 2. 实际电流源

实际电流源在工作时内部也是有损耗的。例如实际的光电池即使没有与外界电路接通，在内部也有电流流动。当它与负载接通后，还有一部分电流在内部流动，另一部分通过负载。因此实际电流源可以用一理想电流源 $I_S$ 与内电阻 $R'_0$ 并联的组合模型来表示，如图1-4-5a所示。

内电阻 $R'_0$ 表明了电源内部的分流效应，当电源与外电路相接后，电源往外输送的电流 $I$ 为

$$I = I_S - \frac{U}{R'_0} \tag{1-4-3}$$

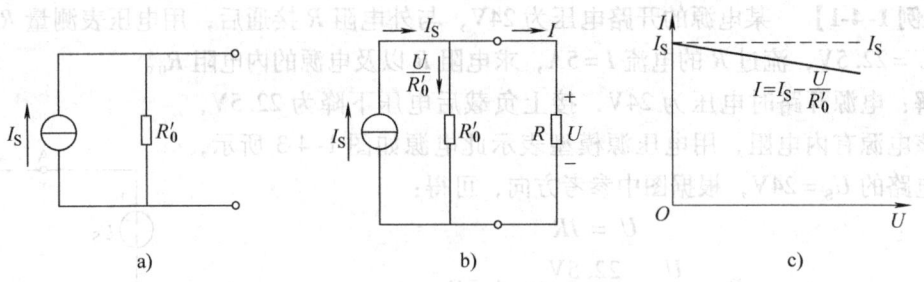

图 1-4-5 实际电流源
a) 实际电流源模型 b) 与外路相连 c) 实际电流源伏安特性

式中 $I_S$ 为电源的定值电流；$\dfrac{U}{R'_0}$ 为电源内部所分走的电流。

注意：由式 (1-4-3) 可知，负载电流 $I$ 总小于定值电流 $I_S$；负载电流越大，端电压越小，内电阻分流越小；负载电流越小，内电阻的分流越大，内部损耗越大。所以不应使实际电流源处于空载状态。

实际电流源的伏安特性如图 1-4-5c 所示。

【例 1-4-2】 计算图 1-4-6 所示电路中 3Ω 电阻上的电压及电流源的端电压。

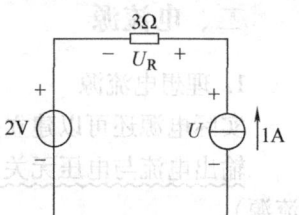

图 1-4-6 例 1-4-2 图

解：根据电流源的性质，电流为定值，故知 3Ω 电阻上的电流亦为串联的电流源上的电流，即 1A，电压为 3Ω×1A = 3V，极性如图所示。电流源的端电压由与之相连接的外电路决定。设电流源的端电压极性如图所示，可得电流源两端的电压为

$$U = 3V + 2V = 5V$$

## 三、实际电源两种模型的等效互换

在现实环境中，某些实际电源适宜用理想电压源与内电阻串联的模型表示；另一些实际电源则适宜用理想电流源与内电阻并联的模型来表示。

提示：对外电路而言，如果电源的外特性相同，则电源采用哪一种模型表示都是一样的。就是说，对同样的实际电源，即可建立电压源模型，也可建立电流源模型，对于计算和分析外电路的电压和电流，结果都一样。

在如图 1-4-7 所示的两种模型中，有下式成立

电压源模型　　　　　　　　电流源模型

$$U = U_S - R_0 I \qquad\qquad U = R'_0 I_S - R'_0 I$$

$$I = \dfrac{U_S}{R_0} - \dfrac{U}{R_0} \qquad\qquad I = I_S - \dfrac{U}{R'_0}$$

比较上面两式，显然，当满足下列条件关系时，两者可以互换。

$$R_0 = R'_0 \tag{1-4-4}$$

$$U_S = R'_0 I_S \quad 或 \quad I_S = \dfrac{U_S}{R_0} \tag{1-4-5}$$

# 第一章 电路的基本概念和基本定律

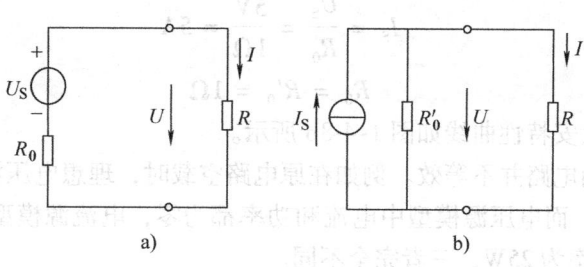

图 1-4-7 电源模型与电阻相连

a) 电压源模型与 $R$ 相连  b) 电流源模型与 $R$ 相连

即将电压源短路电流 $\dfrac{U_S}{R_0}$ 作为电流源电流 $I_S$，内电阻数值不变，改为并联，便可将电压源模型变换为电流源模型。反之，将电流源模型的开路电压 $R'_0 I_S$ 作为电压源的电压 $U_S$，内电阻数值不变，改为串联，即可将电流源模型改为电压源模型。

💡 **注意**：理想电压源（没有内电阻）是不能变换为理想电流源的。这是因为理想电压源供应电流的能力是无限的，或者说它的短路电流 $\dfrac{U_S}{R_0}$ 是无穷大，而且它的伏安特性是 $U = U_S$ = 恒定值，没有任何电流源具有这种特性，所以不能变换。反之，理想电流源也不能变换为理想电压源。不过，如果在电路中含有理想电压源的那一条支路有电阻与之串联，这一电阻可以看作是电压源的内电阻，则可将此电压源与串联电阻的组合变换成一理想电流源与电阻的并联组合，反之亦然。

两种模型的互换只对外电路等效，两种电源模型内部并不等效。例如，在空载时，电压源模型内部没有损耗，而电流源模型内电阻上的损耗为 $R_0 I_S^2$，比有负载时内电阻上的损耗还要大。

**【例 1-4-3】** 求图 1-4-8 所示电路的电压源和电流源模型。

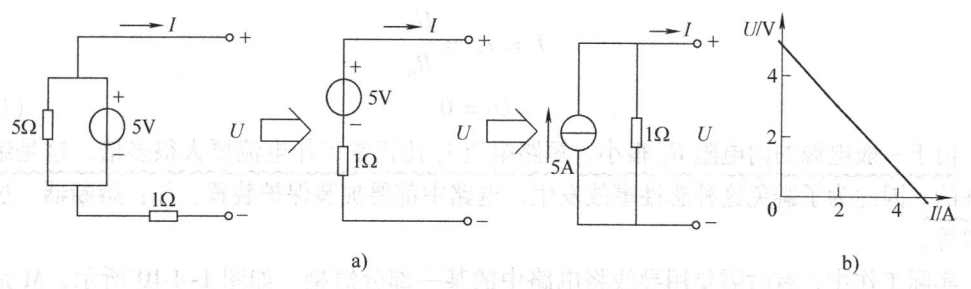

图 1-4-8 例 1-4-3 图

**解**：图 1-4-8a 电路中，有一个 $5\Omega$ 电阻与 $5V$ 理想电压源并联，该电阻上有恒定电流 $5V/5\Omega = 1A$ 流过，与外电路无关，即它既不受外电路电流的影响，也不影响外电路电流的大小。将此电阻从原电路移出，并不影响其输出端电压与电流 $I$，故其等效电源模型为 $5V$ 的 $U_S$ 与 $1\Omega$ 的 $R_0$ 的串联组合。将它变换成电流源模型时，有

$$I_S = \frac{U_S}{R_0} = \frac{5\text{V}}{1\Omega} = 5\text{A}$$

$$R_0 = R'_0 = 1\Omega$$

对于外电路的伏安特性曲线如图 1-4-8b 所示。

这三种模型的内电路并不等效。例如在原电路空载时，理想电压源仍供给 5Ω 的电阻以 1A 电流和 5W 功率，而电压源模型中电流和功率都为零，电流源模型中流过内电阻的电流就是 5A，消耗的功率为 25W，三者完全不同。

## 四、电路的三种工作状态

### （一）负载状态

在图 1-4-9 所示的电路中，当开关 S 闭合时，就会有电流流过负载电阻 $R$。当电源一定时（$U_S$ 和 $R_0$ 不变），电路中的电流大小取决于负载电阻 $R$ 的大小。$R$ 越小，电流越大，电源的负荷就越重，反之 $R$ 越大，则电流越小，电源的负荷越轻。

用电器在额定电压作用下，消耗额定功率，这种情况称为电路的额定工作状态。用电器工作在额定状态下是最经济、合理、安全的。

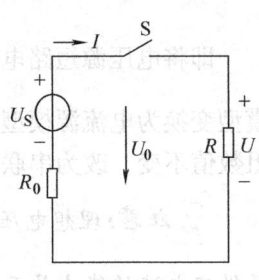

图 1-4-9 电路的工作状态

### （二）空载状态

在图 1-4-9 所示电路中，S 打开时，电路中的电流为零，这种工作状态称为空载或开路。空载时，电源内 $R_0$ 无电阻压降，此时有：

$$I = 0$$
$$U_0 = U_S \tag{1-4-6}$$

注意：这时电源端钮两端的电压 $U_0 = U_S$，称为**开路电压**。

### （三）短路状态

当电源两端被电阻近似为零的导线接通时，这种情况叫做电源被短路。此时：

$$I = I_S = \frac{U_S}{R_0}$$
$$U = 0 \tag{1-4-7}$$

由于一般电源的内电阻 $R_0$ 很小，短路电流 $I_S$ 比正常工作电流要大很多倍，这是绝对不允许的。因此为了避免这种恶性事故发生，电路中都要加装保护装置，如：熔断器、过电流装置等。

实际工作中，有时需要用导线将电路中的某一部分短接，如图 1-4-10 所示，M 是一直流电动机，当 M 起动时，由于其内部结构，瞬间相当于内部短路，即线路中有一个瞬时冲击电流，为了避免这个起动电流过大，在电动机起动时串接一个限流电阻 R。起动完毕后，再将开关 $S_2$ 闭合，使电阻 R 短接（切除），电动机正常运转。

【例 1-4-4】 图 1-4-11 所示电路中，$U_S = 100\text{V}$，电源内阻 $R_0$ 为 $0.2\Omega$，线路两侧电阻 $r_L$ 分别为 $0.4\Omega$，负载电阻 $R = 9\Omega$，求：

（1）电路正常工作时电流 $I$；

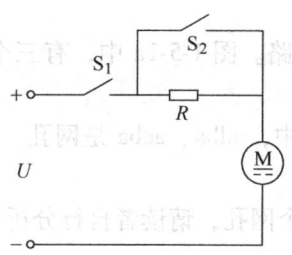
图 1-4-10  直流电动机起动时电路

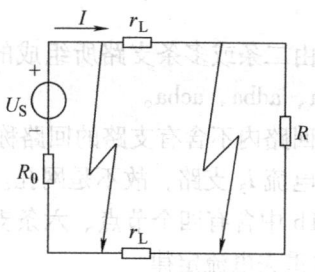
图 1-4-11  例 1-4-4 电路

(2) 当负载电阻短路时的电源电流 $I'$;

(3) 当电源两端短路时电源电流 $I''$。

**解**：(1) $I = \dfrac{U_S}{R_0 + 2r_L + R} = \dfrac{100}{0.2 + 2 \times 0.4 + 9}\text{A} = 10\text{A}$

(2) $I' = \dfrac{U_S}{R_0 + 2r_L} = \dfrac{100}{0.2 + 2 \times 0.4}\text{A} = 100\text{A}$

(3) $I'' = \dfrac{U_S}{R_0} = \dfrac{100}{0.2}\text{A} = 500\text{A}$

由此可见，电源短路的危险性很大。

## 第五节  基尔霍夫定律

1847 年，德国著名科学家基尔霍夫通过大量的实验，发现了电路中的两个重要规律——基尔霍夫电流定律和基尔霍夫电压定律，为我们解决电路，特别是解决较复杂电路中的问题提供了有力的理论依据。

在介绍定律的内容之前，先介绍电路的几个基本概念和术语，以图 1-5-1 为例。

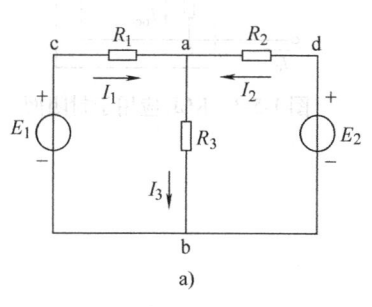
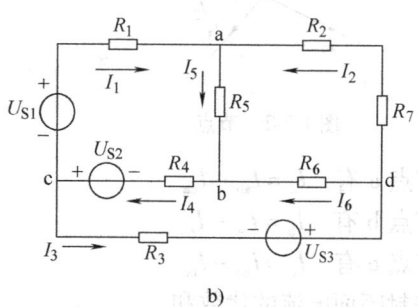

图 1-5-1  电路基本概念举例

**支路**：电路中含有元件且流过同一电流的分支电路称为支路。图 1-5-1a 中，acb 支路流过 $I_1$，adb 支路流过 $I_2$，ab 支路流过 $I_3$，共三条支路。

**节点**：电路中三条或三条以上支路的连接点为节点。图 1-5-1a 中 a、b 是节点，c、d 不算节点。

**回路**：由二条或多条支路所组成的闭合路径都称为回路。图 1-5-1a 中，有三个回路分别为：adbca、adba、acba。

**网孔**：回路内不含有支路的回路称为网孔。图 1-5-1a 中，adba、acba 是网孔，而 adbca 回路内含有电流 $I_3$ 支路，故不是网孔。

图 1-5-1b 中含有四个节点、六条支路、七个回路、三个网孔，请读者自行分析。

### 1. 基尔霍夫电流定律

又称为节点电流定律或基尔霍夫第一定律，英文字母缩写记为 KCL。其内容是：在任一时刻，流入任一节点的电流之和等于从该节点流出的电流之和。这个定律的实质是电流连续性原理的表现。

例如图 1-5-2 所示的电路中，对于节点 a 有：

$$I_1 + I_2 + I_4 = I_3 + I_5$$

这个定律也可换种说法：在任一时刻，流入或流出某一节点电流的代数和等于零。

对于图 1-5-2 所示节点 a 有

$$I_1 + I_2 + I_4 - I_3 - I_5 = 0$$

这样，将 KCL 写成一般形式，得：

$$\sum I = 0 \tag{1-5-1}$$

例如图 1-5-1a 所示电路中，对节点 a 有 $I_1 + I_2 - I_3 = 0$。图 1-5-1b 中所示电路中，对节点 a 有 $I_1 + I_2 - I_5 = 0$；对节点 b 有 $I_5 - I_6 - I_4 = 0$；对节点 c 有 $I_4 - I_1 - I_3 = 0$；对节点 d 有 $I_3 - I_2 - I_6 = 0$。

**推广**：节点电流定律原是运用于节点的，现在也可以把它推广运用于电路中任一假定的封闭面，例如图 1-5-3 所示的封闭面所包围的电路。

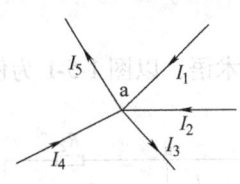

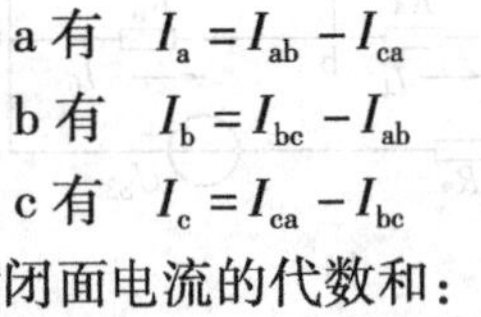

图 1-5-2 节点

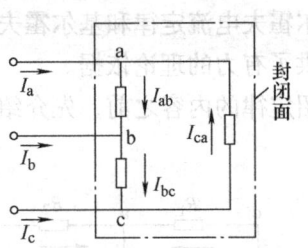

图 1-5-3 KCL 应用于封闭面

对节点 a 有   $I_a = I_{ab} - I_{ca}$

对节点 b 有   $I_b = I_{bc} - I_{ab}$

对节点 c 有   $I_c = I_{ca} - I_{bc}$

流进封闭面电流的代数和：

$$I_a + I_b + I_c = 0$$

即仍有：

$$\sum I = 0$$

应用封闭面解决电路问题在实际中使用较多。半导体晶体管，在使用中只关心晶体管三个引脚上的电流即可，其内部的电流关系无需了解，那么只要将晶体管看作一个封闭面即可得出三个引脚电流之间的关系 $I_e = I_c + I_b$，如图 1-5-4 所示。

又如在图 1-5-3 所示电路中，即使通入三相交流电流，也有：

$$i_a + i_b + i_c = 0$$

### 2. 基尔霍夫电压定律

基尔霍夫电压定律又称回路电压定律或基尔霍夫第二定律，英文字母缩写为 KVL。其定律的内容是：<u>在任一时刻，沿任一闭合回路电压的代数和总等于零</u>。这个定律的实质是能量守恒定律在电路中的表现。

例如在图 1-5-5 所示的闭合回路中，方框代表电路元件，它们的两端存在着电压。

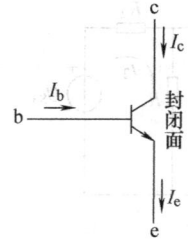
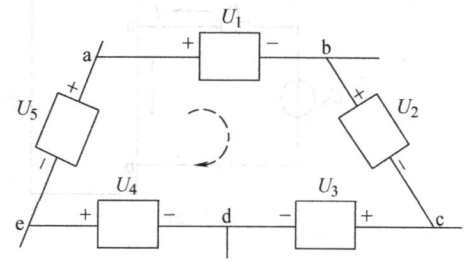

图 1-5-4　晶体管　　　　　　图 1-5-5　电路中的一个闭合电路

从 a 点出发，顺时针方向绕行一周又回到 a 点，若取电位降为正，电位升为负，则有 $U_1 + U_2 + U_3 - U_4 - U_5 = 0$，若取逆时针方向绕行一周，其结果一样。取电位降为负，电位升为正，其结果仍相同。所以这个定律可写成一般形式为

$$\sum U = 0 \tag{1-5-2}$$

图 1-5-6 所示为另一个电路的闭合回路，电源用电动势表示，电阻上有电流通过，方向如图所示。若从 a 点出发，顺时针方向绕行一周回到 a 点，取电位降为正，电位升为负，则有

$-I_2 R_2 + E_2 - E_1 + I_1 R_1 = 0$ 或 $E_1 - E_2 = I_1 R_1 - I_2 R_2$

若写成一般形式，则有

$$\sum E = \sum IR \tag{1-5-3}$$

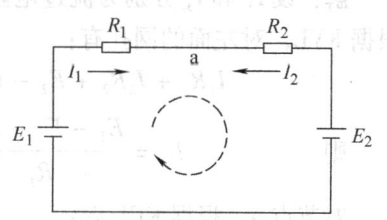

图 1-5-6　电路举例

式（1-5-3）是 KVL 在电路中的另一种表达形式。在任一时刻，沿任一闭合回路，电动势的代数和都等于电阻上电压降的代数和。这里要注意，<u>电动势和电阻压降必须分别列于等式两侧。而且，凡电动势的参考方向与所选回路绕行方向一致者，电流在电阻上产生的电压降取正号，相反者则取负号</u>。

**推广**：KVL 不仅适用于闭合回路，也可推广到部分回路或开路电路。此时，对部分回路与其他部分电路相接的两端点之间必须标出其电压参考方向。对有开路的电路，也要在两端钮标出开路电压的参考方向。

例如图 1-5-7a 所示电路，一部分已知，另一部分未知内部结构，根据 KVL 先标出 $U_{ab}$，则有 $U_S - U_{ab} - IR = 0$，可得：$U_{ab} = U_S - IR$。

又如图 1-5-7b 所示电路，a、b 开路，找出 $U_{ab}$，列出电路两侧的回路关系式。

由 $U_{S1} - I_1R_1 - I_1R_3 = 0$，得： $I_1 = \dfrac{U_{S1}}{R_1 + R_3}$

由 $U_{S2} - I_2R_2 - I_2R_4 = 0$，得： $I_2 = \dfrac{U_{S2}}{R_2 + R_4}$

标出开路电压 $U_{ab}$，中间看成一个回路，可得

$$U_{ab} + I_2R_4 - I_1R_3 = 0$$

从而得
$$U_{ab} = I_1R_3 - I_2R_4$$

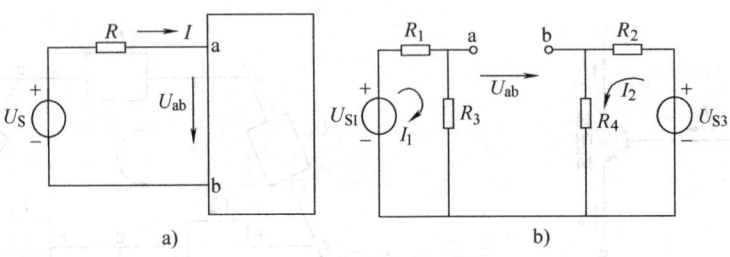

图 1-5-7  回路电压定律的推广

【例 1-5-1】 图 1-5-8 所示电路中，已知电流表的读数为 $I_2 = 0.5\text{A}$，$E_1 = 49\text{V}$，$E_2 = 20\text{V}$，$R_1 = 10\Omega$，$R_2 = 40\Omega$，$R_3 = 100\Omega$，求流过电阻 $R_1$、$R_3$ 的电流大小和方向。

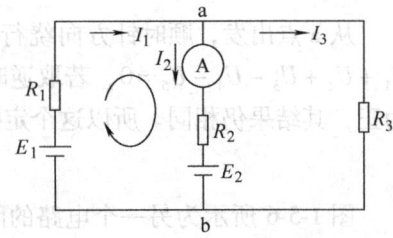

图 1-5-8  例 1-5-1 电路

**解**：设 $I_1$ 和 $I_3$ 分别为流过电阻 $R_1$ 和 $R_3$ 上的电流，根据 KVL，对左面的网孔有：

$$I_1R_1 + I_2R_2 + E_2 - E_1 = 0$$

则
$$I_1 = \dfrac{E_1 - E_2 - I_2R_2}{R_1} = \dfrac{(49 - 20 - 0.5 \times 40)\text{V}}{10\Omega} = 0.9\text{A}$$

对节点 a，根据 KCL 有：

$$I_3 = I_1 - I_2 = (0.9 - 0.5)\text{A} = 0.4\text{A}$$

由于 $I_1$ 和 $I_3$ 为正值，故它们的实际方向和参考方向一致。

##  第六节  万用表和绝缘电阻表的使用简介

### 一、万用表及其使用

万用表是电工在安装、维修电气设备和电路时用的最多的携带式电工仪表。它的特点是量程多，用途广，便于携带。一般可测量直流电阻、直流电流、交直流电压等。有的表还可以测量音频电平、交流电流、电感、电容、二极管和晶体管的参数。常见的有指针式（如 500 型）和数字式（如 DT-9202 型）两类。

## 1. 指针式万用表

以500型指针式万用表为例,图1-6-1是其外形图。图1-6-2是这种万能表的表盘。

图1-6-1 500型指针式万能表外形

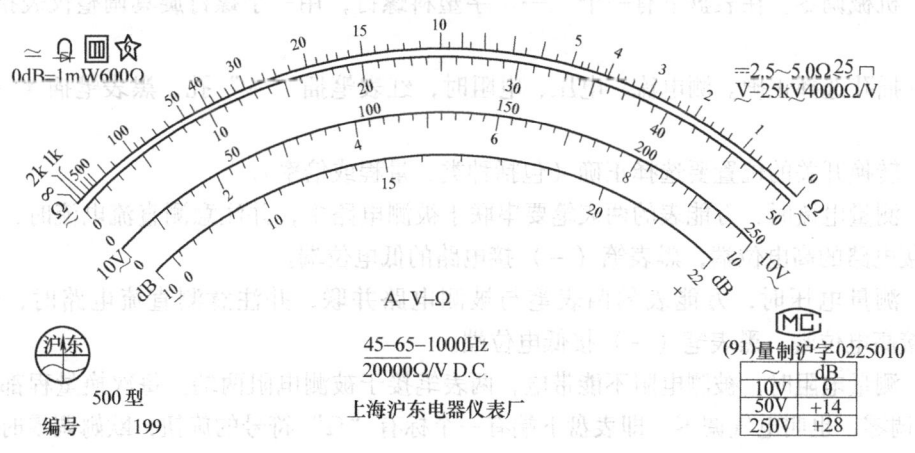

图1-6-2 500型指针式万能表的表盘

表针在表盘的面板上指示出所测值。面板最上面一条弧形线,右侧标有Ω,此弧线指示的是电阻值(表上指的读值和量程倍率数的乘积)。第二条弧线双侧标有"≈",它所指示的是直、交流电压及直流电流(电流的单位为mA或μA)。第三条弧线,双侧标有10V,是专供交流电压10V档用。最下层弧形线双侧标有dB,是供测音频电平值用的。弧线下方标有"A-V-Ω"字样,表示该表可测电流、电压和电阻。

表盘下侧有两个转换开关配合使用,是用来切换测量线路,以便和表头配合实现多电量、多量程的测量。两开关的标识说明见表1-6-1。

表1-6-1　开关的标识说明列表

| 左侧转换开关 | | 右侧转换开关 | |
|---|---|---|---|
| • | 空档 | • | 空档 |
| A | 测直流电流 | V∼ | 测交、直流电压 |
| Ω | 测电阻 | 50μA | 测直流电流50μA量程档 |
| V | 直流电压量程（2.5、10、50、250、500V） | A | 直流电流量程档（1、50、100、500mA） |
| V∼ | 交流电压档（10、50、250、500V） | Ω | 直流电阻倍率档（×1、10、100、1k、10k） |

举例说明两转换开关的使用方法。测电阻时，将左侧转换开关 Ω 和定位标记对齐，右侧转换开关转得电阻倍率档（选择适当倍率）和其定位标记对齐，例如选10，若测量指示数为8，那么该电阻为 $8 \times 10 = 80\Omega$；若选100，测量指示数为12，那么被测电阻值为 $100 \times 12 = 1200\Omega$。测交流电压时，将右侧 V∼ 和定位标记对齐，左侧选 V∼ 适当量程和定位标记对齐。如：选500V档，测得指示数为38，那么电压为380V。测直流电流时，左侧转换开关A 和定位标记对齐，右侧转换开关A直流电流档选择后和其定位标记对齐，如选100mA，若指针指示为12.5，则测得值为25mA 等。

总之，测量电阻时，实际值 = 指针读数 × 倍率

测量电流、电压时，实际值 = 指针读数 × 量程/满偏刻度。

用万能表测量的基本方法：

1）机械调零。在表盘下有一个"一"字塑料螺钉，用一字螺钉旋具调整仪表指针到0位。

2）插孔选择正确。测电流、电压、电阻时，红表笔插"＋"孔，黑表笔插 ＊（或 －）孔。

3）转换开关的位置要选择正确（包括种类、量程或倍率）。

4）测量电流时，万能表的两表笔要串联于被测电路中，并注意测直流电流时，红表笔（＋）接电路的高电位端，黑表笔（－）接电路的低电位端。

5）测量电压时，万能表的两表笔与被测电路并联，并注意测直流电路时，红表笔（＋）接高电位端，黑表笔（－）接低电位端。

6）测量电阻时，被测电阻不能带电，两表笔接于被测电阻两端。每次换量程都要先进行欧姆调零，也叫电气调零。即表盘下端有一个标有"Ω"符号的旋钮，欧姆调零时，将两表笔短接，调节欧姆调零旋钮"Ω"，使指针指在右边零位。调零完毕再进行测电阻。

测量时要注意几点：测电压、电流时不能带电转动转换开关，事先必须选择好种类和量程，否则会将表烧坏；测电阻时，两手不能触及表笔的金属部分，选量程（倍率）时最好使指针指在 $\frac{1}{3} \sim \frac{2}{3}$ 处，此时读数准确率较高；万用表用毕后将两转换开关都转到空档 "•" 处，以备下次再用。

2. 数字万用表

数字万用表是将被测数据直接显示在数显屏上的新型万用表。它具有精度高，性能稳

定、可靠性高且功能全等优点。现以 DT—9202 型数字万用表为例说明其基本使用方法。图 1-6-3 所示为该型万用表的面板图形。

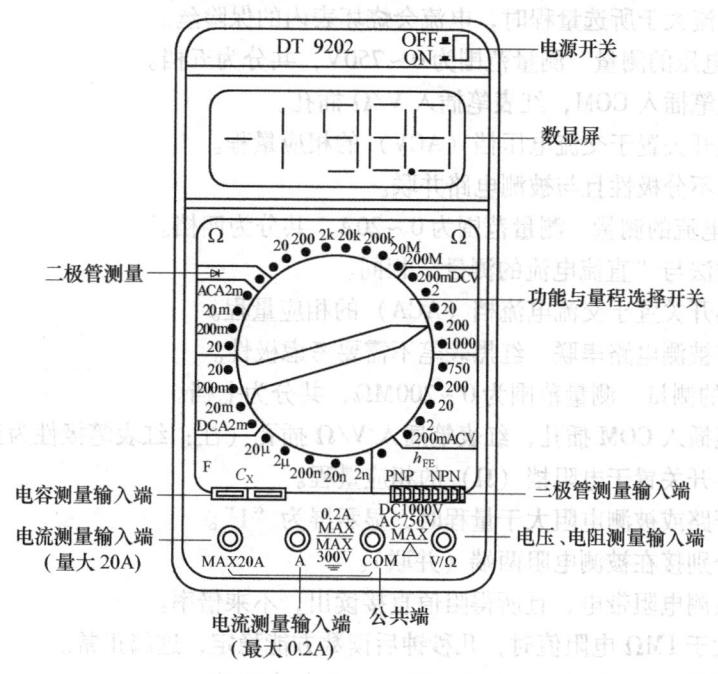

图 1-6-3  DT—9202 型数字万用表

基本的使用方法：

（1）测量前对仪表的检查

1）将电源开关闭合，显示屏上应有数字显示，若显示出低电量符号应及时更换新电池。

2）表基孔旁的"MAX"符号，表示测量时被测电路的电流、电压不得超过量程的规定值，否则会损坏内部的测量电路。

3）测量时，应选择合适的量程。若不知被测值大小，可将转换开关置于最大量程档，在测量中按需逐步下调。

4）如果显示屏显示"1"，一种表示量程偏小，称为"溢出"，需要选择较大的量程；另一种表示无穷大。

5）当转换开关置于"Ω"，"⊣⊢"档时，不得引入电压。

（2）直流电压的测量  直流电压的测量范围为 0～1000V，共分为五档，被测量值不得高于 1000V。

1）将黑表笔插入 COM 插孔，红表笔插入 V/Ω 插孔。

2）将转换开关置于直流电压档（DCV）的相应量程。

3）将表笔并联在被测电路两端，红表笔接高电位端，黑表笔接低电位端。

（3）直流电流的测量  直流电流的测量范围为 0～20A，共分为四档。

1）范围在 0～200mA 时，将黑表笔插入 COM 插孔，红表笔插入"0.2A"插孔；测量范围在 200mA～20A 时，红表笔应插入"20A"插孔。

2）转换开关置于直流电流档（DCA）的相应量程。

3）两表笔与被测电路串联，且红表笔接电流的流入端，黑表笔接电流的流出端。

4）被测电流大于所选量程时，电流会烧坏表内的保险丝。

(4) 交流电压的测量　测量范围为 0～750V，共分为五档。

1）将黑表笔插入 COM，红表笔插入 V/Ω 插孔。

2）将转换开关置于交流电压档（ACV）的相应量程。

3）红表笔不分极性且与被测电路并联。

(5) 交流电流的测量　测量范围为 0～20A，共分为四档。

1）表笔插法与"直流电流的测量"相同。

2）将转换开关置于交流电流档（ACA）的相应量程。

3）表笔与被测电路串联，红黑表笔不需要考虑极性。

(6) 电阻的测量　测量范围为 0～200MΩ，共分为七档。

1）黑表笔插入 COM 插孔，红表笔插入 V/Ω 插孔（注：红表笔极性为正）。

2）将转换开关置于电阻档（Ω）的相应量程。

3）表笔开路或被测电阻大于量程时，显示屏为"1"。

4）表笔分别接在被测电阻两端（并联）。

5）严禁被测电阻带电，且所得阻值直接读出，不乘倍率。

6）测量大于 1MΩ 电阻值时，几秒钟后读数方能稳定，这属正常。

(7) 电容的测量　测量范围为 0～20μF，共分为五档。

1）将转换开关置于电容档（F）的相应量程。

2）将待测电容两引脚插入 CX 插孔即可读数。

(8) 二极管测试和电路通断检查

1）将黑表笔插入 COM 插孔，红表笔插入 V/Ω 插孔。

2）将转换开关置于"⇥"的"•"位置。

3）红表笔接二极管正极，黑表笔接其负极，则可测得二极管正向电压降的近似值。

4）将两只表笔分别触及被测电路的两点，若两点电阻值小于 70Ω 时，表内蜂鸣器发出叫声，则说明电路是通的，反之，则不通。以此可用来检查电路的通断。

此外，还可测晶体管共发射极的直流放大系数。

用数字万用表测量时，要注意：使用前要检查电池电源是否正常；被测电流与万用表之间的连接导线尽可能短，减少测量误差；万用表的过负荷能力较差，所以通电前，应将量程开关打至最高电压位置，并且每测一个电压后，应立即将量程开关置于最高档。当测量的电压低时，应逐渐减少量程，直至合适为止。

## 二、绝缘电阻表及其使用

绝缘电阻表又称兆欧表（俗称摇表）。它的表盘面板上标有"MΩ"字样，是专门测量电气设备及电路绝缘电阻的便携式仪表，它的测量读数以 MΩ 为单位。

绝缘电阻表的内部主要由一台手摇直流发电机和一个磁电式比率表组成。其中，手摇直流发动机的作用是提供一个便于携带的高压电源。为了测量不同额定电压的电气设备，发电机产生的直流电压有几种等级，常见的有 500V、1000V、2500V、5000V 等。图 1-6-4 所示为绝缘电阻表的外形，通过该图可以看出绝缘电阻表表盘面板上的刻度分布情况，仪表的专用性能和使用符号，以及仪表指针使用前的动态位置。

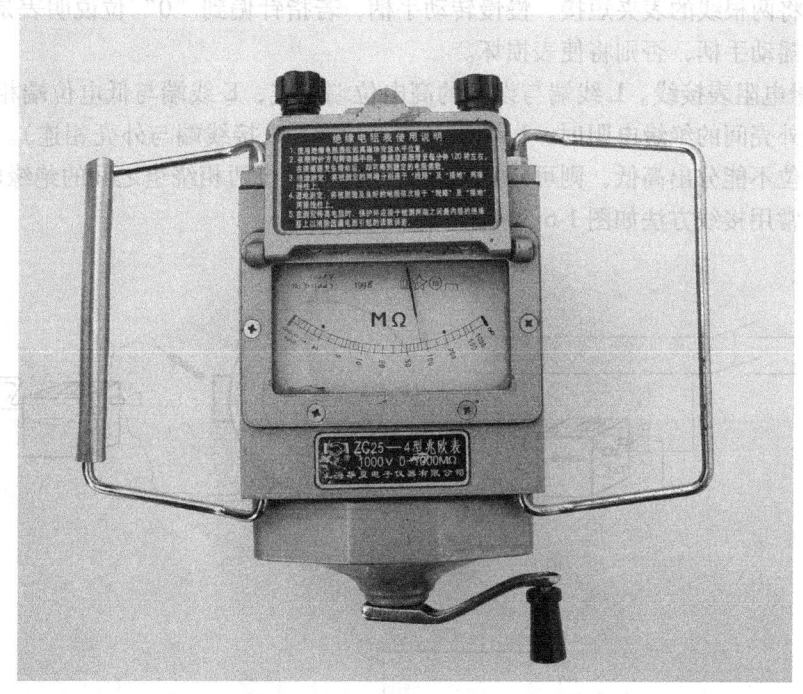

图 1-6-4　绝缘电阻表的外形

绝缘电阻表的一端有三个接线柱：L——接线路，E——接地，G——接保护环（屏蔽）。一般情况只用 L 和 E 两个接线柱。若被测设备有较大分布电容（如电缆）时，需用 G 接线柱。两根带有线夹的测试线一端分别接在 L 和 E 两个接线柱上，另一端接在待测设备上。

测量前，先做好以下准备工作：

1）根据被测设备的额定电压，选择好适合电压等级的绝缘电阻表。如：额定电压在 500V 以下的设备，宜选用 500~1000V 的绝缘电阻表；额定电压为 500V 以上的设备，应选用 1000~2500V 的绝缘电阻表。表 1-6-2 所示为设备额定电压与绝缘电阻表电压选择的参考值。

表 1-6-2　电气设备额定电压与绝缘电阻表电压的选择

| 被测对象 | 被测设备的额定电压/V | 所选绝缘电阻表的电压/V |
| --- | --- | --- |
| 线圈的绝缘电阻 | ≤500 | 500 |
| | ≤500 | 1000 |
| 发电机线圈的绝缘电阻 | ≤380 | 1000 |
| 变压器、发电机、发动机线圈 | ≤500 | 1000~2500 |
| 电气设备绝缘 | ≤500 | 500~1000 |
| | ≤500 | 2500 |
| 绝缘子、母线、刀开关 | | 2500~5000 |

2) 验表。绝缘电阻表的指针无机械零位,不能以指针位置来判别表的好坏,必须在使用前进行验表。验表的方法:将表水平放置,两根接在 L 和 E 上的测试线分开,一只手按住绝缘电阻表,另一只手以 90~130r/min 转速摇动手柄,若指针偏到"∞"则停止转动手柄。再迅速将两根线的表夹短接,慢慢转动手柄,若指针偏到"0"位说明表是好的,此时应立即停止摇动手柄,否则将使表损坏。

3) 绝缘电阻表接线。L 线端与设备的高电位端相连,E 线端与低电位端相连(如测电动机绕组与外壳间的绝缘电阻时,L 线端与绕组相连,E 接线端与外壳相连)。若被测设备的两部分电位不能分出高低,则可任意连接(如测电动机两相绕组之间的绝缘电阻时)。绝缘电阻表的常用接线方法如图 1-6-5 所示。

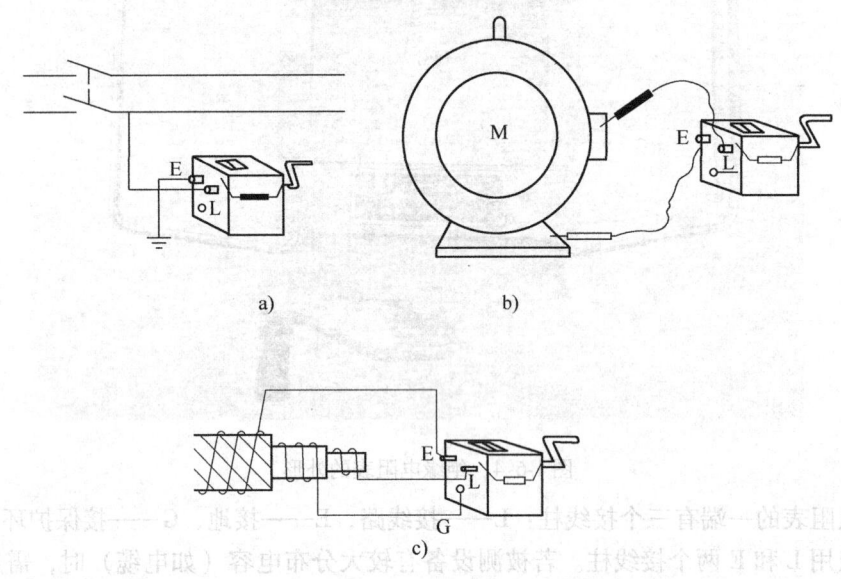

图 1-6-5 绝缘电阻表接线

测量时,先慢摇手柄,后加速到 120r/min 时,匀速 1min,待表针稳定时,再读取指示值为测量结果。读数时,应边摇边读,不能停下来读数。

测量绝缘电阻时要注意:测量前必须切断设备的电源,测量时绝缘电阻表的接线柱及测试线端带有电,人不能触及,以防触电;禁止在雷电天气用绝缘电阻表在电力线路上进行测量。

## △ 第七节 常用电工材料

制造一台电器设备或安装一个电路系统,需要选用各种各样的电工材料。电工材料是设备及电路能否正常运行和工作的关键。如果有的电工材料选用不适合或者质量不佳,则设备及电路容易发生故障或出现人身事故。因此,我们对常用电工材料一些主要性能、特点及用在什么地方等必须了解。

常用的电工材料可分为两大类:导电材料和绝缘材料。

## 一、导电材料

主要指通有电流的带电体所用的材料。常见的有电线、电缆、电阻合金材料、熔体材料等。

### 1. 电线和电缆

它们使用的材料大多是铜、铝，因而电阻小，导电能力强。按使用情况不同又分为：裸电线、电磁线、绝缘电线及电缆等。

裸电线：指导线外没有绝缘体。主要有高、低压架空输电线路的钢芯铝绞线、铜绞线或铝绞线；配电设备用的硬铜（铝）母线、扁铜（铝）线；电气设备接地用的软铜绞线；电刷等用的软铜引线等。

电磁线：此类导线表面敷有绝缘漆或其他聚酯类绝缘材料，俗称漆包线。主要用于制作各类电机、变压器、电器和仪表的绕组、线圈等。

绝缘电线：导线表面包有橡胶或塑料绝缘做外皮，主要在500V以下各种电器、动力设备及配电、照明等线路固定敷设时应用。

电缆：同时将几根绝缘电线固定在一起的输电导线，分为橡胶套软电缆、聚氯乙稀绝缘护套电力电缆和控制电缆。有两芯、三芯、四芯或多芯电缆，又分可动的软电缆、架空、或地下敷设的电力电缆、通信电缆。

对上述各种电缆或电线进行选择时，同一类型的电线、电缆还要考虑其安全截流量，即每种规格的导线允许通过的电流值，还要考虑其机械强度是否足够，尤其是架空线，必须可靠、安全。实际中都通过计算和查阅电工手册等资料来确定。

### 2. 电刷

它是一种特殊用途的导电元件。在直流电机中，电刷和换向器（整流子）配合，将旋转电枢内的交变电流和外部直流电流相互交换。在绕线转子异步电动机中，电刷和转子上的滑环配合，将外部的电阻或电动势串入转子绕组中，达到改善起动性能或调节转速的目的等。

常用的电刷可分为石墨电刷、电化石墨电刷和金属石墨电刷三种，各种电刷的型号、特性可查阅相关电工手册。

电刷选用的是否得当，对电机的运行有很大的影响。对电刷的选择原则是：根据电刷的电流密度、滑环和换向器的圆周速度，可在电刷的技术特性表中找到所需的电刷种类，再结合电机的特性（电压、电流的额定值）和运行条件（连续、断续、短时），就可以确定电刷的具体规格和型号。

### 3. 电阻合金材料和电热材料

电阻合金材料是用来制作各种电阻元件的材料，广泛用于电机、电器、仪器及电子等工业设备中。常用电阻合金材料的品种、性能、用途及规格可在相关电工手册中查到。

电阻合金镍铬、康铜、铁铬铝线材料大量用来制造各种电阻器，如Z系列大功率旋转变阻器、BY-4系列闸刀式变阻器、RXH-4（B、C、D）型滑线式变阻器、ZX2、ZX9、ZX15系列变阻器，其中ZX9、ZX15系列变阻器因其具有电阻高、耐高温的特点而使电阻器体积大大减小。

电阻合金材料制成的电阻器可用作起动、分流和调节电阻。还用作仪表中的电阻元件、分流器、电桥、电位差计、标准电阻等元件。

电热材料是专门用来制造工业用电热设备以及电热元件所使用的材料，如电阻加热炉、日用电炉、电烙铁、电熨斗、管状电热元件等。要求这些材料不仅有一定的电阻（当电流通过时产生热量），更主要的是要求材料耐高温、不易融化、受热后不易变脆等。

常用的电热材料中，合金材料较多，例如镍铬合金、铁铬铝合金，其次还有非金属合金合成材料，如碳化硅合成的硅碳棒、硅碳管、二硅化钼制成的硅钼棒等。这些材料的具体规格、型号及耐热程度等亦可查阅电工手册而获得。

## 二、绝缘材料

电阻率大于 $10^7 \Omega \cdot m$ 的材料在电工技术上就叫做绝缘材料。它的作用是在电气设备中把电位不同的带电部分分隔开。因此绝缘材料应具有良好的介电功能，即具有较高的绝缘电阻和耐压强度，并能避免发生漏电或击穿等事故；其次是耐热性能较好，其中尤其以不因长期受热作用而产生性能变化（热老化）最为重要；此外还应有良好的导热性、耐潮和有较高的机械强度。

常用绝缘材料按化学性质不同，可分为无机绝缘材料、有机绝缘材料和混合绝缘材料。

无机绝缘材料：有云母、石棉、大理石、瓷器、玻璃等，主要用作电机、电器的绕组绝缘、开关的底板和绝缘子等。

有机绝缘材料：有树脂、橡胶、棉纱、纸、蚕丝、人造丝等。大多用来制造绝缘漆、绕组导线的被覆绝缘物等。

混合绝缘材料：由以上两种材料经加工制成的各种成型绝缘材料。用作电器的底座、外壳等。

电工绝缘材料按其在正常运行条件下的最高工作温度（耐高温度）分级，称为它的耐热等级，国内通用标准分为90℃、105℃、120℃、130℃、155℃、180℃和180℃以上七个等级。

常用绝缘材料按使用情况不同制成的成品又可分为：浸渍纤维及薄膜制品类，如油性玻璃漆布、聚酯薄膜、聚酯薄膜绝缘纸复合箔、硅橡胶玻璃漆布等；玻璃丝（漆）套管类，如醇酸玻璃漆管、硅橡胶玻璃丝管、玻璃纤维电刷套管等；绝缘层压板类，如环氧层压纸板、有机硅层压玻璃布板等；有机溶剂浸渍绝缘漆和无机溶剂绝缘漆类；绝缘油类；绝缘瓷瓶；瓷夹；瓷管类等。

## △ 第八节　常用电光源简介

照明对人们的生产活动和日常生活有着极为重要的影响。目前我国大部分地区都采用电气照明，即将电能转换为光能供人们照明。常用电光源的分类如图1-8-1所示。

目前广泛应用于照明的电光源有两类：一是热辐射光源，主要是利用电流将物体加热到白炽状态而产生光的光源；二是放电光源，利用电流通过气体（或蒸气）而发射光的光源。放电光源若按放电介质不同又可分为气体放电灯、金属蒸气灯等。

1. 白炽灯

白炽灯是使用最为普通的一种热辐射光电源。它发明于 19 世纪 60 年代，至今经历了几个重大的改革阶段，现在在光效和寿命方面都有很大提高。

图 1-8-2 所示为普通照明白炽灯的结构简图。

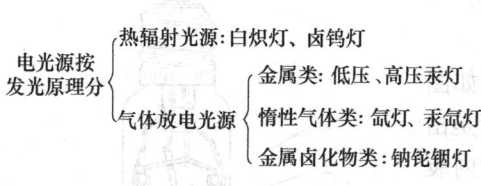

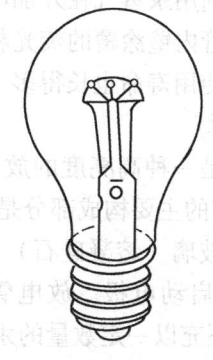

图 1-8-1　　　　　　　　　　　　　图 1-8-2　白炽灯的结构简图

它由玻璃泡壳、灯丝、支架、引线、和灯头几部分组成。在非充气灯泡中，玻璃泡内抽成真空，而在充气灯泡中玻璃泡抽成真空后充入惰性气体。

白炽灯依靠电流通过灯丝时产生的大量热量，使灯丝温度升高到 2400~3000K，呈白炽状而发光。它工作时，相当于一个电阻。

白炽灯的灯丝是金属钨做成的，耐高温。灯泡内充入氩和氮的混合性气体，是为了减少钨丝的蒸发，又有不起化学反应，热传导小，有足够的绝缘强度等优点。

白炽灯类型很多，但一般照明用的白炽灯功率为 10~1000W，电压有 110V 和 220V 两种，一般分螺口灯头和插口灯头。为保证安全的低压灯泡，电压为 6~36V，功率低于 100W。低压灯泡主要用于机床上的工作灯及便携式照明灯。

2. 卤钨灯

普通白炽灯在使用过程中，由于从灯丝蒸发出来的钨沉积在灯泡壁上，使玻璃壳黑化，玻璃黑化后透光度降低，造成灯泡光效降低。

卤钨灯的工作原理基本上和白炽灯相同，也是利用电流通过钨丝加热至炽热状态而产生光辐射的。主要不同的是，卤钨灯泡内除了充入惰性气体外，还充有少量的卤族元素（氟、氯、溴、碘）或与其相应的卤化物。在满足一定温度的条件下，灯泡内能够建立起卤钨再生循环，这样防止了钨沉积在玻璃壳上，即防止了灯泡的黑化，能使灯泡保持良好的透明度。

卤钨灯中最先使用的是碘钨灯。图 1-8-3 是双端碘钨灯结构简图。灯管为一直径为 10mm 左右的直管子，用耐高温的石英玻璃或高硅酸玻璃制成。管内除充氟、氩（或氮、氙）气外，还有少量的碘和碘的化合物。

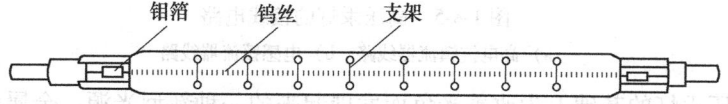

图 1-8-3　碘钨灯

溴钨灯是另一种重要的卤钨灯，其原理和碘钨灯相似，但比碘钨灯优点多。此种灯发光集中，不吸收可见光，光效好，灯泡的形状不受限制，因此工艺也简单。

### 3. 荧光灯

荧光灯是利用汞蒸气在外加电压作用下产生弧光放电，发生少许可见光和大量紫外线，紫外线又激励管内壁涂覆的荧光粉，使之再发出大量的可见光，因此荧光灯的发光效率比白炽灯高得多，使用寿命也长得多（2000～10000h）。

### 4. 高压汞灯

高压汞灯是一种高亮度的放电光源，其结构如图1-8-4所示。它的主要构成部分是放电管。放电管是由耐高温的石英玻璃（熔凝硅石）制成的短管，管内装有工作电极和启动电极。放电管内除充有惰性气体（氩气）外，还充以一定数量的汞。

在放电管外为了保温和避免外界对放电管的影响，有一个硬质硼硅盐玻璃制的外玻泡，玻泡内装有附加电阻和电极的引线，充有二氧化碳。玻泡内壁涂以荧光质（氟酸锗、碳酸镁等）改善光色。

高压汞灯接通电源后，有一个启动过程（约4～10min）。在启动过程中，管内由开始发出的白色光逐渐变为更明亮的绿色光，在外玻泡内壁荧光质的影响下，对外发出的是暖白色光。

高压汞灯的接线图如图1-8-5所示。

高压汞灯常用于室内外大面积照明，而且寿命长，可达5000h左右。

### 5. 金属卤化物灯

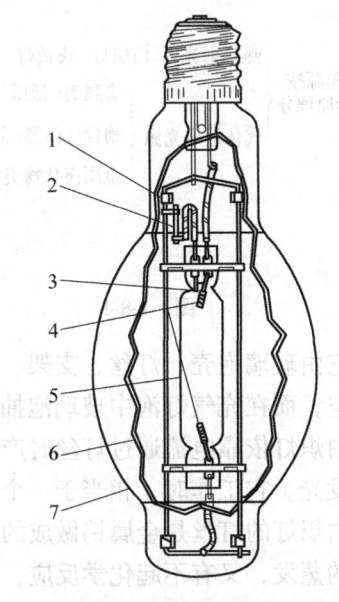

图1-8-4　高压汞灯的结构
1—支架及引线　2—启动电阻
3—启动电极　4—工作电极　5—放电管
6—内部荧光质涂层　7—灯泡

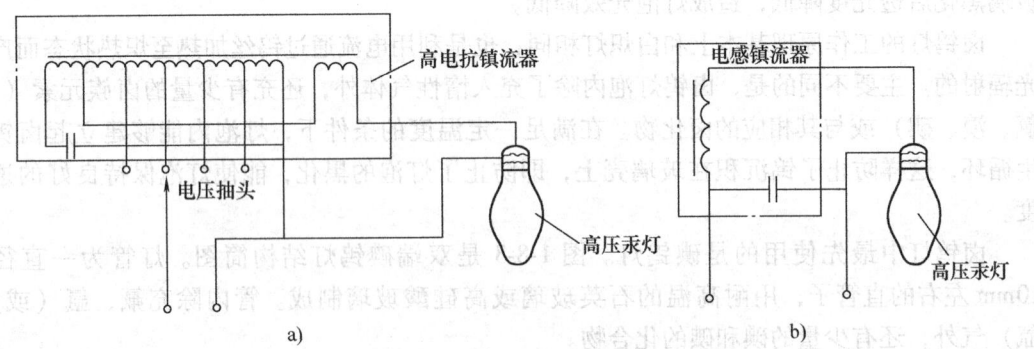

图1-8-5　高压汞灯的接线电路
a) 高电抗镇流器线路　b) 电感镇流器线路

它是在高压汞灯的基础上为改善光色而发展起来的一种新型光源。金属卤化物灯的光色比高压汞灯有较大改善，发光效率比汞灯高出1～2倍。

金属卤化物灯的外形和结构与汞灯相似，主要不同之处是在放电管内放有适量的金属卤化物（通常为碘化物），主极采用钨或钍钨材料，不涂任何中子发射材料，且外灯泡内不涂荧光质。

当汞蒸气所形成的电弧产生高温时，金属卤化物从管壁上蒸发并分解为金属和卤素，分解出的金属原子在电弧柱内受热又激发出光，金属原子扩散到管壁上又和卤素元素结合为卤化物。这种反复循环，使灯管的光比原来汞灯强得多，从而改善了光色，提高了发光效率。

目前，用于照明的金属卤化物灯主要有以下几种：碘化钠—碘化铊—碘化铟灯、镝灯（碘化镝—碘化铊）、卤化灯（主要是溴化、氯化）、高压铟灯、卤化铝灯等。

上述卤化物灯光效高、光色好，屋内和屋外照明均适用。

6. 高压钠灯

高压钠灯和高压汞灯、金属卤化物灯一样，是近几年才发展起来得一种高强度、高光效光源，而且光色较好。

图1-8-6是高压钠灯的构造简图。它在形式上与高压汞灯相似，但放电管是由半透明多晶氧化铝陶瓷制成的。这种材料具有良好的抗钠腐蚀性能，两端各放一个工作电极，管内抽成真空后充入一定的钠、汞和氙气。在放电管外有一个管形或椭圆形的外玻泡，外玻泡抽成高度真空。

高压钠灯一般没有启动电极，启动时也不进行预热，但需要较高的启动电压（2000～2500V），启动后依靠离子对电极的轰击使电极加热而产生热电子发射。放电首先在氙气中发生，接着温度升高，钠原子在热电子放射中被激发放电发光，从启动到稳定工作约4min，灯壳由开始较暗的红白色辉光很快变成亮蓝色，随后发黄光，随着钠蒸气压力的提高，最后发出较强的金白色的光。管内的汞蒸气起着提高放电电弧电压的作用。

钠灯启动时所需的高压是靠灯的接入电路中的电感镇流器和能够形成高压脉冲的启动装置产生。钠灯常采用有电子触发器的接入电路，如图1-8-7所示。

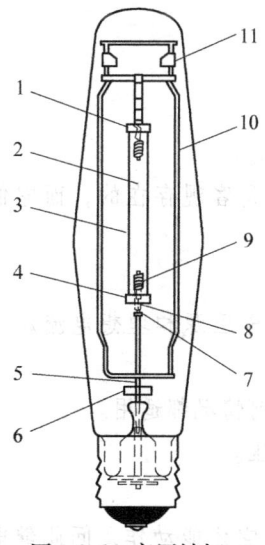

图1-8-6 高压钠灯

1—钙氧化铝+二氧化硅 2—钠+汞 3—多晶氧化硅
4—铌 5—镍 6—钡+铝 7—钽 8—钛
9—钨 10—铁镍金属板 11—不锈钢

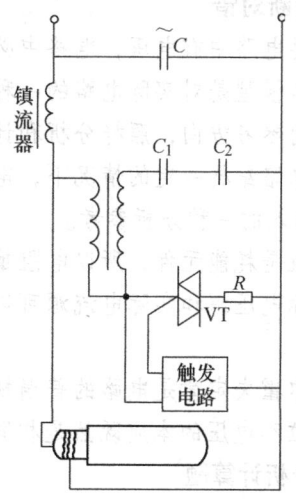

图1-8-7 钠灯的外部接线

高压钠灯不仅光效高、光色好，而且工作寿命很长，有的可高达20000h。另外环境温度对灯的工作也没有太大的影响。目前在室外广场、马路等处，钠灯被广泛应用。

## 本 章 小 结

1. 电路是电流通过的路径。它主要由电源（信号源）、负载和中间环节等组成。电路模型是由理想元件和无阻导线连接组合而成的，用来表示实际电路。它是实际电路的科学抽象。

2. 电路中的基本物理量有电流、电压、电动势、电位和电功率。用这些物理量来反映电路的状态和能量转换关系，它们有不同的含义、单位，但互相之间又有联系。

3. 电流、电压和电动势均有各自的实际方向，在电路一定时是客观存在的。参考方向是人为规定的。引入参考方向后，便于以代数量的正负反映物理量的实际方向。

4. 电阻是导体对电流的一种阻碍作用。导体的电阻大小与其材料，尺寸和温度有关。电流通过电阻时产生热效应。

理想电阻元件是一种耗能元件，分线性和非线性两种。欧姆定律是线性电阻元件上的重要规律，用公式表达为 $I = U/R$。

5. 电源是电路中的重要组成部分。一个实际电源可以用电压源模型或电流源模型来表示，且两种电源模型可以等效互换。

6. 电路常有三种工作状态：负载、空载和短路状态。状态不同，电路各有不同的特点。

7. 基尔霍夫定律是电路结构上的普遍规律，是分析电路的重要定律，其中，KCL 针对节点，有 $\sum I = 0$；KVL 针对回路，有 $\sum U = 0$。

## 练习及思考题

**一、判断对错**

1. 只要电路中有电压，电路中必然有电流。( )
2. 电路模型是对实际电路的一种科学抽象。( )
3. 不用参考方向，照样分析和计算电路中的电压和电流。( )
4. 当电路结构一定的情况下，电压和电流的实际方向是客观存在的，而它们的参考方向是人为引入的一种分析参考。( )
5. 电阻是耗能元件，所以电阻越大，消耗的电能越多。( )
6. 实际电压源和实际电流源可以等效代替，但是理想电压源和理想电流源不能等效代替。( )
7. 基尔霍夫定律是电路的普遍规律，对任何电路，任何情况都适用。( )
8. 电位和电压的本质既然是相同的，所以电位就是电压。( )

**二、分析计算题**

1. 一个继电器的线圈电阻为 $48\Omega$，当电流为 0.18A 时它才能动作，问此继电器的线圈施加多高电压才能动作？

2. 一个1000W的电炉，接在220V的电源上使用，流过电炉的电流是多大？电炉的电阻丝电阻是多大？

3. 一台电动机的定子绕组原来用一根 $\Phi 1.5\text{mm}$ 漆包圆铜线绕制，现在改用两根粗细相同的漆包圆铜线并绕代之。若保持原来匝数（总长度）和电阻值不变，问使用的漆包圆铜线要多大直径？

4. 在白炽灯上一般只标注额定电压 $U_N$ 和额定功率 $P_N$，有一只白炽灯泡，标有 220V 和 60W 字样，问其灯泡的电阻值及额定电流。

5. 在题图 1-1 所示电路中，已知电源电动势 $E$ 为 5.8V，$R_0$ 为 $0.3\Omega$，两个负载并联，$R_1$ 为 $5.5\Omega$，$R_2$ 为 $2.6\Omega$，各有一个开关 $S_1$ 和 $S_2$。

求：(1) $S_1$ 和 $S_2$ 未闭合时，电压表的读数。
　　(2) $S_1$ 和 $S_2$ 分别闭合时，电压表的读数。
　　(3) $S_1$ 和 $S_2$ 都闭合时，电压表的读数。

6. 将题图 1-2 所示电路中下列各电压源（电流源）等效为电流源（电压源）。

7. 求题图 1-3 所示各电路中的未知电流。

8. 题图 1-4 所示为三极管放大电路，已知 $E = 20\text{V}$，$R_b = 500\text{k}\Omega$，$R_c = 6\text{k}\Omega$，若 $U_{be} = 0.7\text{V}$。$\beta = I_c/I_b = 45$，求 $I_b$、$I_c$、$I_e$ 和 $U_{ce}$。

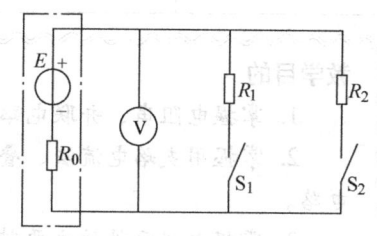

题图 1-1

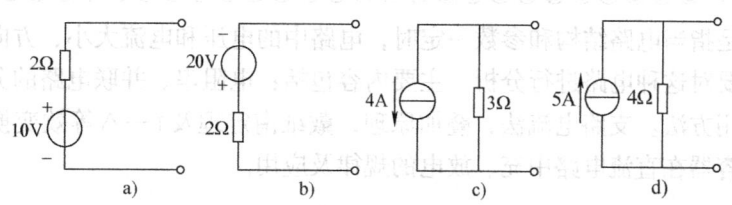

题图 1-2

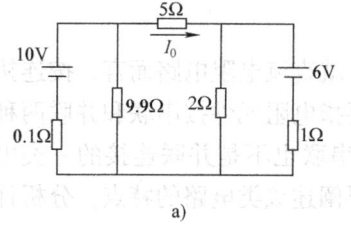

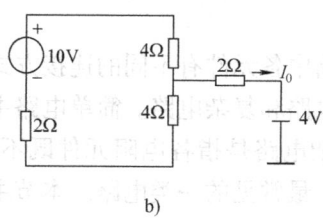

题图 1-3

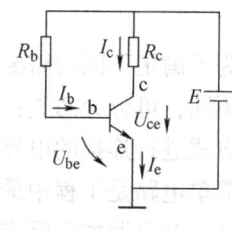

题图 1-4

### 三、思考题

1. 电阻元件属于什么性质的元件？它有哪些主要性质？
2. 理想电压源元件和理想电流源元件的主要特点各是什么？
3. 电路在三种不同状态时各有哪些主要特征？
4. 欧姆定律和基尔霍夫定律各是在什么场合适用规律？
5. 理想元件和实际元件（电阻、电源等）有哪些不同？又有什么关系？
Δ6. 常用导电材料有哪些？为什么电线都用铜、铝等材料制造？
Δ7. 你见到或使用过哪些导电材料和绝缘材料？举例说出它们各有什么用处？
Δ8. 绝缘材料为什么用耐热较好的材料？

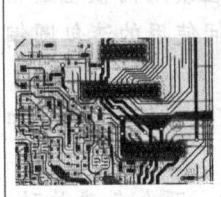

# 第二章

## 直流电路分析

**教学目的**

1. 掌握电阻串、并联电路的特点，及对简单电路的分析方法。
2. 掌握用支路电流法、叠加原理、戴维南定理及等效变换的方法分析求解复杂电路。
3. 掌握电容元件的主要特点及连接方式，了解电容器在充、放电时电压和电流的变化规律，并且熟悉用改变电路中的电阻和电容大小来调节电容器充、放电快慢的方法。

直流电路是指当电路结构和参数一定时，电路中的电压和电流大小、方向均不变的一类电路。本章主要对这种电路进行分析。主要内容包括：电阻串、并联电路的分析，求解复杂电路的几种常用方法。支路电流法，叠加原理，戴维南定理及丫—△等效变换等。此外简介电容元件及电容器在直流电路中充、放电的规律及应用。

 ## 第一节　电阻串、并联电路的分析

为了满足不同的需要，电路中各元件有不同的连接方式。就直流电阻电路而言，按连接方式不同，可分为两类：简单电路和复杂电路。简单电路主要指电阻元件按串联和并联两种基本方式进行连接的电路。复杂电路是指各电阻元件既不是串联也不是并联连接的一类电路。简单电路是工程中最基本、最常见的一类电路。本节主要阐述该类电路的特点，分析计算方法、及电路的实际应用。

### 一、电阻的串联

两个或两个以上的电阻元件依次相连，中间无分支的连接方式叫电阻的串联。图2-1-1a所示即为三个电阻的串联电路。图2-1-1b为图2-1-1a电路的等效电阻。

💡 *提示*：串联电路主要有以下特点。

1) 串联电路中流过每个电阻的电流都相同。

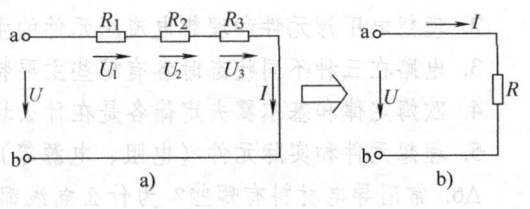

图2-1-1　电阻的串联
a) 串联电路　b) 等效电阻

2) 串联电路中总电压等于各个电阻的电压之和。例如，在图 2-1-1 所示电路有
$$U = U_1 + U_2 + U_3 \quad (2\text{-}1\text{-}1)$$

3) 串联电路的等效电阻（即总电阻）$R$ 等于各串联电阻之和。例如图 2-1-1 中所示电路中有
$$R = R_1 + R_2 + R_3 \quad (2\text{-}1\text{-}2)$$

4) 串联电路中任一电阻两端的电压大小与该电阻成正比。串联电阻具有分压作用。例如图 2-1-1 所示电路中就有

$$\begin{cases} U_1 = \dfrac{R_1}{R_1 + R_2 + R_3} U \\ U_2 = \dfrac{R_2}{R_1 + R_2 + R_3} U \\ U_3 = \dfrac{R_3}{R_1 + R_2 + R_3} U \end{cases} \quad (2\text{-}1\text{-}3)$$

对于两个电阻的串联，也可表示为
$$\dfrac{U_1}{U_2} = \dfrac{R_1}{R_2} \quad (2\text{-}1\text{-}4)$$

5) 串联电路中的总功率等于各电阻消耗的功率之和，且各电阻消耗的功率大小与该电阻值成正比。例如图 2-1-1 所示电路中有
$$P = I^2 R_1 + I^2 R_2 + I^2 R_3$$
$$= P_1 + P_2 + P_3$$
且
$$P_1 : P_2 : P_3 = R_1 : R_2 : R_3 \quad (2\text{-}1\text{-}5)$$

电阻串联的上述特点，在实际工程中应用非常广泛。常见的有以下几种。

1) 用几个电阻串联可获得阻值较大的电阻。

2) 采用几个电阻串联构成分压器，使用一个电源能供给几种不同的电压，如图 2-1-2 所示，由 $R_1 \sim R_4$ 构成的分压器，可使电源输出四种不同数值的电压。

另外，还可制成电阻调压器，如图 2-1-3 所示。当 a 点移动到不同位置时，输出电压 $U_2$ 可得到不同的值。

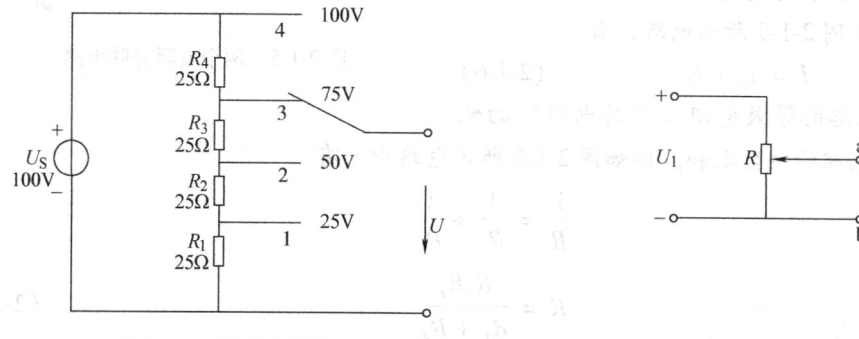

图 2-1-2　电阻分压器　　　　　　　　图 2-1-3　电阻调压器

3) 当负载的额定电压低于电源电压时，可用串联电阻或者负载串联的办法来满足负载

接入电源使用的需要。例如可将两个相同的 6V 指示灯串联后接到 12V 电源中使用。

4）利用串联电阻的方法来限制和调节电路中电流的大小。例如：为限制电动机起动或制动时电流过大，可在电动机和电源之间串联适当的电阻。

5）在电工测量中广泛应用串联电阻的方法扩大电表测量电压的量程。

**【例 2-1-1】** 图 2-1-4 是 500 型万用表测量直流电压的部分电路图。图中仅画出两个量程。其中：$U_1 = 10V$，$U_2 = 250V$，已知表头的等效内电阻 $R_a = 3k\Omega$，允许流过的最大电流为 $I_a = 50\mu A$，试求各串联电阻的阻值。

**解：** 因为表头是一只微安表，该表头所能测量的最大电压为

$$U_a = I_a R_a = 50 \times 10^{-6}A \times 3 \times 10^3 \Omega = 0.15V$$

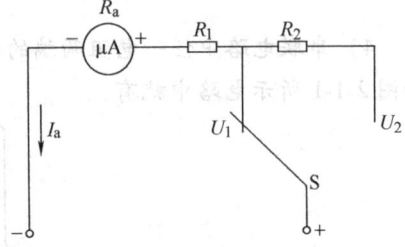

图 2-1-4　串联电阻扩大电压表的量程

显然，要用该表头测量大于 0.15V 的电压，会将表头烧坏。为了扩大量程，就要串联电阻。所串联的电阻阻值求解步骤如下：

因为：
$$U_1 = I_a R_1 + I_a R_a$$

所以：
$$R_1 = \frac{U_1 - I_a R_a}{I_a} = \frac{10V - 50 \times 10^{-6}A \times 3 \times 10^3 \Omega}{50 \times 10^{-6}A} = 197k\Omega$$

又有：
$$I_a R_2 = U_2 - U_1$$

得：
$$R_2 = \frac{U_2 - U_1}{I_a} = \frac{250V - 10V}{50 \times 10^{-6}A} = 4.8M\Omega$$

## 二、电阻的并联

将若干个电阻两端点分别并接在电路中相同的两点之间，这种连接方式称为电阻的并联。图 2-1-5a 所示为两个电阻并联电路，图 2-1-5b 为图 2-1-5a 电路的等效电阻。

💡 **提示：** 并联电路有以下主要特点。

1）并联电路中各电阻两端的电压相等，且等于电路两端的电压。

2）并联电路中的总电流等于各电阻支路的电流之和。例如图 2-1-5 所示电路，有

$$I = I_1 + I_2 \tag{2-1-6}$$

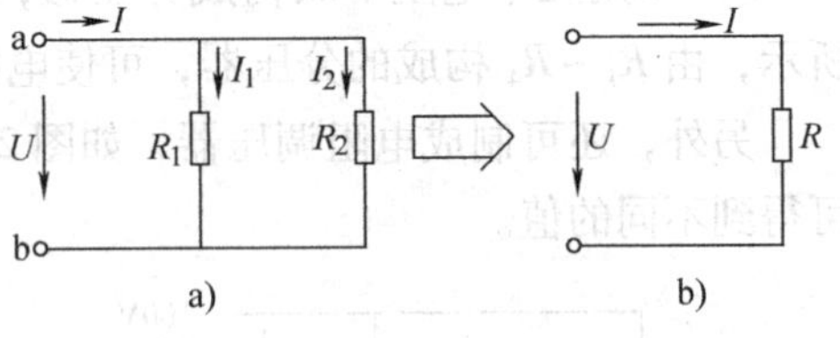

图 2-1-5　两个电阻并联电路

3）并联电路的等效电阻（即总电阻）的倒数等于各并联电阻的倒数之和。例如图 2-1-5 所示电路中，有

$$\frac{1}{R} = \frac{1}{R_1} + \frac{1}{R_2}$$

得：
$$R = \frac{R_1 R_2}{R_1 + R_2} \tag{2-1-7}$$

可知，并联电路的总电阻一定比任何一个并联电阻的阻值都小，且并联的电阻越多，总电阻的阻值就越小。

4）并联电路中，各电阻支路中的电流分配与其电阻成反比，阻值越大的支路其电流越小，反之电流越大。例如图 2-1-5a 所示电路中，两个电阻并联，则有

$$\frac{I_1}{I_2} = \frac{R_2}{R_1} \tag{2-1-8}$$

因此，可推导出以下分流公式：

$$\begin{cases} I_1 = \dfrac{R_2}{R_1 + R_2} I \\ I_2 = \dfrac{R_1}{R_1 + R_2} I \end{cases} \tag{2-1-9}$$

5）并联电路中的总功率等于各电阻消耗的功率之和，但各串联电阻支路消耗的功率大小与该支路电阻值成反比。例如在图 2-1-5 所示电路中，有：

$$P = \frac{U^2}{R_1} + \frac{U^2}{R_2} = P_1 + P_2$$

且

$$\frac{P_1}{P_2} = \frac{R_2}{R_1} \tag{2-1-10}$$

电阻并联的上述特点，在实际工程中也得到广泛应用。最常见的有以下几种。

1）额定工作电压相同的负载接在同一电源下工作时几乎全是并联。

例如，生产和生活中的各种电动机、电炉以及各种照明灯具几乎都是并联使用。负载在并联状态下工作时，它们两端的电压完全相同，任何一个负载的工作情况都不影响其他负载，也不受其他负载的影响（指电源的容量足够大）。因此人们就可以根据不同需要，单独起动或停止并联使用的各个负载。

2）用并联电阻来获得某一较小的电阻。

例如，用两个 100Ω 的电阻并联，即可得到一个 50Ω 的电阻。

3）在电工测量中，应用并联电路的方法来扩大电表测量电流的量程。

【例 2-1-2】 已知某微安表的内电阻 $R_a = 3750\Omega$，允许流过的最大电流为 $I_a = 40\mu A$。现用此表头制作一个有两个量程的电流表，各量程的最大电流分别为 $I_1 = 500mA$，$I_2 = 50\mu A$。问各分流电阻值应为多大？

**解**：因为此微安表头的最大电流仅为 $40\mu A$，若用它测量大于 $40\mu A$ 的电流，表头就有烧坏的危险。为扩大量程，最常见的办法是并联电阻，让流过表头的最大电流等于 $40\mu A$，其余电流都从并接的电阻中流过。

并接电阻的方式有两种，如图 2-1-6 所示为其中的一种。由于电阻是和电表并联，所以各电阻的端电压相等，而表头两端的电压为 $U_a = I_a R_a$，流过各分流电阻的电流分别为 $I_1 - I_a$ 和 $I_2 - I_a$，因此各分流电阻值分别等于：

$$R_1 = \frac{I_a R_a}{I_1 - I_a} = \frac{40 \times 10^{-6}A \times 3750\Omega}{500 \times 10^{-3}A - 40 \times 10^{-6}A} \approx 0.3\Omega$$

$$R_2 = \frac{I_a R_a}{I_2 - I_a} = \frac{40 \times 10^{-6}A \times 3750\Omega}{50 \times 10^{-6}A - 40 \times 10^{-6}A} \approx 15k\Omega$$

实际大多数万用表都采用图 2-1-7 所示的环形分流器（也称闭路抽头式分流器）来扩大

测量电流的量程。

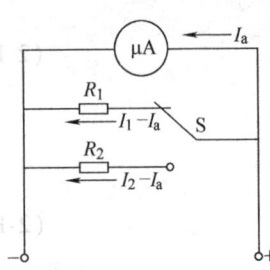

图 2-1-6 扩大电流表量程的电路

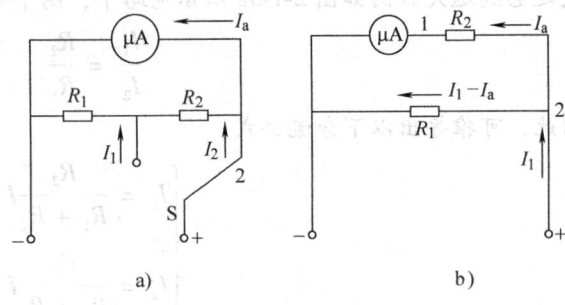

图 2-1-7 环形分流器

由图 2-1-7a 可知，当使用最小量程 $I_2 = 50\mu A$ 时，全部分流电阻串联后再与微安表表头并联，则可先求出它们的总电阻，即

$$R = R_1 + R_2 = \frac{I_a R_a}{I_2 - I_a} = \frac{40 \times 10^{-6}\text{A} \times 3750\Omega}{(50 - 40) \times 10^{-6}\text{A}} = 15\text{k}\Omega$$

当采用量程 $I_1$ 时，其等效电路如图 2-1-7b 所示，此时 $R_2$ 和 $R_a$ 串联后再与 $R_1$ 并联，根据分流公式可得

$$I_a = \frac{R_1}{R_1 + R_2 + R_a} I_1 = \frac{R_1}{R + R_a} I_1$$

则：

$$R_1 = \frac{(R + R_a) I_a}{I_1} = \frac{(15 \times 10^3 + 3750)\Omega \times 40 \times 10^{-6}\text{A}}{500 \times 10^{-3}\text{A}} = 1.5\Omega$$

$$R_2 = R - R_1 = 15 \times 10^3 \Omega - 1.5\Omega = 14998.5\Omega$$

## 三、电阻混联电路的分析

实际使用的电路往往是十分复杂的，就电阻元件而言，往往电路中既有串联，又有并联，这种连接方式的电路称为混联电路。因为混联电路中，串联部分具有电阻串联的特点，并联部分具有电阻并联的特点。所以，只要能准确判断出电路中各电阻的串、并联的关系，根据电阻串联和并联的特点，采用逐步简化和等效的原则即可解决电路中的问题。

**1. 判断电路中各电阻的连接关系**

💡**注意**：这是正确分析和计算电路很关键的一步。对连接复杂的混联电路，必须将原电路先进行整理，再分析电阻的连接关系就显得很容易。一般整理的方法是：先在原电路中各电阻的连接点标注一字母，若连接点之间有一无阻导线相连，可看成一点，标注相同的字母，再将各字母按顺序另在水平方向排列写出（待求端的字母应放在最两端），然后将原电路中的各电阻填入各对应的字母之间，依次画出等效电路。

在图 2-1-8 所示电路中，图 2-1-8a 为原电路，不易看出电阻的连接关系，通过整理，得到图 2-1-8b 所示电路

整理后的等效电路中就比较容易判断各电阻的连接关系。图 2-1-8 所示电路，从图 2-1-8b 中即可知，$R_1$ 和 $R_2$ 并联后和 $R_3$ 串联，和 $R_4$ 并联，再求解 A、B 之间的各量显得很方便。

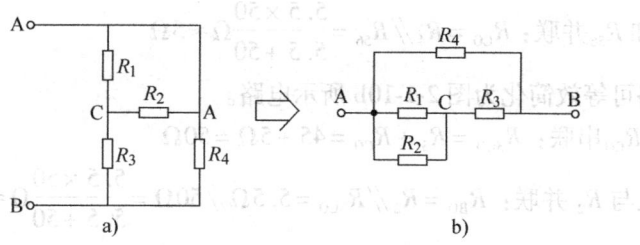

图 2-1-8 电路连接的整理

## 2. 简化和分析电路

当知道电路中各电阻的连接关系后,即可用串或并联的特点逐步简化和计算电路的待求物理量。

**【例 2-1-3】** 图 2-1-8 所示电路中,已知 $R_1 = R_2 = 4\Omega$,$R_3 = 6\Omega$,$R_4 = 8\Omega$。求 AB 之间的等效电阻 $R_{AB}$。

**解:** 经整理后的等效电路,再逐步简化,其过程如图 2-1-9 所示。

$R_1$ 和 $R_2$ 并联,其等效电阻为

$$R_{AC} = \frac{4 \times 4}{4 + 4}\Omega = 2\Omega$$

$R_{AC}$ 和 $R_3$ 串联,其等效电阻为

$$R_{ACB} = (2 + 6)\Omega = 8\Omega$$

$R_{ACB}$ 与 $R_4$ 并联,其等效电阻为

$$R_{AB} = \frac{8 \times 8}{8 + 8}\Omega = 4\Omega$$

**【例 2-1-4】** 某信号发生器内的衰减网络如图 2-1-10a 所示,其中 $R_1 = R_3 = R_5 = 45\Omega$,$R_2 = R_4 = 5.5\Omega$,$R_6 = 5\Omega$ 在 A、O 端加电压 $U$,于 B、C、D 到 O 端取出电压 $U_{BO}$,$U_{CO}$,$U_{DO}$。计算输出电压的衰减比例。

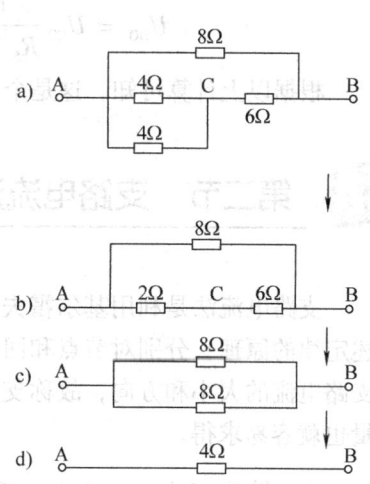

图 2-1-9 电路的简化过程

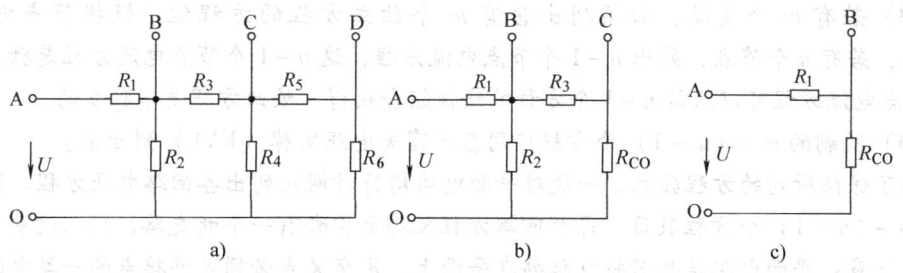

图 2-1-10 衰减网络的计算

**解:** 这是一个混联电路,具体计算和等效步骤是从电路的"远端"看和逐步简化。

首先,$R_5$ 和 $R_6$ 串联:$R_{56} = R_5 + R_6 = 45\Omega + 5\Omega = 50\Omega$

然后，$R_4$ 和 $R_{56}$ 并联：$R_{CO} = R_4 // R_{56} = \dfrac{5.5 \times 50}{5.5 + 50} \Omega \approx 5\Omega$

为此，电路可等效简化为图 2-1-10b 所示电路。

电阻 $R_3$ 和 $R_{CO}$ 串联：$R_{3CO} = R_3 + R_{CO} = 45 + 5 = 50\Omega$

电阻 $R_{3CO}$ 又与 $R_2$ 并联：$R_{BO} = R_2 // R_{3CO} = 5.5\Omega // 50\Omega = \dfrac{5.5 \times 50}{5.5 + 50} \Omega \approx 5\Omega$

电路进一步等效简化为图 2-1-10c 所示电路，根据欧姆定律可知：

$$U_{BO} = U \dfrac{R_{BO}}{R_1 + R_{BO}} = U \dfrac{5\Omega}{(45+5)\Omega} = \dfrac{1}{10}U$$

再根据图 2-1-10b 电路可得：

$$U_{CO} = U_{BO} \dfrac{R_{CO}}{R_{CO} + R_3} = U_{BO} \dfrac{5\Omega}{(45+5)\Omega} = \dfrac{1}{10}U_{BO} = \dfrac{1}{100}U$$

再根据图 2-1-10a 电路可得：

$$U_{DO} = U_{CO} \dfrac{R_6}{R_5 + R_6} = U_{CO} \dfrac{5\Omega}{(45+5)\Omega} = \dfrac{1}{10}U_{CO} = \dfrac{1}{1000}U$$

根据以上计算可知，这是个 1∶10，1∶100，1∶1000 的电压衰减网络。

## 第二节　支路电流法

支路电流法是利用基尔霍夫（KCL 和 KVL）定律求解复杂电路的最基本方法。根据上述定律的原理，分别对节点和回路列出支路电流为未知数的方程组，然后解方程组，得出各支路电流的大小和方向，故称支路电流法。各支路的电流得出后，电路中的功率及其他物理量也就容易求得。

 **提示**：用支路电流法求解各支路电流的具体方法有以下几个步骤。

（1）先在所求电路上标出各支路电流的参考方向或其他被求电量的参考方向。

（2）找出电路中所有支路、节点和网孔的数目。

（3）若有 $m$ 个支路，必须列出含有 $m$ 个独立方程的方程组。根据节点电流定律（KCL），若有 $n$ 个节点，列出 $n-1$ 个节点电流方程，这 $n-1$ 个节点电流方程是独立的。第 $n$ 个节点电流方程可以从前 $n-1$ 个方程的线性组合获得，故此方程是不独立的。

（4）所剩的 $m-(n-1)$ 个方程应用基尔霍夫电压定律（KVL）列出来。

为了保证所列的方程独立，一般对平面电路均针对网孔列出各回路电压方程。这样既能满足 $m-(n-1)$ 个方程数目，每个回路方程又都至少含有一个新支路，所以这些方程是独立的。注意：平面电路是指若将电路画在平面上，凡交叉点必须是连接点的一类电路。

（5）用数学方法求解方程组中 $m$ 个未知量，即各支路电流或其他电量。

【例 2-2-1】　图 2-2-1 所示电路中，已知：$U_{S1} = 140\text{V}$，$U_{S2} = 90\text{V}$，$R_1 = 20\Omega$，$R_2 = 5\Omega$，$R_3 = 6\Omega$，试求各支路电流及 $R_3$ 两端的电压和消耗的功率。

**解**：根据 KCL，对节点 a 有：

$$I_1 + I_2 - I_3 = 0$$

而节点 b 有：
$$I_3 - I_1 - I_2 = 0$$

显然节点 b 方程和节点 a 方程是同解方程，取节点 a 方程即可。

此电路有两个网孔，分别根据 KVL 列出回路电压方程：
$$U_{S1} - I_1 R_1 - I_3 R_3 = 0$$
$$U_{S2} - I_2 R_2 - I_3 R_3 = 0$$

解方程得：$I_1 = 4A$　$I_2 = 6A$　$I_3 = 10A$

$R_3$ 两端的电压：$U_{R3} = I_3 R_3 = 10 \times 6V = 60V$

$R_3$ 上消耗的功率：$P_{R3} = U_{R3} \times I_3 = 60 \times 10W = 600W$

或者：$P_{R3} = I_3^2 R_3 = 10^2 \times 6W = 600W$

【例 2-2-2】　在如图 2-2-2 所示电路，求电流源两端的电压和流过 6Ω 电阻的电流。

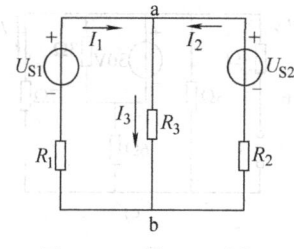

图 2-2-1　例 2-2-1 图

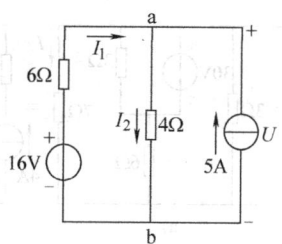

图 2-2-2　例 2-2-2 图

**解**：标出支路电流和电流源电压的参考方向，如图所示。电路中有两个节点 a、b，取 a 节点有：
$$I_1 - I_2 + 5 = 0$$

取两个网孔，分别有：
$$6I_1 + 4I_2 = 10$$
$$U - 4I_2 = 0$$

解上述三元一次方程组得：$U = 16V$，$I_1 = -1A$（流过 6Ω 电阻的电流），$I_2 = 4A$。

当电路中有电流源时，此支路的电流是已知的，但电流源两端的电压是未知的，列解方程时要安排进去。结果中 $I_1$ 值带负号，说明真实电流的方向与参考方向相反。

## 第三节　叠加原理

叠加原理是线性电路的一个重要性质和基本特征，掌握这个原理将使我们对线性电路的认识更进一步深入，同时也可用这个原理来简化电路的分析和计算。

### 一、叠加原理的内容

叠加原理的内容：在一个包含有多个电源的线性电路中，任一支路的电流（或电压）等于各个电源单独作用时，在该支路中所产生电流（或电压）的代数和。

叠加原理对所有能用数学一次方程来描述其相互关系的物理量均适用。在一个系统中，当原因和结果之间满足线性关系时，则这个系统中几个原因共同作用产生的结果，就等于每个原因单独作用所产生的结果总和。线性电路当然也适合这个规律。

## 二、应用叠加原理的具体问题

1. 叠加原理体现了各个电源作用的独立性

用叠加原理分析、计算线性电路，当某一个电源单独作用于电路中时，其他电源则"不作用"于该电路，使该电源成为"零值"。即对于理想电压源来说，应将其两端短接，使其电压为零。但是，应该注意，该支路的所有电阻均应保留，其中也包括实际电压源的内电阻。

当电路中包含有电流源时，叠加原理也适用。电流源的"不作用"是指电流为零，即将其处理为"开路"，并联的内电阻仍保留。

**【例 2-3-1】** 计算图 2-3-1a 所示电路中 7Ω 电阻中的电流 $I$。

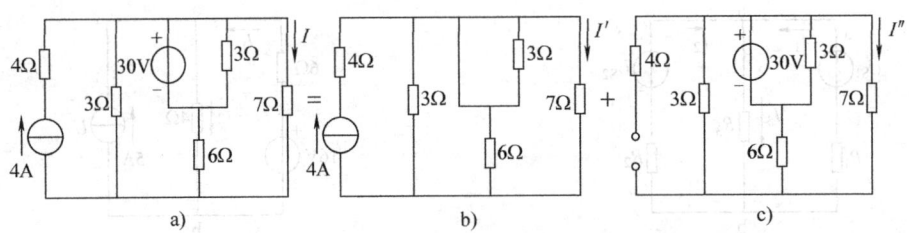

图 2-3-1　例 2-3-1 图

**解**：根据叠加原理，画出 4A 和 30V 两电源单独作用时的电路，如图 2-3-1b 和图 2-3-1c 所示。在图 2-3-1b 所示电路中，和电压源并联的 3Ω 电阻现被短接，那么电路中间是 3Ω 和 6Ω 并联，化简为 2Ω，这样：

$$I' = 4 \times \frac{2}{2+7}A = \frac{8}{9}A$$

在图 2-3-1c 所示电路中，与 4A 电流源串联的 4Ω 电阻被断开，这样电路相当于右侧 3Ω 电阻与左侧 7Ω 电阻并联后与 6Ω 电阻串联，最后与右侧 3Ω 电阻并联在 30V 电压源两侧，因此，可以求得 $I''$ 为

$$I'' = \frac{30}{6 + \frac{3 \times 7}{3+7}} \times \frac{3}{3+7}A = \frac{10}{9}A$$

$$I = I' + I'' = \frac{8}{9}A + \frac{10}{9}A = 2A$$

2. "代数和"中电流正、负值的确定

在电路中支路电流方向确定的情况下，当电源单独作用时，对应的分电流参考方向如与原电流方向一致者，取正值，反之取负值。

3. 叠加原理的适用性

叠加原理仅仅适用于线性电路，而不能用于非线性电路。即使是在线性电路中叠加也只是适用于计算电流和电压，因为这些物理量与电源之间是线性关系；不能用来计算功率，因

为功率与电流（或电压）之间是平方关系，而不是简单的正比关系了。

## 第四节　戴维南定理

在分析复杂电路时，有时只需要分析计算其中某一个支路的电压和电流。如果用支路电流法求解，必然会涉及到求解一些不需要的电流，特别是计算某支路负载取不同值时的支路电流，需要重复多次计算，常常是很繁琐的。

对于这种情况，为使计算简便有效，常常应用等效电源的方法，即如果只需要计算复杂电路中的一个支路时，可将这个支路从整个电路划出（如图 2-4-1a 中的 ab 支路，其中负载电阻为 $R_L$），而把其余部分电路看作是一个有源二端网络。所谓有源二端网络，就是含有电源，有两个引出端的电路。这样原来的复杂电路就由有源二端网络和一个待求支路两部分组成。

理论和实验均可证明：如果适当选择一个实际电压源的参数，即理想电压源 $E_0$ 和内电阻 $R_0$ 的数值，则这个实际电压源总可以对外部等效为一个指定的有源二端网络。即当它们分别与同一待求支路连接时，待求支路电流 $I$ 及两端的电压完全相同，如图 2-4-1 所示。

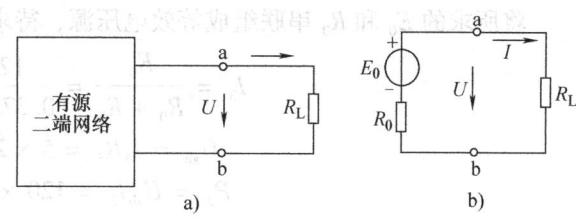

图 2-4-1　戴维南定理示意图

当我们用等效电压源代替有源二端网络后，待求支路的电流可以很方便求出：

$$I = \frac{E_0}{R_0 + R_L} \tag{2-4-1}$$

戴维南定理指出：任何一个有源二端线性网络都可以用一个电动势为 $E_0$ 的理想电压源与内电阻 $R_0$ 串联组成的电压源等效代替。其中 $E_0$ 等于该有源二端网络开路电压 $U_0$；$R_0$ 等于有源二端网络中所有电源均不作用时，由两个引出端看进去的等效电阻。

以图 2-4-1 为例，戴维南定理提出的有源二端网络的开路电压 $U_0$ 指的是负载 $R_L$ 断开时 ab 两端的电压 $U_{ab0}$，不是图中所示的接着负载 $R_L$ 时 ab 两端的电压 $U$。定理中提出的所有电源不作用，是指二端网络中全部理想电压源均视为短接，理想电流源均视为开路，网络内所有电源都去掉，网络变成无源二端网络了。

【例 2-4-1】　使用戴维南定理求图 2-4-2a 所示电路中的 $I_3$、$U_{ab}$ 及 $R_3$ 上消耗的功率 $P_3$。已知 $U_{S1} = 130V$，$U_{S2} = 117V$，$R_1 = 1\Omega$，$R_2 = 0.6\Omega$，$R_3 = 24\Omega$。

解：图 2-4-2a 点画线框内为一个有源二端网络。将待求支路从 a、b 处断开拿掉，如图 2-4-2b 所示。二端网络的开路电压 $U_{ab0} = E_0$。为求 $E_0$，先求其中电流 $I'$。

$$I' = \frac{U_{S1} - U_{S2}}{R_1 + R_2} = \frac{130 - 117}{1 + 0.6}A = 8.125A$$

这样：　　$E_0 = U_{ab0} = U_{S1} - I'R_1 = 130V - 8.125 \times 1V \approx 121.9V$

或：　　　$E_0 = U_{ab0} = U_{S2} - I'R_2 = 117V + 8.125 \times 0.6V \approx 121.9V$

电工基础

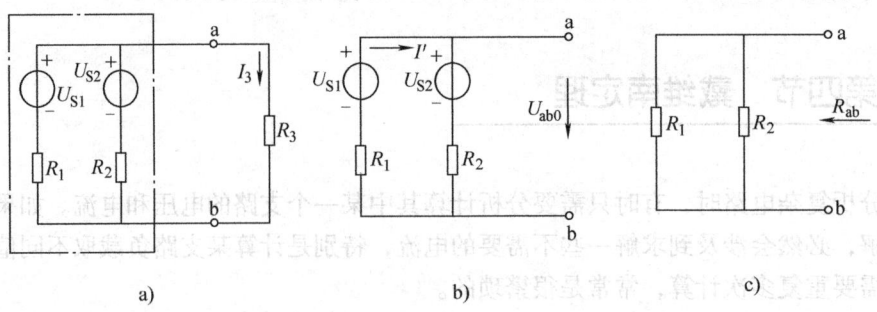

图 2-4-2 例 2-4-1 图

为求 $R_0$，将二端网络中 $U_{S1}$、$U_{S2}$ 去掉（短路），如图 2-4-2c 所示。自 a、b 看进去有：

$$R_0 = R_{ab} = R_1 /\!/ R_2 = \frac{R_1 R_2}{R_1 + R_2} = \frac{1 \times 0.6}{1 + 0.6}\Omega = 0.375\Omega$$

将所求的 $E_0$ 和 $R_0$ 串联组成等效电压源，待求支路 $R_3$ 接入等效电源后，得：

$$I_3 = \frac{E_0}{R_0 + R_3} = \frac{121.9}{0.375 + 24}\text{A} \approx 5\text{A}$$

$$U_{ab} = I_3 R_3 = 5 \times 24\text{V} = 120\text{V}$$

$$P_3 = U_{ab} I_3 = 120 \times 5 \text{W} = 600\text{W}$$

或：

$$P_3 = I_3^2 R_3 = 5^2 \times 24\text{W} = 600\text{W}$$

【例 2-4-2】 图 2-4-3a 所示电路中，$R_1 = 9\Omega$，$R_2 = 4\Omega$，$R_3 = 6\Omega$，$R_4 = 2\Omega$，$E = 10\text{V}$，$I_S = 2\text{A}$，用戴维南定理求 $R_2$ 上的电流 $I_2$ 为多少？

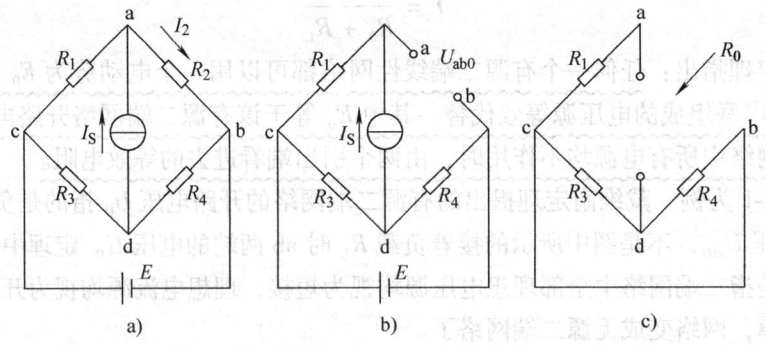

图 2-4-3 例 2-4-2 图

**解**：先将待求的 $R_2$ 支路去掉，其余部分即为一个有源二端网络，如图 2-4-3b 所示，其开路电压为

$$U_{ab0} = U_{ac} + U_{cb}$$

有：

$$E_0 = U_{ab0} = I_S R_1 + E = 2 \times 9\text{V} + 10\text{V} = 28\text{V}$$

将有源二端网络中电源拿掉（电压源端短接，电流源开路），如图 2-4-3c 所示。从 a、b 看进去有：

$$R_0 = R_1 = 9\Omega$$

将 $R_2$ 支路接入由求得的 $E_0$ 和 $R_0$ 串联组成的等效电源上，就有：

$$I_2 = \frac{E_0}{R_0 + R_2} = \frac{28}{9+4}\text{A} = 2.15\text{A}$$

从戴维南定理可知，一个有源二端网络既然可以用电压源 $E_0$ 和电阻 $R_0$ 的串联组合等效代替，那么，对它们各自的两引出端而言，开路电压 $U_{ab0}$ 相同，且 $U_{ab0} = E_0$。若引出端短接，两者均短路，$I_{S0}$ 也必然相同，而且：

$$I_{S0} = \frac{U_{ab0}}{R_0} = \frac{E_0}{R_0}$$

因此有

$$R_0 = \frac{U_{ab0}}{I_{S0}} \tag{2-4-2}$$

也就是说，只要我们得到二端线性有源网络的开路电压 $U_{ab0}$ 和短路电流 $I_{S0}$，那么等效电压源即可确定，这个结论很重要。

💡 *提示*：实际中，我们并不知道有源二端网络内部的具体情况，这样无法像前面例题进行计算。但只要我们能接触到它的两个出线端，就可以用一个电压表测得它得开路电压 $U_{ab0}$，再用一个电流表测得它的短路电流 $I_{S0}$（测短路电流 $I_{S0}$ 要审慎，防止 $I_{S0}$ 过大），这样，从这两个数据即可确定等效电压源。这种方法在实践中经常采用。

用戴维南定理解决问题的例子还很多，在此不妨再举一例。

在分析含半导体二极管的电路中，我们需要先确定二极管是导通还是截止。二极管在正向电压下导通，在反向电压下截止，但是当二极管接在较复杂的电路中时，往往不易判定二极管是导通还是截止，运用戴维南定理就能较容易的解决。解决的方法是：先把含二极管的支路断开，求得电路其余部分的等效电压源后，再把含二极管的支路接上。在一个简单的单回路电路中，就很容易判断二极管是导通还是截止。

【例 2-4-3】 求图 2-4-4a 所示电路中二极管的电流

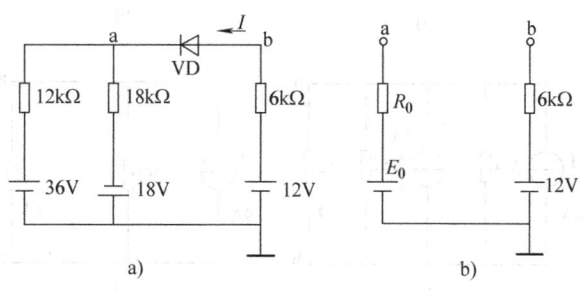

图 2-4-4 例 2-4-3 图

**解**：将图 2-4-4a 电路中的二极管去掉，如图 2-4-4b 所示，并用戴维南定理将其左侧部分化为 $E_0$ 和 $R_0$ 串联组合的等效电压源。其中：

$$E_0 = \frac{36 + 18}{12 \times 10^3 + 18 \times 10^3} \times 18 \times 10^3 \text{V} - 18\text{V} = 32.4\text{V} - 18\text{V} = 14.4\text{V}$$

$$R_0 = \frac{18 \times 12}{18 + 12}\text{k}\Omega = 7.2\text{k}\Omega$$

图 2-4-4b 所示电路中，a 点电位比 b 点高 14.4V – 12V = 2.4V。若将二极管 VD 接在 ab 两端，阴极电位比阳极电位高，二极管处于截止状态，故可知流过二极管上的电流 $I = 0$。

##  *第五节　等效变换法

### 一、电压源和电流源的等效变换法

第一章第四节中已经将实际电压源和实际电流源的等效互换方法介绍过，其等效变换公式为

$$R_0 = R'_0$$

$$U_S = R'_0 I_S \quad 或 \quad I_S = \frac{U_S}{R_0}$$

两种电源模型的等效互换也可进一步理解为含源支路的等效变换，即一个电压源与电阻相串联的组合和一个电流源与电阻并联的组合可以等效变换，这个电阻不一定是电源的内电阻。我们利用此方法对某些电路可以简化，解决分析电路很方便。

【例 2-5-1】　在图 2-5-1a 所示电路中求解 7Ω 上的电流 $I$。

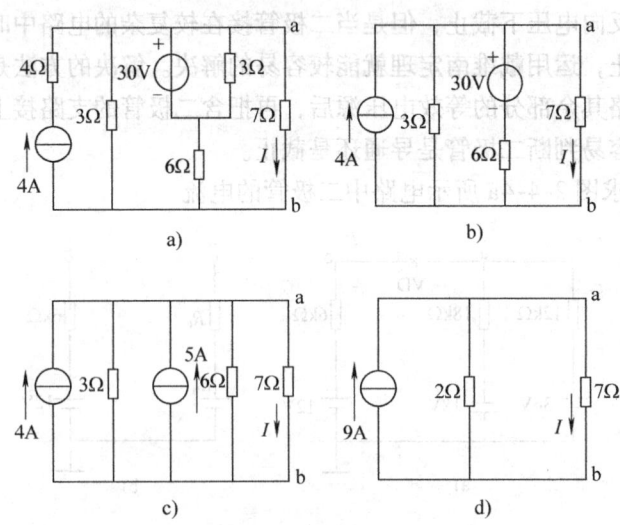

图 2-5-1　例 2-5-1 图

**解：** 将图 2-5-1a 所示电路先简化，（简化时一定保留 7Ω 电阻支路不能动）。图 2-5-1a 简化成图 2-5-2b 时，将与电流源（4A）串联的电阻（4Ω）去掉，并短接，将与电压源（30V）相并联的电阻（3Ω）去掉，且开路，这并不影响电源向 7Ω 电阻上的供电。

再由图 2-5-1b 简化成图 2-5-1c，将 30V 和 6Ω 串联的电压源模型变换成 5A（30V/6Ω）与 6Ω 并联的电流源模型。

由图 2-5-1c 再简化为图 2-5-1d，两个理想电流源合并，两个电阻合并，成为 9A 与 2Ω 并联的电流源。

由图 2-5-1d 最后可计算出 7Ω 上的电流，根据分流公式得：

$$I = 9 \times \frac{2}{2+7} \text{A} = 2\text{A}$$

*注意：* 应用两种电源模型的等效变换，可视为求解某些复杂电路的一种方法。从上面例题看出，在变换和简化电路时要注意几点：

1) 等效变换前后的两个电源模型极性一定要一样，电压源的电压从正到负，电流源的电流从负指向正，如图 2-5-1b 简化成图 2-5-1c 时，30V 电压源极性是上正下负，变换后的 5A 电流源的方向从负指向正，极性仍然是上正下负。

2) 与理想电压源直接并联的电阻（或其他元件）在计算外电路时可以去掉，视为开路。与理想电流源直接串联的电阻（或其他元件）在计算外电路时也去掉，但视为短路。

3) 相互串联的几个电压源（或者相互并联的电流源）可以用一个电压源（或电流源）等效代替。

4) 理想电压源和理想电流源之间不能进行等效互换。

## 二、Y—△网络的等效变换

将三个电阻元件的一端连接在一个节点上，而它们的另一端分别接到三个不同的端钮上，这样就构成了如图 2-5-2a 所示的 Y（星形）网络。如果将三个电阻分别接在每二个端钮之间，使三个电阻本身构成一个回路，这样就构成了如图 2-5-2b 所示的 △（三角形）网络。

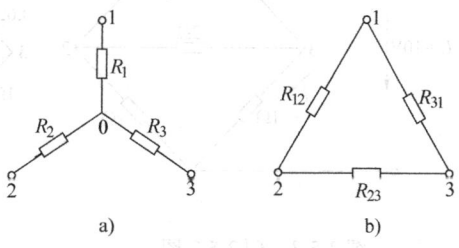

图 2-5-2　星形和三角形网络

星形网络和三角形网络可以等效互换，等效互换后对外电路的影响必须相同。根据理论推导（推导过程可查看有关参考书），两种网络的各电阻参数有一定的对应关系。

若将△形网络变换为Y网络（参看图 2-5-2），有：

$$\begin{cases} R_1 = \dfrac{R_{12}R_{31}}{R_{12}+R_{23}+R_{31}} \\ R_2 = \dfrac{R_{12}R_{23}}{R_{12}+R_{23}+R_{31}} \\ R_3 = \dfrac{R_{31}R_{23}}{R_{12}+R_{23}+R_{31}} \end{cases} \quad (2\text{-}5\text{-}1)$$

若△网络内 $R_{12} = R_{23} = R_{31} = R_\triangle$，则变换后的Y网络内的电阻 $R_1 = R_2 = R_3 = R_Y$，且：

$$R_Y = \frac{1}{3}R_\triangle \quad (2\text{-}5\text{-}2)$$

若将Y网络变换为△网络（参看图 2-5-2），有：

$$\begin{cases} R_{12} = \dfrac{R_1R_2 + R_2R_3 + R_3R_1}{R_3} \\ R_{23} = \dfrac{R_1R_2 + R_2R_3 + R_3R_1}{R_1} \\ R_{31} = \dfrac{R_1R_2 + R_2R_3 + R_3R_1}{R_2} \end{cases} \qquad (2\text{-}5\text{-}3)$$

若Y网络中 $R_1 = R_2 = R_3 = R_Y$，则变换后的△网络内的电阻 $R_{12} = R_{23} = R_{31} = R_\triangle$，且：

$$R_\triangle = 3R_Y \qquad (2\text{-}5\text{-}4)$$

利用Y—△网络等效变换可将一个较复杂的电路简化成一个简单电路，为我们求解电路提供方便。

**【例 2-5-2】** 在如图 2-5-3 所示电桥电路中，求电流 $I$。

**解：** 可运用Y—△网络等效变换使原电路简化。有几种变换方式，可把5Ω、2Ω、3Ω 三个电阻形成的△网络化为等效Y网络，也可把5Ω、2Ω、1Ω（点2）三个电阻形成的Y网络化为等效△网络。现我们选用第一种变换方式。其简化过程如图2-5-4所示。

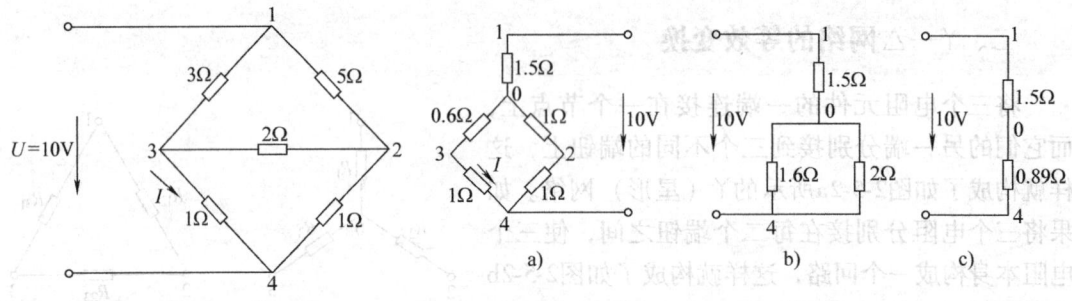

图 2-5-3　例 2-5-2 图　　　　　图 2-5-4　例 2-5-2 电路化简过程

0 点是化为Y网络后出现的节点。Y网络中各电阻可根据式（2-5-1）求出，即

$$R_1 = \frac{3 \times 5}{3 + 5 + 2}\Omega = 1.5\Omega$$

$$R_2 = \frac{2 \times 5}{3 + 5 + 2}\Omega = 1.0\Omega$$

$$R_3 = \frac{2 \times 3}{3 + 5 + 2}\Omega = 0.6\Omega$$

从图 2-5-4c 中可以求得：$U_{04} = 10 \times \left( \dfrac{0.89}{1.5 + 0.89} \right)\text{V} \approx 3.72\text{V}$

再由图 2-5-4b 可以求得：$I = \dfrac{U_{04}}{1.6} = \dfrac{3.72}{1.6}\text{A} \approx 2.33\text{A}$

等效变换的方法为我们分析、解决直流电路问题提供了新思路。当然，分析电路时采用什么样的等效变换，必须具体情况具体选择，不能生搬硬套。

## 第六节 电容元件

电容器是电路中常见的一种电器元件，它是储存电荷的一种容器。本节主要介绍电容器的结构特点、性能特点及电容器连接、计算方法。

### 一、电容器的结构及电容量

任何两块金属导体，中间用电介质（绝缘体）隔开，便组成了一个电容器。这两块导体叫做电容器的极板，而电容器的电介质一般是空气、绝缘纸、云母、陶瓷及塑料薄膜等。最简单的平板电容器如图2-6-1a所示。电容器在电路中的图形符号如图2-6-1b所示。

反映电容器储存电荷能力的物理量叫该电容器的电容量，简称电容，用符号$C$表示。电容$C$的大小等于该电容器两极板加单位电压时所存储的电荷量，定义公式为

$$C = \frac{Q}{U} \tag{2-6-1}$$

式中，$U$是加在电容器两端的电压（V）；$Q$是在电容器任一极板上的电荷量（C）。

当电容两端加单位电压（如：1V）时，极板上的电荷量越多，说明电容器电容大，它存储电荷的能力越强。

电容$C$的单位是法拉，简称法（F），$1F = \frac{1C}{1V}$，实际应用中法拉这个单位太大，因此多采用微法（μF）和皮法（pF），它们的换算关系为

$$1\mu F = 10^{-6} F$$
$$1pF = 10^{-6}\mu F = 10^{-12} F$$

若电容器的电容量是常数，与极板所加的电压及所存储的电荷量无关，这种电容器称为线性电容器，本书只研究线性电容器。以平板电容器为例，如图2-6-2所示，它只用一种电介质。根据理论推导和实验证明，它的电容大小为

$$C = \varepsilon \frac{S}{d} \tag{2-6-2}$$

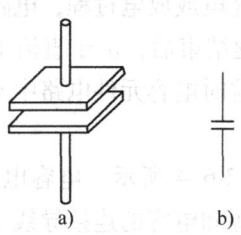

图 2-6-1　平板电容器及电路图符号
　　a) 外形　b) 电气符号

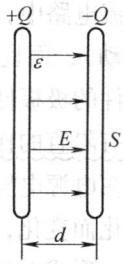

图 2-6-2　平板电容器

式中，$S$是一个极板的有效面积（$m^2$），两极板相对面积是相同的；$d$为两极板间的垂直距

离（m）；$\varepsilon$ 是由电介质材料所决定的介电常数 $\left(\dfrac{F}{m}\right)$，不同的电介质介电常数不同，可参考有关材料手册。

> 提示：式（2-6-2）说明电容器的电容大小与极板的有效面积成正比，与电介质的介电系数大小成正比，而与两极板间的距离成反比。若要获得较大的电容，可增大极板面积，减小两极板间的距离和选用不同材料（$\varepsilon$ 要大）做电介质来实现。

## 二、电容元件的主要特性

电容元件是指忽略实际电容器的次要因素（如漏电流、介质损耗等）而获得的理想元件。本书主要讨论这种理想电容元件的特性。

### 1. 电容元件的充放电现象

首先用一个实验来说明。图 2-6-3 所示为实验电路示意图，电容元件通过电阻 $R$ 和转换开关 S 接在含直流电压源 $U_S$ 的电路中。

当开关闭合在 1 处时，在电场力的作用下，自由电子便发生移动，使电容的两极板分别带上数量相等、极性相反的电荷。与电源正极相连的极板带上正电荷，与电源负极相连的极板带上负电荷。电荷继续移动，直到极板间电压与电源电压相同为止。这样，电容元件内储存了一定的电荷，并且在两极板间的电介质内形成了电场。我们将这一过程叫做电容的充电过程。

> 注意：如果将充了电的电容元件从电路上拆下，电荷将仍旧保持在极板上，电容上保持有电压 $U_C$ 不变，极板中间的电场也不变。

由于电容经充电后，两极板间形成了电场，因此在图 2-6-3 中，当开关闭合在 2 时，电场力将负极板上的负电荷由导线经过电阻 $R$ 移到正极板，与正极板的正电荷中和，两极板间的电位差逐渐减小，最终减小为零。电容的这种释放电荷的过程就叫电容的放电过程，也可以说是电容将原先储存的电场能量向外界（该电路就是电阻 $R$）释放的过程。

实验还证明，电容充电和放电过程的快慢主要取决于电容元件的电容 $C$ 以及电路中电阻 $R$，$C$ 和 $R$ 越大，充放电过程就慢，持续时间长，否则过程就快。

### 2. 电容元件中电压和电流的关系

电容元件在直流电路中，只在换接电路时，由于电容的充电或放电过程，电路中才有电流通过（电荷的移动），而且时间短暂。若当电容的充电过程结束后，由于直流电源的电压恒定不变，电容元件的极板储存的电荷及电容电压也不变，这时电容元件电路中不会再有电流通过。故称电容有隔直的作用。

当电容元件接在电源电压随时间变化的电路中时，如图 2-6-4 所示，电容电压 $u_C$ 必然随电源电压 $u$ 的变化而变化，电容元件反复充放电，这样电源和电容的连接导线上，将有电荷不停的来回移动，形成电流 $i$。

当规定电流的参考方向和 $u_C$ 的参考方向一致时，有

$$i = \dfrac{\Delta q}{\Delta t} = \dfrac{\Delta}{\Delta t}(u_C C)$$

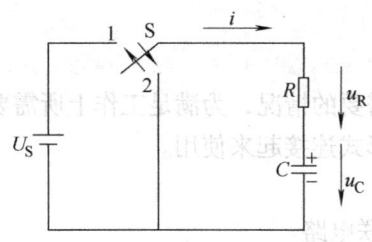
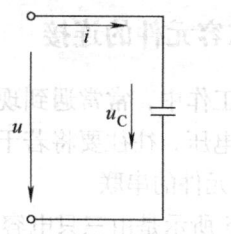

图 2-6-3 实验电路示意图　　　　图 2-6-4 交流电路中的电容元件

对于线性电容元件，$C$ 是常数，故

$$i = C \frac{\Delta u_C}{\Delta t} \tag{2-6-3}$$

这就是电容元件上电压和电流瞬时值之间得基本关系式，式中 $\frac{\Delta u_C}{\Delta t}$ 称为 $u_C$ 的变化率。可看出，电容元件的电流与其电压的变化率成正比。$\frac{\Delta u_C}{\Delta t}$ 越大，电流 $i$ 越大。而且，当电压升高时，$\frac{\Delta u_C}{\Delta t} > 0$，极板上的电荷增加，电流 $i$ 为正值，是电容的充电过程；当电压下降时，$\frac{\Delta u_C}{\Delta t} < 0$，电荷减少，电流为负值，是电容的放电过程，这就是电容元件对交流容易通过的特征。

3. 电容元件的能量

在图 2-6-4 所示的电路中，电源供给电容的功率也随时间变化。某一瞬时的功率为

$$p_C = u_C i = u_C C \frac{\Delta u_C}{\Delta t}$$

在 $\Delta t$ 时间内，供给电容的能量为

$$\Delta A_C = p_C \cdot \Delta t = C u_C \Delta u_C$$

这一能量转变为电场能量，储存在电容内。通过数学分析可知，在 $t = t_0$ 到任意时刻 $t$ 的一段时间内，电路内由 $u_0$ 增到 $u_C$，电路供给电容的能量为

$$A_C = \frac{1}{2} C \cdot u_C^2 - \frac{1}{2} C u_0^2 \tag{2-6-4}$$

由此可知，若 $u_C > u_0$，即电容充电时，$A_C > 0$，电容存储能量；若 $u_C < u_0$，即电容放电时，$A_C < 0$，电容释放能量。

如果 $t_0 = 0$ 时，$u_0 = 0$，则电容到 $t$ 时刻储存的电场能量为

$$A_C = \frac{1}{2} C \cdot u_C^2 \tag{2-6-5}$$

💡 提示：上式表明，电容元件是一个储能元件，它所储存的是电场能量。储能的多少与电容元件的电容 $C$ 成正比，与电容元件两极板间电压的平方成正比。即电容元件的电容越大，或两极板间的电压越高，电容内所储存的电场能量就越多。

### 三、电容元件的连接

在实际工作中,常常遇到现成的电容元件不适应需要的情况,为满足工作上所需要的电容值和工作电压,往往要将若干个电容元件按一定的形式连接起来使用。

**1. 电容元件的串联**

图 2-6-5 所示是由三只电容 $C_1$、$C_2$、$C_3$ 组成的串联电路。

如果将这一组电容接到电压为 $U$ 的直流电源上,电容就会被充电。充电结束后,与外界相联的两极板充有等量的异性电荷量 $Q$,中间的各极板因静电感应而产生等量异号的感应电荷。这样,每个电容所充的电荷量 $Q$ 又是所有电容的总电荷量。由式

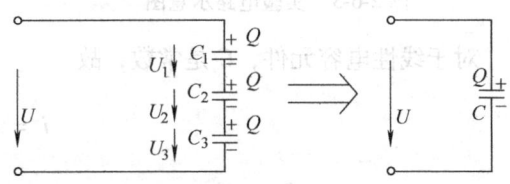

图 2-6-5 电容的串联

(2-6-1) 可求出每个电容的端电压。因此,电容串联时电路的总电压为

$$U = U_1 + U_2 + U_3 = \frac{Q}{C_1} + \frac{Q}{C_2} + \frac{Q}{C_3} = Q\left(\frac{1}{C_1} + \frac{1}{C_2} + \frac{1}{C_3}\right)$$

可得:
$$\frac{1}{C} = \frac{1}{C_1} + \frac{1}{C_2} + \frac{1}{C_3} \tag{2-6-6}$$

式中,$C$ 是等效电容。几个电容元件串联,其等效电容的倒数等于每个电容器元件的电容倒数之和。

由式 (2-6-6) 可以看出,<u>串联的电容元件数目越多,则等效电容越小</u>。因为电容元件串联相当于增大了极板间的距离,所以电容减小了。

**2. 电容元件的并联**

图 2-6-6 所示为由三只电容元件 $C_1$、$C_2$、$C_3$ 组成的并联电路。

当各个电容充电结束后,它们的两极板间电压都相等,并等于外加电压。因此,三只电容元件的电荷量分别为 $Q_1 = C_1 U$、$Q_2 = C_2 U$、$Q_3 = C_3 U$。若用一个等效电容来代替,那么等效电容的电荷量应是三只电容元件电荷量之和,即

$$Q = Q_1 + Q_2 + Q_3 = C_1 U + C_2 U + C_3 U = (C_1 + C_2 + C_3)U$$

可得等效电容为
$$C = \frac{Q}{U} = C_1 + C_2 + C_3 \tag{2-6-7}$$

由此可知,<u>几个电容元件并联,其等效电容等于各个电容元件的电容之和,即电容元件并联后,总电容量增大了,并联的数量越多,其等效电容也就越大</u>。这是因为,电容并联后,其效果相当于将所有电容的极板面积加在一起,因而使总的电容增加。

**【例 2-6-1】** 在图 2-6-7 所示电路中,已知 $U = 300\text{V}$,$C_1 = 3\mu\text{F}$,$C_2 = 2\mu\text{F}$,$C_3 = 4\mu\text{F}$,求 $U_1$、$U_2$ 上的电荷量 $Q_2$ 及总电荷量 $Q$。

**解:** b 和 c 间的等效电容为
$$C_{bc} = C_2 + C_3 = 6\mu\text{F}$$

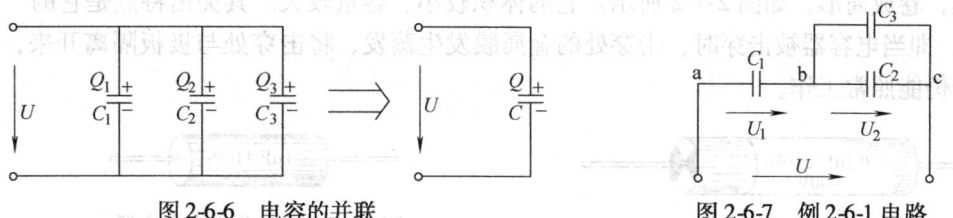

图 2-6-6 电容的并联　　　　图 2-6-7 例 2-6-1 电路

总电容为

$$C = \frac{C_1 \times C_{bc}}{C_1 + C_{bc}} = \frac{3 \times 6}{3 + 6}\mu F = 2\mu F$$

总电荷为

$$Q = CU = 2 \times 10^{-6} \times 300 C = 6 \times 10^{-4} C$$

$C_1$ 上的电荷也为 $Q$，故

$$U_1 = \frac{Q}{C_1} = \frac{6 \times 10^{-4}}{3 \times 10^{-6}} V = 200 V$$

$$U_2 = U - U_1 = (300 - 200) V = 100 V$$

$$Q_2 = C_2 U_2 = 2 \times 10^{-6} \times 100 C = 2 \times 10^{-4} C$$

由此可以看出：

$$\frac{U_1}{U_2} = \frac{\dfrac{Q}{C_1}}{\dfrac{Q}{C_{bc}}} = \frac{C_{bc}}{C_1} = \frac{6 \times 10^{-6}}{3 \times 10^{-6}} = 2$$

 注意：串联电容元件的电压分配与电容大小成反比，电容值小的电容元件承受的电压较高，在实际应用中应该注意，以免电容的电介质被击穿。

## ⊙第七节　实际电容器

### 一、电容器的种类

电容器的种类很多，按结构可分为固定电容器、半可变电容器、可变电容器三类。

1. 固定电容器

电容量固定不能调节，为某一定值的电容器称为固定电容器。按照电介质的不同，又可分为许多种。

（1）纸介质电容器　纸介质电容器是由几层极薄的电容纸重叠起来，两侧各夹着一条长铝箔作为极板，卷成圆筒形，装在纸壳、玻璃壳或瓷管内，用蜡或火漆密封而成。其外形如图 2-7-1 所示。纸介电容器的成本低，电容量可做得稍大，从几百皮法到几微法；但该电容器损耗较大，易受潮漏电甚至腐烂。多用于低频电路。

（2）金属化纸介质电容器　它的电极不用金属箔，而是直接在电容纸上覆盖一层极薄的金属膜，卷成筒形，如图2-7-2所示。它的体积较小、容量较大。其突出特点是它的"自愈作用"，即当电容器被击穿时，击穿处的金属膜发生蒸发，将击穿处与极板隔离开来，因而电容器仍能照常工作。

图2-7-1　介质电容器　　　　　　　　　　图2-7-2　金属化纸介电容器

（3）油浸电容器　油浸电容器是将纸介电容浸在绝缘油中，外层用铁壳封闭，形状如图2-7-3所示。它的绝缘性能好，耐压较高，电容量也较大，可做到几千皮法到几微法，但价格较贵。

（4）陶瓷电容器　陶瓷电容器是用特种高频瓷作为介质，在两面喷涂银层，然后烧成银质薄膜，加引线后外表涂漆，外形如图2-7-4所示。它体积小，耐热性好，损耗极小，稳定性好，特别适合于高频电路中使用，并可做成负温度系数的电容器。

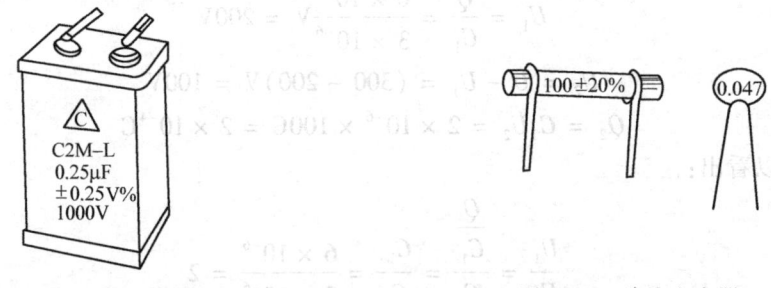

图2-7-3　油浸电容器　　　　　　　　　　图2-7-4　陶瓷电容器

（5）云母电容器　云母电容器是用锡箔或喷涂银层和云母片交替叠成，两侧用金属板夹紧，外壳用胶木或塑料等绝缘材料压紧制成，外形如图2-7-5所示。云母电容的绝缘性能良好，能承受的电压较高，损耗小，电容量稳定，但成本较高，其电容量从几十皮法到几千皮法。

（6）有机薄膜电容器　它采用聚苯乙烯或涤纶作为介质，外形如图2-7-6所示。聚苯乙烯介质电容损耗小，稳定性好，但耐压低，温度系数大。涤纶电容介电常数高，体积小，容量大，宜用于作旁路电容。

（7）电解电容器

1）铝电解电容器。铝电解电容器是用铝箔和浸有电解液的纤维带交替叠好，卷成圆筒形，外面再用铝壳封装而成，其外形如图2-7-7所示。这种电容器的电容量较大，可达到几千微法甚至几万微法，但耐压较低，而且漏电现象较严重。

图2-7-5　云母电容器　　　　图2-7-6　有机薄膜电容器　　　　图2-7-7　铝电解电容器

2）钽电解电容器。它的结构与铝电解电容相似，用钽箔和浸有电解液的纤维带交替叠好，卷成筒形，装到银制或铜制镀银的外壳中密封起来。它的损耗小，体积小，寿命长，性能稳定可靠，但价格较贵。

💡 **提示**：电解电容器具有固定的极性，其引线极性的确定，与其结构有关。在使用时，电容器的正极必须接高电位，负极接低电位。其他各类电容器是用两片同类材料的金属片做极板，而电解电容器则不同，例如铝电解电容器的正极板是用铝箔制成的，负极却是由工作电解质形成。铝箔或钽箔的表面有一层氧化薄膜，它就是使两极分开的介质。然而，由于氧化层薄膜具有单向导电特性，也就是说只有当电容器的正极接高电位，负极接低电位时，氧化膜介质才能起绝缘作用。如果极性接反，氧化膜介质则不能起绝缘作用，这时电容器中就会有很大的电流通过，使电容器发热，以至损坏。所以，我们在使用电解电容器时，必须注意极性，不要接反。

电解电容器只能用于直流或脉动电路，不宜接在纯交流电路中使用，这是因为在交流信号的负半周相当于电容器的极性接反。

2. 半可变电容器

半可变电容器又叫微调电容器，其中电容量能在一个较小的范围内变动，而且在使用中不经常改变。它是采用陶瓷、云母以及空气作介质，外形如图 2-7-8a 所示，在电路图中用图 2-7-8b 所示的符号表示。调整电容器的方法是旋转压在动片上的螺钉，以改变动片和定片之间的距离或相对面积。

3. 可变电容

可变电容器是一种电容量在一定范围内可以调节的元件，适用于电容量需要随时改变的电路。它是采用空气或低损耗的塑料薄膜作介质。空气介质的可变电容器应用较广泛，它由两组互相平行的铜或铝金属片组成，固定不动的一组叫定片，附有手柄可以控制旋转的一组叫动片，其外形及符号如图 2-7-9 所示。电容量的大小取决于动片与定片间的相对面积，当动片旋入使两组极板的相对面积增大时，电容量增大，反之电容量减小。

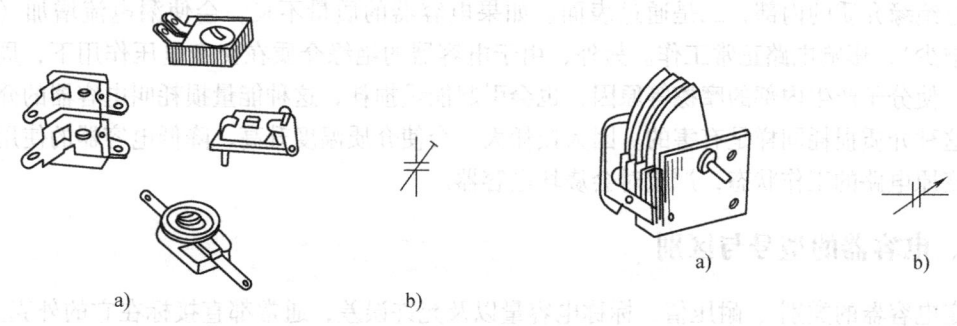

图 2-7-8 半可变电容器　　　　　　图 2-7-9 可变电容器
a）外形　b）电气符号　　　　　　a）外形　b）电气符号

## 二、电容器的主要参数

电容器的主要质量参数包括标称容量的允许误差、耐压值、绝缘电阻和介质损耗等。

### 1. 电容器的标称容量和允许误差

电容器上所标明的电容值称为标称电容。电容器的实际容量和标称容量之间是有差额的，这一差额限定在它所允许的误差范围之内。

电容器的允许误差按其精密度分为五级：00 级允许误差为 ±1%；0 级允许误差为 ±2%；Ⅰ级允许误差为 ±5%；Ⅱ级允许误差为 ±10%；Ⅲ级允许误差为 ±20%。电容器的误差有的用百分数表示，有的用误差等级表示，一般都直接标在电容器的外壳上。

一般电解电容器的允许误差范围比较大，如铝电解电容器的允许误差范围是 -20% 到 +100%。

### 2. 电容器的耐压值

选用电容器时，电容器的耐压值一定要满足要求。如果一只电容器两极板间所加的电压高到电容器介质所不能承受的程度，介质就会被击穿。电容器两极板间所允许的最大电场强度叫击穿电场强度，这时电容器两极板间的电压叫电容器的击穿电压。一般电容器被击穿后，介质就不再绝缘，该电容器也就不能再使用了（金属化介质电容器及空气介质电容器除外）。

电容器的耐压值一般分额定电压和试验电压两种。额定电压是指电容器长期可靠工作的最高电压。试验电压是电容器在短时间内（一般为 1s～1min）能承受的不被击穿的电压。额定电压一般为试验电压的 50%～70%。使用时不应使加在电容器上的电压超过额定电压。电容器的额定电压通常是指直流电压，如果在交流电路中，应使所加的交流电压的最大值不超过它的额定工作电压值。

### 3. 电容器的绝缘电阻和介质损耗

衡量一个电容器性能和质量的好坏，除了电容量和耐压值这两个主要参数外，还有绝缘电阻和介质损耗。理想的电容器，两极板之间的电阻应是无穷大。但是，任何介质都不是绝对的绝缘体。所以，它的电阻也不会是无穷大，而是有限的数值。实验测得该数值为 4MΩ 以上。我们把这个电阻称为电容器的绝缘电阻或漏电阻。在实际使用中，电容器的绝缘电阻越大越好，绝缘电阻越大，漏电流越小，绝缘性越好。一般情况下，漏电流的路径有两条：一是通过绝缘介质的内部；二是通过表面。如果电容器的质量不良，会使漏电流增加（绝缘电阻减少），影响电路正常工作。另外，由于电容器的绝缘介质在交变电压作用下，周期性极化，使分子产生内部的摩擦等原因，也会引起能量损耗，这种能量损耗叫电容器的介质损耗，这种介质损耗同样是有害的。因为损耗大，会使介质温度升高，降低电容器的使用寿命，改变原电路的工作状态，严重时会烧坏电容器。

## 三、电容器的型号与区别

固定电容器的类别、耐压值、标称电容量以及允许误差，通常都直接标在它的外壳上。其中，耐压值、电容量和允许误差很容易识别。电容器的类别一般用三个或四个字母来表示，左起第一个字母为主称，是英文字母 C，代表电容器；第二个字母代表电容器所用的介质材料；第三、第四个字母代表形状和结构特征以及序号等。为了便于识别，现将电容器的符号及意义列于表 2-7-1 中。

表 2-7-1 固定电容器的符号及意义

| 主称 | | 材料 | | 形状和结构特征 | | 序号 |
| --- | --- | --- | --- | --- | --- | --- |
| 符号 | 意义 | 符号 | 意义 | 符号 | 意义 | |
| C | 电容器 | | | X | 小型 | |
| | | | | T | 铁电 | |
| | | C | 瓷介 | W | 微调 | |
| | | | | Y | 圆片形 | |
| | | | | G | 管形 | |
| | | Y | 云母 | J | 金属化 | |
| | | I | 玻璃釉 | Y | 高压 | |
| | | O | 玻璃膜 | | | |
| | | B | 聚苯乙烯 | | | |
| | | F | 聚四氟乙烯 | | | |
| | | L | 涤纶 | | | |
| | | S | 聚碳酸脂 | | | |
| | | Q | 漆膜 | | | |
| | | Z | 纸介 | | | |
| | | H | 混合介质 | | | |
| | | D | 铝电解 | | | |
| | | A | 钽电解 | | | |
| | | N | 铌 | | | |
| | | T | 钛 | | | |
| | | M | 纸膜 | | | |

## 四、用万用表简易判断电容器的质量

　　电容器质量的好坏，可用万用表的欧姆档作简单的检查。由于作欧姆表使用时，万用表的正表笔通向表内电池的负极，负表笔则通向表内电池的正极，因而在测量时，对具有极性的电容器，电表的正表笔应与电容器的负极相连，负表笔应与电容器的正极相连。当电容器与两表笔刚接通的瞬间，表针迅速向 $0\Omega$ 方向摆动，随着时间的增长，表针又缓缓地向 $\infty\,\Omega$ 方向返回，并缓缓稳定下来。对于电容量在几百微法或容量更大的电解电容器，如返回后的数值达到 $500\mathrm{k}\Omega$ 以上，则此电容器是好的。如果阻值虽有 $500\mathrm{k}\Omega$ 以上，但没有开始测量时表针的摆动现象，大多是电容器的电解液干枯，不能使用。而对于电容量为几微法的电容器，则表针摆动的幅度小一些，但应返回到 $\infty\,\Omega$ 的位置才算正常，否则就是漏电损耗大。如果测量时表针向右摆动后不能返回，就表示电容器已经被击穿短路了。如果表针根本不摆动，则电容器内部开路。

　　检查时应注意，如被测电容器耐压低于 25V，一般用 $R\times1\mathrm{k}$ 档，而不能用 $R\times10\mathrm{k}$ 档进行测量，因为这时有可能内接电池的电压为 15V 或 22.5V，会将电容器击穿。当被测电容器的容量是几千皮法到零点几微法时，则不用 $R\times1\mathrm{k}$ 档，因为测量时表针摆动的角度极为微小，不便于观察，而这类电容器的耐压值都比较高，所以可用 R×10k 档进行测量。

## *第八节　电容器充、放电电路的分析

前面我们所讨论的电路都处于一种工作状态，电路中的电压、电流为稳态值，这时常称为电路处于稳态。实际电工技术中，常遇到电路工作条件发生改变，例如：电路的接通、短路、切断，电源电压的变化，电路结构的变化或参数的变化等等。每当上述情况出现，通常称为换路，电路从一种稳定状态变化到另一种稳定状态的中间状态，工程上称为暂态（或过渡过程）。对含电容元件（或后面介绍的电感元件）的电路，由于电容器（或电感器）是储能元件，而能量的储存和释放是不能瞬间完成的，所以，当发生换路时，该类电路中的电压和电流必然有一个变化过程。电容器充电和放电时的电路均属这类暂态变化过程。

### 一、电容器充电电路分析

图 2-8-1 所示为电容充电电路，开关 S 闭合前，电路为稳态，电容 $C$ 中没有电荷，$u_C = 0$，那么电容中储存的能量 $A_C = \frac{1}{2}Cu_C^2$ 必然也为零。当开关 S 闭合瞬间，a 点电位高于 b 点电位，且很大，所以 $u_R$ 很大，充电电流 $i = \frac{u_R}{R}$ 也很大。此时电容充电过程开始，$u_C$ 和 $A_C$ 由零开始增加，由于 $i$ 很大，$u_C$ 开始增加很快，随着充电过程的进行，$u_C$ 的增加，使 b 点电位升高，$u_R$ 越来越小，$i$ 也越来越小，使 $u_C$ 增加的速度减慢，直至增加到 $u_C = U_S$，$u_R = 0$，$i = 0$，电容的充电过程才结束，此时电路达到一种新的稳定状态。

经过实验和数学分析可以得知，整个充电过程中，电容电压 $u_C$ 随时间 $t$ 的变化规律为

$$u_C = U_S - U_S e^{-\frac{t}{RC}} = U_S(1 - e^{-\frac{t}{RC}}) = U_S(1 - e^{-\frac{t}{\tau}}) \tag{2-8-1}$$

式中，$U_S$ 为电源电压；e 为自然常数（e = 2.71828…）；$\tau = RC$ 为电路中的时间常数，单位为 s。

充电电流 $i$ 随时间 $t$ 变化的规律为

$$i = \frac{U_S}{R}e^{-\frac{t}{RC}} = \frac{U_S}{R}e^{-\frac{t}{\tau}} \tag{2-8-2}$$

$u_C$ 和 $i$ 随时间变化的曲线如图 2-8-2 所示。

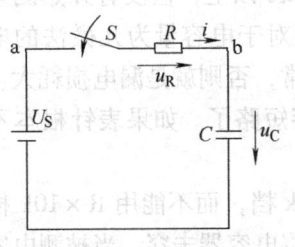

图 2-8-1　电容充电电路

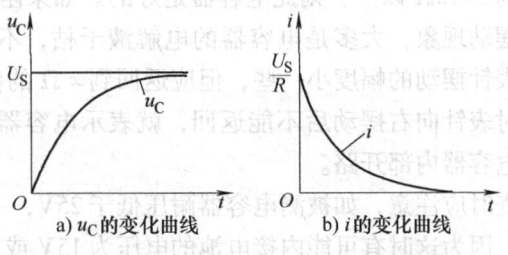

a) $u_C$ 的变化曲线　　b) $i$ 的变化曲线

图 2-8-2　电容充电时 $u_C$ 和 $i$ 的变化曲线

由式（2-8-1）和式（2-8-2）可知，$u_C$ 虽然随时间 $t$ 按指数规律上升，$i$ 按同一指数规律衰减，但它们变化的快慢取决于指数中 $\tau$ 值的大小。$\tau$ 值愈大，$u_C$ 上升愈慢，$i$ 衰减也愈慢，过渡过程愈长；反之，$\tau$ 值小，$u_C$ 增长的快，$i$ 衰减的也快。所以，时间常数 $\tau$ 表示了电容器充电快慢的一个物理量。从物理概念上来理解：在电源电压一定的情况下，电阻 $R$ 愈大，充电电流愈小，电容器储存电荷的过程愈缓慢，充电时间愈长；而电容 $C$ 愈大，在相同的 $U_S$ 下，电容 $C$ 所能储存的电荷愈多，因而充电时间也一定愈长。故实际调整电容充电快慢的方法，主要是通过在电路中改变电阻 $R$ 或电容 $C$ 的大小，改变 $\tau = RC$ 的大小。

虽然从理论上讲，电容器充电过程要经过 $t = \infty$ 的时间才能完全达到新的稳态，而实际上只要经过 $(3\sim5)\tau$ 的时间就足以达到工程上的稳态，即充电过程完毕。

## 二、电容器放电电路分析

图 2-8-3 所示电路，开关 S 原来接在端子 1 上，在电源 $U_S$ 的作用下，电容器 $C$ 已经充好电，$u_C = U_S$。现若将开关 S 换接到端子 2，这样电容器两端便经电阻 $R$ 接通。此时，电路就开始了电容器放电过程。在放电过程中，电容器正极板上的正电荷经电阻 $R$ 到负极板与负电荷中和，形成放电电流。开始时，电容电压 $u_C = U_S$，较高，电荷多，放电电流 $i = -\dfrac{U_S}{R}$，也较大。随着放电过程的进行，电容器极板上储存的电荷减少，其电压 $u_C$ 和放电电流逐渐衰减，直至到零，放电过程结束。

放电过程中，电容电压 $u_C$ 的变化规律为

$$u_C = U_S e^{-\frac{t}{RC}} = U_S e^{-\frac{t}{\tau}} \tag{2-8-3}$$

放电电流 $i$ 的变化规律为

$$i = -\frac{U_S}{R} e^{-\frac{t}{RC}} = -\frac{U_S}{R} e^{-\frac{t}{\tau}} \tag{2-8-4}$$

$u_C$ 和 $i$ 随时间变化的曲线如图 2-8-4 所示。其中 $i$ 为负值，表示它的实际方向与图 2-8-3 电路所标参考方向相反，说明放电电流的方向和充电电流方向相反。

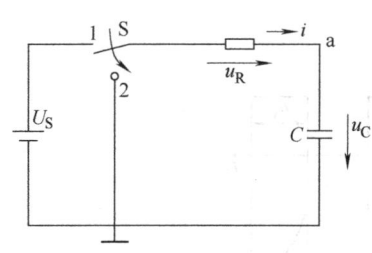

图 2-8-3　电容放电电路

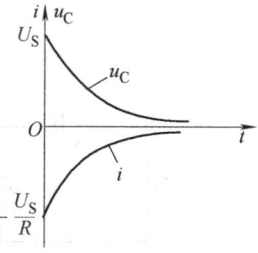

图 2-8-4　电容放电时 $u_C$ 和 $i$ 的变化曲线

和充电时一样，放电时间常数为 $\tau$，$\tau = RC$，$\tau$ 愈大，$u_C$ 和 $i$ 衰减就愈慢，放电过程愈长。当 $t = (3\sim5)\tau$ 时，可以认为放电过程结束，电路进入新的稳定状态。

从以上分析可知，电容器充电过程的实质就是电容器将电源能量转换成电场能量的储能过程。而电容器放电过程的实质就是由电容器把最初所储存的电场能量转换给电阻变为热能而消耗的过程。

## 三、电容充、放电的应用举例

利用电容充、放电的规律,在脉冲电路中产生脉冲信号或进行脉冲信号的波形变换。这里简单介绍两种常见的 RC 串联应用电路——积分电路和微分电路。

### 1. 积分电路

积分电路是一种波形变换电路,它可以将矩形脉冲信号变换成锯齿波或近似三角波形,其电路如图 2-8-5a 所示。该电路为 RC 串联电路。输入的信号电压 $u_1$ 为矩形正脉冲波形,其脉冲宽度为 $t_W$。从电容 C 两端取输出电压 $u_o$,当电路的时间常数 $\tau = RC$ 小于输入矩形正脉冲的宽度 $t_W$ 时,输出电压 $u_o$ 为锯齿波,如图 2-8-5b 所示。若 $\tau = RC$ 远大于 $t_W$,则输出电压 $u_o$ 为近似三角波形,如图 2-8-5c 所示。

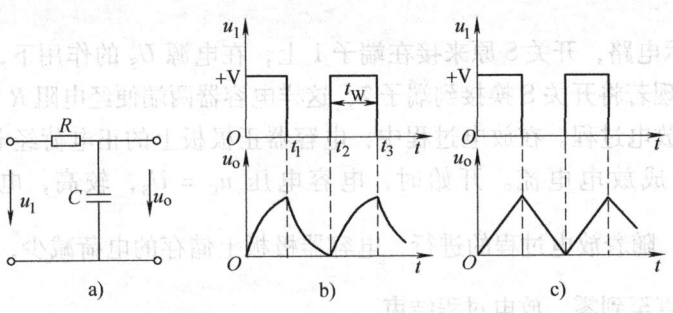

图 2-8-5 积分电路
a) 积分电路图  b) $\tau < t_W$ 时波形图  c) $\tau \gg t_W$ 时波形图

### 2. 微分电路

微分电路也是一种波形变换电路。但它将矩形脉冲信号变换成正、负尖脉冲信号。其电路如图 2-8-6a 所示,该电路也为 RC 串联电路,虽输入端信号电压 $u_1$ 仍为矩形正脉冲信号,但输出信号 $u_o$ 是从电阻 R 两端取出的。电路中要求 $\tau = RC$ 远小于输入矩形正脉冲的宽度 $t_W$,根据电容充、放电的规律,此电路输出信号电压为正、负尖脉冲波形,波形图如图 2-8-6b 所示。

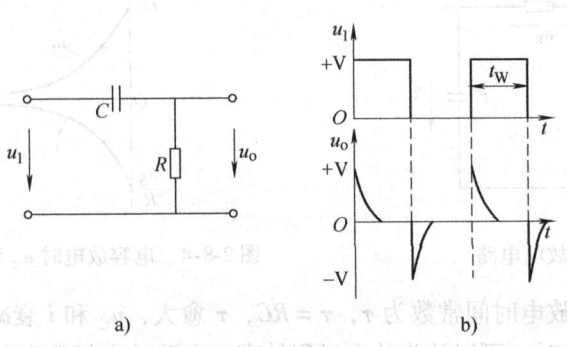

图 2-8-6 微分电路
a) 电路图  b) 波形图

## Δ 第九节 电工识图知识

在现代工业生产中，各种设备、仪器仪表、安装线路等在设计、制造、施工、维修、使用中，都离不开图样。设计部门要用图样来表达设计意图，制造部门需要根据图样进行加工、安装和检验。由此可见，图样是工业生产中的重要技术文件，是表达和交流技术思想的重要工具。所以，人们通常把图样比喻为工程界的"技术语言"。因此，技术人员都必须掌握好本行业的这种"语言"。

本节主要介绍有关电气图样的识图知识。

电气图样是电气技术领域中用图示法表达各种技术思想的统称。电气图样按用途分为两大类：原理性图样和施工性图样。按国家技术标准，原理性图样包括：系统图（或框图）、功能图、逻辑图、电路图、等效电路图、程序图等。此类图样主要表示设备上、系统理论上或理想化的电路，而不涉及实现方法的一种图形或图表。通过这类图样，可以分析或计算设备、系统的组成、连接关系、原理特性、功能以及各部分环节的逻辑关系或程序状态。它是了解和掌握设备和系统的基本图样。

施工图样包括：结构图、位置图、实际接线图、元器件规格表、数据单等。这类图样主要供施工、制造时使用，参照这些图样进行选材、备件、加工、接线和安装、检验等。

认识和读懂上述各种电气图样，是了解、掌握、使用和维护一个设备电气系统的重要前提。下面，对常见的几种电气图样的识图方法分别介绍。下面的举例可能目前还不能完全看懂，但随着知识的增多，一定会看懂。这里要强调一点，本节重点是学会识图的方法，不是某一两个电路。

### 一、原理性电气图样的识图方法

电气图样和其他工程图样一样，其中的元件及连接导线的画法、符号的标注等均是按照国家统一标准绘制的，所以在识读原理性电气图时，原则上先将图中的组成元件（包括元件符号、性能、作用等）了解清楚，然后再看各元件之间的连接关系，动作关系，电路的连接情况。对较复杂的图样可以分单元去识图，然后再看各单元之间的联系。下面分别举例说明。

1. 系统图或框图的识图

电气系统图和框图主要用于概略表示系统、分系统、成套装置或设备等的基本组成部分的主要特征及其功能关系。它既为编制或认识详细的技术图样提供依据和整体概略，又供操作和维修时参考。它均采用符号（以方框符号为主）或带有注释的框绘制。框内的注释采用符号、文字或两者组合来表示，如图 2-9-1 所示。

识读系统图和框图时，一般从上至下、从左到右，按控制信号的流向和过程流向去看，注意每个环节的基本作用和功能，以及环节之间的联系和顺序。

图 2-9-1 中，可编程序控制系统主要由三部分组成。输入部分方框内标注着按钮、行程开关及继电器的触点符号，它表示该部分收集并保存了被控对象实际运行的信息，并将这些

信息通过接口电路送到可编程序控制器的处理系统。第二部分是将收集的信息经过微处理器等进行逻辑编程处理，并判断需要对哪些信息作出输出反应，再将有用信息通过接口电路送到被控对象。第三部分是被控制的对象（电动机、灯等负载），用编程的信息来控制这些电动机、灯等按预先设想的要求去动作。

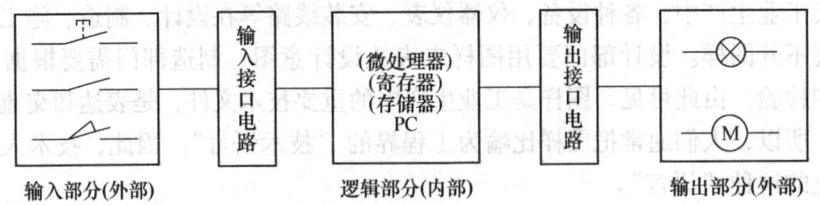

图 2-9-1　可编程序控制系统

图 2-9-2 所示为 PC 组成示意图，请读者自行分析。

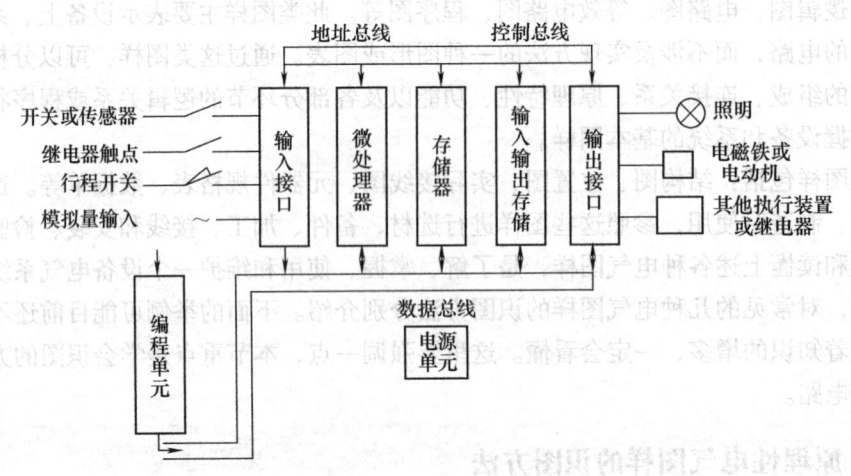

图 2-9-2　PC 组成示意图

2. 电路图和等效电路图的识图

电路图是详细表示设备或成套装置电气方面的全部组成和连接关系的图形及图表。它的用途是让读者详细理解电路的作用原理，为测试和寻找故障提供信息，并作为实际施工时接线的依据。

电路图的主要结构特点是电路中的元器件和设备均采用国家技术标准的图形符号和文字符号表示，在旁边标注其主要参数（参数也有单独列表表示）。

电路图中用无阻导线（连接线）将各元件的连接关系表示出来。元器件和设备的可动部分通常表示在非激励或不工作时的状态或位置。例如接触器、继电器在非激励下的状态；开关在断开的位置；事故、报警等开关在设备正常使用时的位置等。

现以机床控制电路为例对电路的识图方法进行分析。机床电气控制电路是机床的重要组成部分，它完成机床运动部件的运动、制动、反向和调速等控制，保证各运动部件运动的准确和协调，以达到生产工艺的要求。我们要搞清楚一台机床的电气控制过程，首先必须做到以下几点：结合机床说明书及有关技术资料，了解机床的技术性能、传动关系；熟悉电气控制电路中各器件的名称、作用、原理和特性状态。阅读和分析电路连接关系和控制过程的基本方法是从主（电路）着眼，从控制（电路）入手，由主到控采用"顺藤摸瓜"的办法，结合主电路的控制要求，将控制电路分为若干环节来分析，当然也要注意各环节之间的联系。

图 2-9-3 所示为一个简单的电动机控制电路图。电路图的主要元件有：三相异步电动机 M，用于过载保护的热继电器 FR，接触器 KM；用于短路保护的熔断器 FU，刀开关 QS 和用于起动、停止控制的按钮 $SB_1$、$SB_2$。

电路左半部分为主电路，右半部分为控制电路。

合上开关 QS：为电动机起动作准备。

起动：按下按钮 $SB_2$，KM 线圈（接触器）通电，KM 主触点闭合，M 运转，KM 辅助触头闭合。松开 $SB_2$，由于 KM 辅助触点闭合，KM 线圈仍通电，M 仍运转（自保）。

停止：按下 $SB_1$，KM 线圈失电，KM 主触点分断，M 停转，KM 触点断开（复位）。

电路中的电动机、接触器、刀开关、热继电器、熔断器、按钮等的型号规格、主要性能参数等可另列表附上。

在实际中还会遇到其他方面的电路，比如电子电路、供电系统电路等。在学好基础知识的同时，会逐步读懂的。

图 2-9-4 所示为三极管电压放大电路，请读者自行分析。

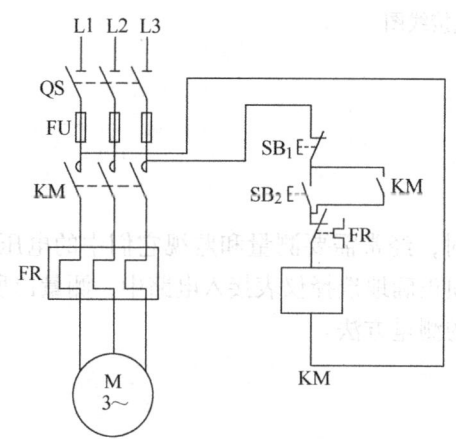

图 2-9-3　电动机控制电路

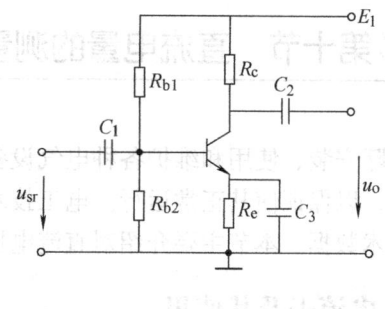

图 2-9-4　三极管电压放大电路

## 二、实际接线图的识图方法

由于实际接线图是供安装电气设备和电气元件，并在设备上进行配线连接时使用的一种图样，所以图样和原理图有很大区别。它的主要特点是：

1）图中的文字符号和接线端编号与电气原理图一致。

2）为表示出各电气元件的位置及接线情况，同一电气元件的各部件在一起。

3）在图上或列表中均标明连接导线的根数、截面积和颜色、穿线和套管的直径和长度。

4）对较复杂的电路，还标出生产机器的实际安装位置，还配有安装图和元件的明细表

（说明各电气元件的名称、文字符号、规格、型号、数量和用途等）。

因此，对这类图样识图时，首先要熟悉设备的结构和运行情况。其次是先读好原理图，再看实际接线图。必要时，原理图、实际接线图、位置图联合对照识读，这样才能有好的效果。图 2-9-5 所示为某机床电气接线图，供读者参考。

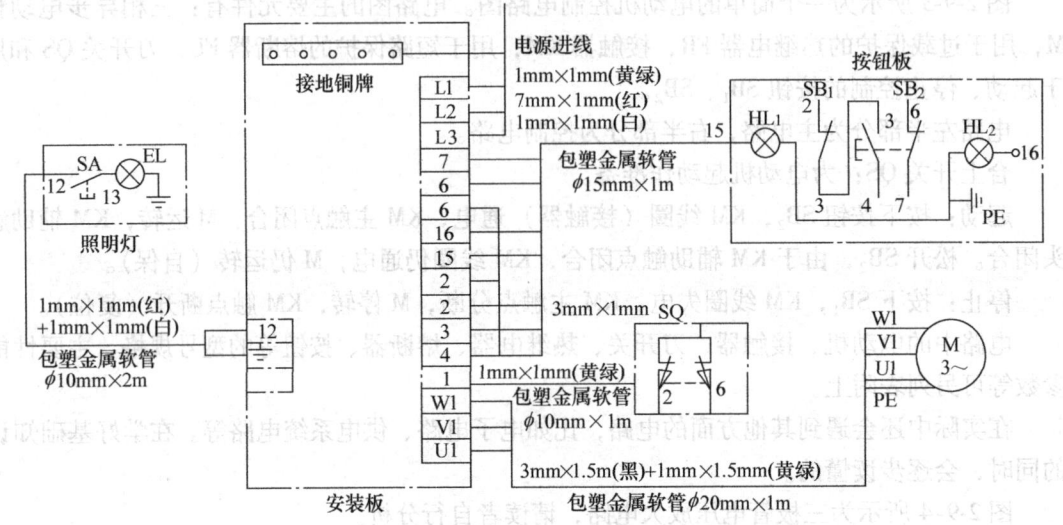

图 2-9-5　某机床电气接线图

## ⊙第十节　直流电量的测量

在实际安装、使用和维护各种电气设备及电路时，经常需要测量和监视它们中的电压、电流大小，以保证使其正常运行。电工技术人员必须正确地选择仪表接入电路中，测量出所需要的技术数据。本节主要介绍对直流电压和电流的测量方法。

### 一、电流表及其使用

电流表是测量电流用的仪表。它形式多样，图 2-10-1 所示为常见的直流电流表外形。在表盘的面板上标有 A（或 mA、μA）字母。

它按结构原理可分为磁电式、电磁式、电动式、数字式、感应式等；按电流种类可分为直流电流表、交流电流表和交直流两用表；按电流等级可分为安培表（A），毫安表（mA）和微安表（μA）；按准确度又可分为 0.1、0.2、0.5、1.0、1.5、2.5、5.0 等七个等级。

每种电流表均有一定的量程，有的电流表同时有几种量程供使用时选择。

直流电流表的表盘上标有 A 字样，因为其内电阻一般远小于电路中的负载电阻，测量电流时，可将电流表串联在被测电路中，图 2-10-2 所示为电流表接到电路中的示意图。

使用电流表测量时要注意：

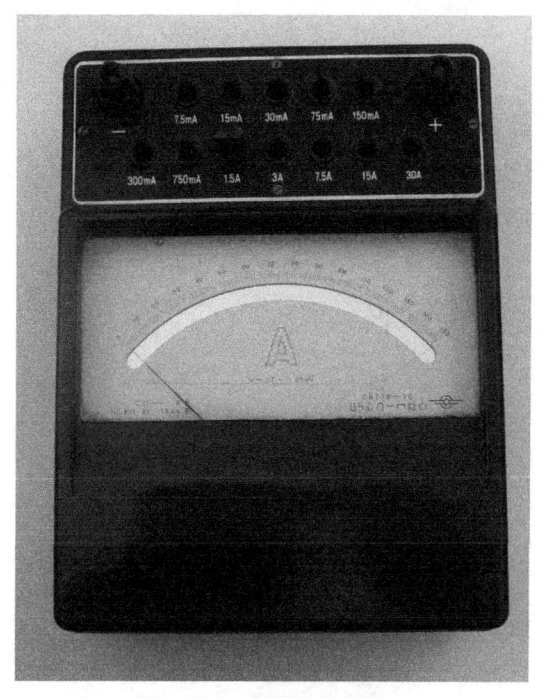

图 2-10-1　电流表的外形　　　　　　图 2-10-2　电流表测量电流的接线

1）根据被测电流的大小和精度，一定要正确选择电流的量程以及仪表的等级。比如：作计量标准时用 0.1、0.2 级；在实验室做实验时用 0.5、1.0 级；一般工程测量用 1.5、2.5、5.0 级即可。量程选择时，希望被测量的值接近满度值。

2）用直流电流表测直流电流时，应注意仪表的正、负极的连接，标有"＋"号的接线端应为电流的流入端，标有"－"号的接线端则为电流的流出端。多量程直流电流表的共同端标注"－"号，而其他接线端均属"＋"端，并分别标以相应的量程。

## 二、电压表及其使用

电压表是来测量电路中任意两点之间的电压或电路中各点电位的仪表。它和电流表相似，有多种分类，但是，在表盘的面板上均标有 V（或 mV）字样表示电压表。因为测量电压时，需要并联在被测的两点之间，所以电压表的内电阻远大于被测负载的电阻，这样才不会影响电路原来的工作状态。图 2-10-3 所示为常用的直流电压表外形。

直流电压表一般是磁电式仪表，表盘上标有 V 字样，用来测量直流电压和电位。表上接线柱也分正负极，接入电路时，必须和被测负载同极性相连。它在表内串入称为倍压器的高值电阻来扩大电压表的量程。测量时必须根据被测电压的不同，选择好量程。

## 三、测量举例

**1. 测电源电压及输出电流**

用电压表和电流表监视某直流电路的电源电压和输出电流的大小，其仪表接入电路的情况如图 2-10-4 所示。

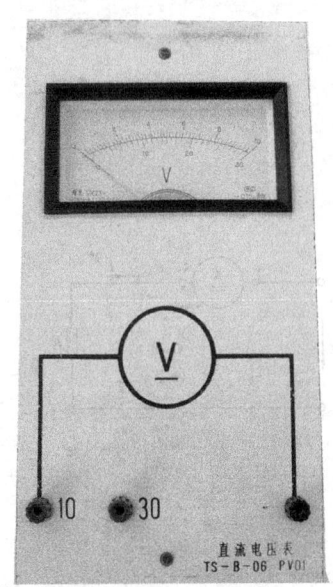
图 2-10-3　常用的电压表外形

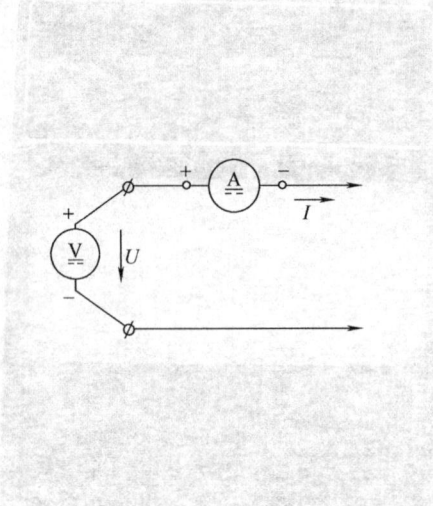
图 2-10-4　监视电源电压和电流的电表接法

## 2. 测支路电压电流

用电压表和电流表检查某电路中各部分及各支路电压和电流，可用仪表分别对电路进行测量。图 2-10-5 所示即为所测电路被测示意图。

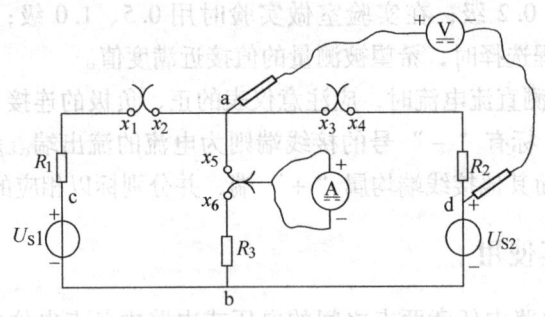
图 2-10-5　电路的电流和电压的检测方法

其中，电路中的 $x_1$、$x_2$、$x_3$、$x_4$、$x_5$、$x_6$ 是电流测量插口，当电流表两端的测量插头插入插口后，电流表即串入该支路中。若当电流表指针反偏时，将插头反过来插入再测。

电压表的两个表笔（红、黑）分别与被测两点接触后，即可测出该两点间的电压，若电压表指针反偏时，将两表笔对调再测即可。

## 3. 用伏安法测量电阻值和功率

用电压表和电流表分别测出电路电源或某支路的电压和电流，再间接算出电阻值和功率，这种称之为伏安法。伏安法的线路如图 2-10-6 所示。图 2-10-6a 是电流表的内接法，适用于测量阻值较大的电阻，图 2-10-6b 是电流表外接法，适用于测量阻值较小的电阻。根据测出的电压 $U$ 和电流 $I$ 的值，则用 $R = \dfrac{U}{I}$ 计算出阻值，$P = UI$ 计算出功率大小。

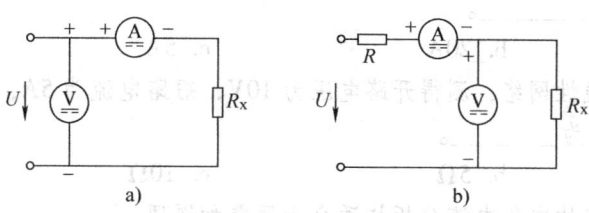

图 2-10-6　伏安法测电阻和功率
a) 内接法　b) 外接法

## 本 章 小 结

本章主要介绍直流电路的分析方法。根据电路的特点采用不同的而且最适合的方法。

1. 电阻的串、并联及混联电路属简单电路，应用的很多。对它们的特点一定要掌握，要记住串联电阻的分压公式和并联电阻的分流公式。
2. 支路电流法是应用基尔霍夫定律求解电路最基本的方法。
3. 叠加原理对线性电路系统是一种重要的分析方法，不仅适用于直流电流，以后的正弦电路及非正弦电路均适用。
4. 戴维南定理对分析解决复杂电路中某一支路的问题最有效。
5. 电容元件是电路中常见的储能元件，它在电路中有自身的特性。多个电容元件不同的连接方式，其等效电容有不同的计算方法。
6. 电容在充、放电时，电压 $u_C$ 和电流 $i$ 均按指数规律变化，且变化的快慢主要取决于电路参数 $C$ 和 $R$ 的大小。

## 练习及思考题

### 一、选择填空题

1. 有 $n$ 个电阻串联，每个电阻为 $R$，则总电阻应为_____。
  a. $R$　　　　　　　b. $\frac{1}{n}R$　　　　　　　c. $nR$

2. 有 $n$ 个电阻并联，每个电阻为 $R$，则总电阻应为_____。
  a. $R$　　　　　　　b. $\frac{1}{n}R$　　　　　　　c. $nR$

3. 在 220V 的电源上，并联的灯泡越多，总电阻_____，总电流_____。
  a. 越大　越小　　　b. 越小　越大　　　c. 越大　越大

4. 在电阻并联电路中，某支路上的电阻 $R$_____，该支路的电流 $I$_____。
  a. 越大　越大　　　b. 越小　越小　　　c. 越小　越大

5. 任何一个含源二端网络都可以用一个适当的理想电压源与一个电阻的_____来代替。
  a. 串联　　　　　　b. 并联　　　　　　c. 串联或并联

6. 一含源二端线性网络，测得其开路电压为 100V，短路电流为 10A，当外接 10Ω 负载电阻时，负载电流为_____。

  a. 10A      b. 20A      c. 5A

  7. 一含源两端线性网络，测得开路电压为10V，短路电流为5A，若把它用一个实际电源代替，电源内电阻为_____。

  a. 2Ω      b. 5Ω      c. 10Ω

  8. _____电路的电压电流分析均适合于用叠加原理。

  a. 任何     b. 含多个电源作用的    c. 含多个电源作用的线性

  9. 应用叠加原理，求解每个电源单独作用下的电流和电压时，对其他电压源除掉的方法是_____，电流源除掉的方法是_____。

  a. 短接　开路    b. 短接　短接    c. 开路　短接

  10. 电压为10V，内阻为2Ω的实际电压源，变换成电流源时，电流源的电流和内阻是_____。

  a. 10A　2Ω    b. 5A　2Ω    c. 2A　5Ω

  11. 一电流源的电阻为3Ω，当把它等效变换成12V的电压源时，电流源的电流是_____。

  a. 12A      b. 3A      c. 4A

  12. 三个电阻各为3Ω，原接为三角形接法，若等效成星形接法，那么每个电阻应为_____。

  a. 9Ω      b. 1Ω      c. 3Ω

  13. 电容器的电容量越大，它储存电场能量的能力_____。

  a. 越强      b. 越弱      c. 不变

  14. 已经充好电的一个电容器，将其两端点通过一个电阻短接，这时，该电容器两端的电压将_____。

  a. 立即变为零    b. 随时间正比例下降    c. 随时间按指数规律下降

  15. 若使电容充电时间缩短，可以调节充电回路的电阻，使电阻_____。

  a. 增大      b. 减小      c. 电阻值不变

### 二、分析计算

  1. 若将额定电压为24V，额定功率为2.4W的一个指示灯接到电压为36V的电源上使用，电路中应串联一个多大的电阻？

  2. 一根均匀的电阻丝，当所加额定电压为220V时，允许的工作电流为0.4A，若将这根电阻丝对折并拧在一起后，此时该电阻丝允许电流应为多大？若使它正常工作，它两端应加多高电压？

  3. 有八个灯泡串联的电路。除4号灯不亮外，其余七个灯都亮，当将4号灯从灯座上取下后，剩下七个灯仍然亮。试分析该电路有何故障？

  4. 有八个灯泡并联的电路，除4号灯不亮外，其余七个灯都亮，当将4号灯从灯座上取下后，剩下七个灯仍亮。试分析该电路有何故障？

  5. 为了获得几种电阻值，将几个电阻采用不同的连接方式。现在有 $R_1 = R_2 = 5Ω$，$R_3 = 10Ω$ 三个电阻，画图说明和计算它们可有几种不同的连接方式，以及各种连接方式的等效电阻为多大？

6. 在题图 2-1 所示电路中，开关 S 有三个位置，求 S 在 1、2、3 不同位置时输出电压 $U_o$ 各是多少？

7. 在题图 2-2 所示一段电路中，$R = 12\Omega$。

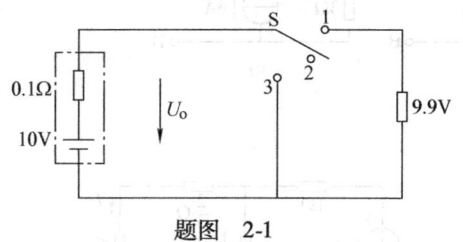

题图 2-1

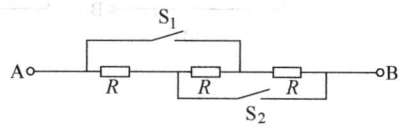

题图 2-2

试求：(1) $S_1$、$S_2$ 打开时，$R_{AB}$ 的值；
      (2) $S_1$ 闭合、$S_2$ 打开时，$R_{AB}$ 的值；
      (3) $S_1$ 和 $S_2$ 都闭合时，$R_{AB}$ 的值。

8. 某热加工车间，并接若干个电炉，已知每个电炉的额定值为 220V，550W，电源的内阻值 $r = 0.1\Omega$，输出电线的总电阻为 $0.25\Omega$，输电线的允许电流为 100A，问：
   (1) 此车间最多可并接多少个电炉工作？
   (2) 保证所有电炉都正常工作，电源的电动势应是多大？

9. 用题图 2-3 所示单臂电桥电路来测电阻 $R_X$。为了测量 $R_X$，调节 $R_2$、$R_3$、和 $R_4$，当检流计中电流 $I_0 = 0$ 为止，这时 $R_2 = 10\Omega$，$R_3 = 30\Omega$，$R_4 = 12\Omega$，求 $R_X = ?$

10. 用支路电流法求解题图 2-4 所示电路中的 $I_2$、$I_3$ 和 $U$？

11. 已知：题图 2-5 所示电路中 $R_1 = 10\Omega$，$R_2 = 5\Omega$，$R_3 = 2\Omega$，$R_4 = 4\Omega$，$U_S = 12V$，$I_S = 3A$。用叠加原理求 $U$ 的值。

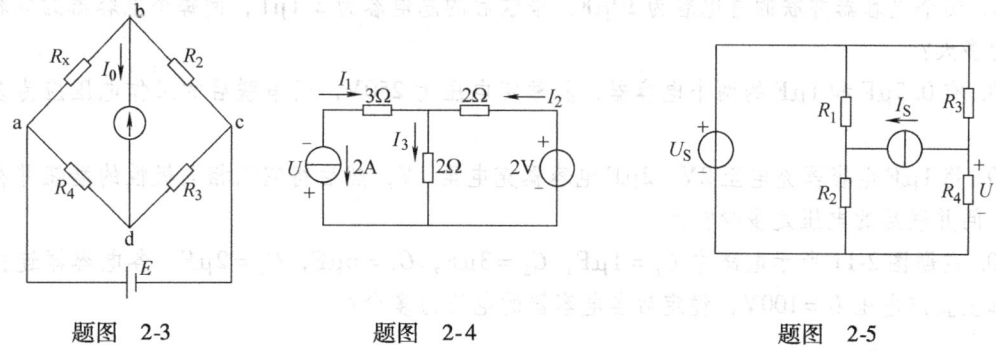

题图 2-3　　　　　题图 2-4　　　　　题图 2-5

12. 求解题图 2-6 所示各电路的戴维南等效电路？

13. 在题图 2-7 所示电路中，$N_A$ 是含源线性二端网络（1）当 $E = 6V$ 时，$N_A$ 向外提供 18W 功率，求 $I$。(2) 当 $E = 9V$ 时，$N_A$ 仍向外提供 18W 功率，求 $N_A$ 的戴维南等效电路 ($U_{SA}$、$R_0$)。

14. 在题图 2-8 所示电路中，若电阻 $R$ 从 $1\sim5\Omega$ 范围内变化时，求电阻 $R$ 上的电流变化范围。

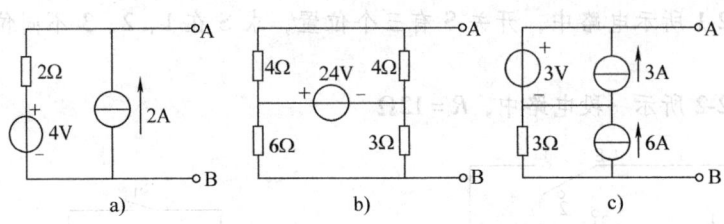

题图 2-6

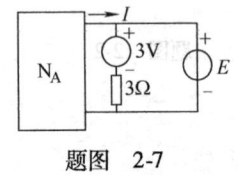

题图 2-7

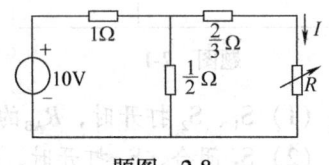

题图 2-8

15. 简化题图2-9所示各电路。

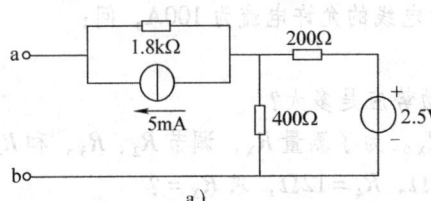

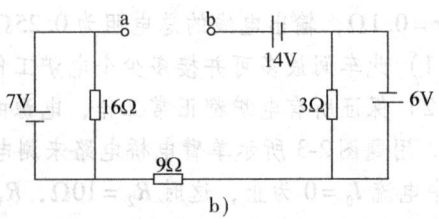

题图 2-9

16. 求题图2-10所示电路中的 $R_{ab}$、$U_{ab}$、$U_{ac}$、$U_{cb}$。

17. 两个电容器并联的总电容为 $10\mu F$,串联后的总电容为 $2.1\mu F$,问每个电容器的电容分别为多大?

18. 有 $0.5\mu F$ 和 $1\mu F$ 的两个电容器,其额定电压为250V,问串联后的工作电压应为多少?

19. 将 $1\mu F$ 电容器充电至2V,$2\mu F$ 电容器充电至1V,然后将它们相同极性的端钮并在一起,问并联后的电压是多少?

20. 在题图2-11所示电路中 $C_1=1\mu F$,$C_2=3\mu F$,$C_3=6\mu F$,$C_4=2\mu F$,各电容器连接后,加上直流电压 $U=100V$,稳定后各电容器的电压为多少?

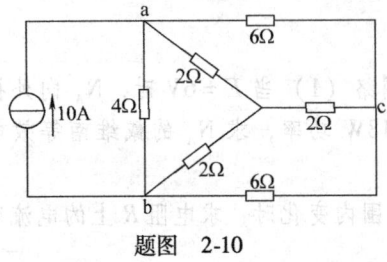

题图 2-10

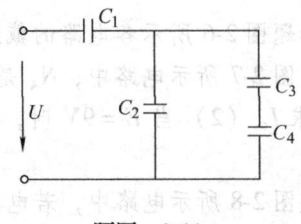

题图 2-11

### 三、思考题

1. 有额定值分别为220V、60W和110V、40W的白炽灯各一个,问(1)将它们串联后接到220V的电源上，哪个灯较亮？为什么？（2）把它们并联后接到110V的电源上时，哪个灯较亮？为什么？

2. 两个相同的白炽灯（额定值为220V、100W）串联后是否可以接在电压为380V的电源上照明？

3. 额定值分别为220V、100W和220V、40W的两个白炽灯串联后是否可以接在电压为380V的电源上照明？

4. 有两个阻值比为3∶1的电阻，串联后接入电源两端，则两电阻的功率比是多少？若将它们并联后接到电源上，则两电阻的功率比是多少？

5. 能否用叠加原理进行电路的功率分析和计算？

6. 若获得一个较大的电容量，几个电容器如何连接？

7. 直流电路中，若电容元件的电压较高，能否说明支路的电容电流也较大？

8. 理想电压源和理想电流源能否等效变换？

9. 积分电路中，若要使输出电压为锯齿波，为什么要求 $\tau < t_\text{w}$？而在微分电路中，为什么只有 $\tau \ll t_\text{w}$，才输出尖脉冲电压？

# 第三章

## 磁与电磁

**教学目的**
1. 了解电流周围产生磁场，熟悉描述磁场的主要物理量。
2. 掌握铁磁物质的主要性质，了解铁磁物质的分类及应用。
3. 掌握电磁力定律和电磁感应定律及在实际工程中的应用。
4. 掌握电感元件的主要特点。
5. 了解互感现象及其应用。

电荷在电场力的作用下有规则的运动便形成了电流。当电流通过导体时，在其周围还产生磁场，而当磁场发生变化时，磁场中的导体又产生电动势及电流。磁和电是不可分割的两种物理表现形式。对于它们的关系和特点是电工技术研究的一个重要问题。同时，电磁理论和规律在实践中也得到广泛应用。

本章主要介绍电流产生磁场的情况、磁场中的物理量、铁磁材料及电磁中的两个主要定律：电磁力定律和电磁感应定律；还介绍电感元件及互感现象的特点等有关电磁的基本知识。

 ## 第一节 磁场的概念

### 一、电流产生的磁场

在中学物理中我们就学过：静止的电荷周围产生静电场，运动的电荷周围则存在着磁场。即电流的存在，必然伴随着磁场的产生，这是电磁关系中的一个重要规律。即使是永久磁铁周围的磁场也是由其内部的分子电流产生的。

磁场是指有磁存在的一个空间。磁是一种具有能量的特殊物质。磁场的基本性质之一就是它对于任何置于其中的其他磁极或电流施加作用力。这个力叫磁场力。磁场力是通过磁场来传递的。例如：两根相邻的载流导体，由于彼此处于对方所产生的磁场之间，因此两导体之间必然产生相互作用力。当两导体电流方向相同时，相互之间产生吸引力，如图3-1-1a；当两导体的电流方向相反时，相互之间则产生排斥力，如图3-1-1b。

又如：每个永久磁铁均有N、S两个磁极。若两个永久磁铁的同性磁极（两个N极或两个S极）靠近时，两极之间必产生排斥力；若两个异性磁极靠近时，两磁极之间必产生吸引力，如图 3-1-2 所示。

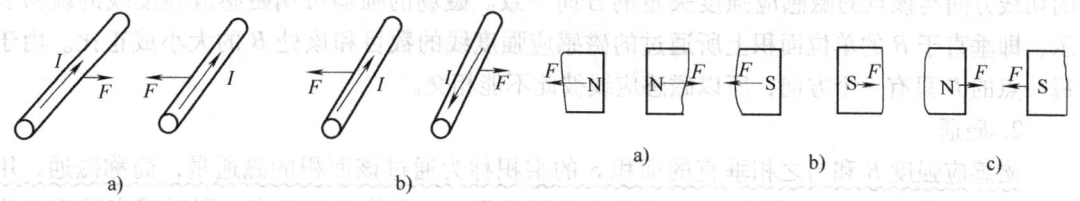

图 3-1-1　两载流导体之间受作用力　　　　图 3-1-2　两磁极之间的作用力

💡 *提示：电流产生的磁场，其强弱主要取决于电流的大小。电流越大，周围产生的磁场越强。另外，磁场的方向也随电流方向的改变而改变。载流直导体上的电流方向与周围磁场方向的关系，可以用右手螺旋法则来确定：用右手握住导线，*

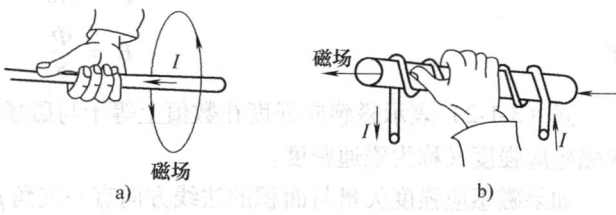

图 3-1-3　磁场方向的判定

伸直的拇指指向电流方向，其余四指的指向就是磁场方向，如图 3-1-3a 所示。载流线圈的磁场方向，同样可用右手螺旋法则来判定：用右手握住线圈，四指指向电流方向，伸直的拇指所指方向即为线圈内磁场的方向，如图 3-1-3b 所示。

## 二、磁场中的基本物理量

### 1. 磁感应强度

磁感应强度 $B$ 是表示磁场性质的基本物理量，用以表示磁场内某点的磁场强弱和磁场方向，是一个矢量。它的方向就是磁场中某点的磁场方向（小磁针 N 极所指方向）。它的大小可由下面的实验结果来定义。

将一通有电流为 $I$ 的直导体放在磁场中，在某一点处取一微小的长度单元 $\Delta L$，并使之与该处磁场方向垂直，其所受磁场力为 $\Delta F$，如图 3-1-4 所示。

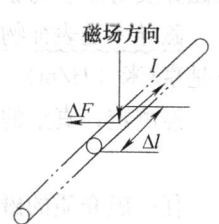

图 3-1-4　磁场力与磁感应强度

通过实验可以发现，磁场力 $\Delta F$ 的大小与载流导体电流元 $I\Delta L$ 是成正比的，并且在磁场中的不同地方，二者比值一般是不同的。但对于磁场中某一给定点，$\Delta F/I\Delta L$ 是一个常量，我们将这一常量定义为该点的磁感应强度 $B$，即

$$B = \frac{\Delta F}{I\Delta L} \tag{3-1-1}$$

在国际单位制中，磁感应强度 $B$ 的单位是特斯拉（T），在工程上还经常用"厘米-克-秒"单位制，$B$ 的单位用高斯（$G_s$）表示，则有下列关系成立。

$$1T = 10^4 G_s$$

磁场中的每一点都有一个矢量 $B$，形成了一个矢量场，如果这个矢量场中各点的磁感应强度大小相等，方向相同则称为均匀磁场，否则称为非均匀磁场。

磁场的分布也可用假想的磁感应强度线（$B$ 线）来形象地描绘。磁感应强度线上每点的切线方向与该点的磁感应强度矢量的方向一致。磁场的强弱可用磁感应强度线的疏密表示，即垂直于 $B$ 的单位面积上所通过的磁感应强度线的数目和该处 $B$ 的大小成正比。由于每一点的 $B$ 只有一个方向，所以磁感应线彼此不能相交。

2. 磁通

磁感应强度 $B$ 和与之相垂直的面积 $S$ 的乘积称为通过该面积的磁通量，简称磁通，用 $\Phi$ 表示。$\Phi$ 的大小反映了该特定面积 $S$ 上磁场的强弱。在均匀磁场中，因磁感应强度 $B$ 为一常量，则磁通 $\Phi$ 的数学表达式为

$$\Phi = BS$$

即

$$B = \frac{\Phi}{S} \tag{3-1-2}$$

式（3-1-2）表示磁感应强度在数值上等于与磁场方向相垂直的单位面积所通过的磁通，故磁感应强度又称为磁通密度。

如果磁感应强度矢量与面积的法线方向有一夹角 $\beta$，则磁通为

$$\Phi = BS\cos\beta$$

在国际单位制中，磁通的单位为韦伯，简称韦，符号为 Wb。

3. 磁导率

首先做如下对比实验，用一个通电空心螺线管去吸引铁块，然后在螺线管中插入一根铝棒去吸引同一铁块，最后把铝棒换成铁棒再去吸引这一铁块。我们发现，前两种情况螺线管对铁块的吸力都不大，而插有铁棒的螺线管吸力要比前两种情况大得多。

从上述实验可以看出，螺线管的磁性强弱与磁场中磁介质的性质还有密切关系。为了表征磁介质对磁场的影响，我们引出磁导率这个物理量。

磁导率是表征物质导磁能力的物理量，用字母 $\mu$ 来表示。在国际单位制中，磁导率的单位是亨/米（H/m）。

经测定，真空的磁导率 $\mu_0$ 是一个常量，其大小为

$$\mu_0 = 4\pi \times 10^{-7} \text{H/m}$$

任一磁介质的磁导率 $\mu$ 与真空的磁导率 $\mu_0$ 的比值 $\mu_r$ 称为该介质的相对磁导率，即

$$\mu_r = \frac{\mu}{\mu_0} \text{ 或 } \mu = \mu_r\mu_0 \tag{3-1-3}$$

$\mu_r$ 是没有单位的纯数值，通过它的大小可以直接看出磁介质导磁能力的高低。按照各种物质磁导率的大小，可把物质分为顺磁性物质、反磁性物质和铁磁性物质三类。$\mu_r > 1$ 的物质称为顺磁性物质，如铝、铂、空气等；$\mu_r < 1$ 的物质称为反磁性物质，如铜、银、塑料、橡胶等。这两类物质的磁导率 $\mu_r$ 都接近于 1，它们的导磁能力都和真空差不多，统称为非铁磁物质。实用中，非铁磁物质的磁导率 $\mu$ 值均可用真空磁导率 $\mu_0$ 代替。铁磁物质是指铁、钴、镍以及它们的合金。它们的导磁能力很强，$\mu$ 值要比 $\mu_0$ 值大得多，即 $\mu_r \gg 1$。例如，铸铁的 $\mu_r > 200$，坡莫合金的 $\mu_r$ 可达到 $10^5$ 以上。这就是说，在其他条件相同的情况下，铁心线圈比空心线圈的磁场要强几百、几千甚至几十万倍，所以铁磁物质在实际电气设备中得到广泛应用。表 3-1-1 列出的是几种铁磁物质在室温下的相对磁导率。

表 3-1-1　几种铁磁物质的相对磁导率

| 铁 磁 物 质 | $\mu_r$ | 铁 磁 物 质 | $\mu_r$ |
|---|---|---|---|
| 钴 | 174 | 未经退火的铁 | 7000 |
| 未经退火的铸铁 | 240 | 变压器硅钢片 | 7500 |
| 已经退火的铸铁 | 620 | 镍铁合金 | 12950 |
| 镍 | 1120 | C型坡莫合金 | 11500 |
| 软钢 | 2180 | 锰锌铁氧体 | 300～5000 |

**4. 磁场强度**

由于在均匀磁介质中，电流产生磁场的磁感应强度 $B$ 与磁导率 $\mu$ 成正比，为分析问题方便，现在引入一个表达磁场强弱的物理量 $H$，称为磁场强度。它的大小等于磁场中某点的磁感应强度 $B$ 与介质磁导率 $\mu$ 的比值，即

$$H = \frac{B}{\mu} \tag{3-1-4}$$

$H$ 的意义是：在不考虑介质的影响时磁场中某点磁场的强弱。所以它也是一个矢量，在均匀磁介质中，它的方向和所在点的磁感应强度 $B$ 的方向一致。

在国际单位制中，磁场强度的单位为安/米（A/m）。

### 三、磁的应用举例

我国是世界上最早发明了指南针的国家。指南针就是根据磁的性质工作的。随着科学技术的发展，磁的利用更为广泛。这里仅举一个典型例证——电磁铁。

电磁铁的原理结构如图 3-1-5 所示。当线圈中通以电流后铁心中产生磁场，磁通通过铁心、空气隙和衔铁构成闭合磁路。由于衔铁和铁心都沿着同一方向磁化，衔铁与铁心互相靠近的部分具有异性磁极。因此，铁心将把衔铁紧紧吸合在一起。当电路断开时，电流为零，磁性消失，衔铁被释放。利用电磁铁的这一原理，在实际工程中制造出很多电气设备，例如：自动控制中常用的接触器、电磁吸盘以及保护电器等。

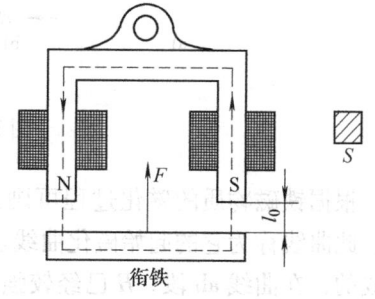

图 3-1-5　电磁铁原理结构图

按电流种类电磁铁可分为直流电磁铁和交流电磁铁。电磁铁的吸引力平均值为

$$F = \frac{B^2 S}{2\mu_0} \approx 4B^2 S \times 10^5 \tag{3-1-5}$$

式中，$B$ 为空气隙的磁感应强度；$S$ 为空气隙截面积；$\mu_0$ 为真空磁导率。

## 第二节 铁磁材料

由于铁磁物质比非铁磁物质磁导率大得多,所以在很多电气设备中得到采用。为了更好地了解和使用铁磁材料,本节主要介绍这种材料的性质特点、分类及应用场合。

### 一、铁磁物质的磁化过程

实验证明,铁磁物质的磁特性主要是由电子的自旋引起的。在很小的区域内,这些电子自旋的作用自发地形成很小的磁化区域,叫做磁畴,每一个磁畴相当于一个很小的磁铁,具有很强的磁性,在没有外磁场作用的铁磁物质中,各个磁畴的磁场方向排列是杂乱的,故磁效应互相抵消,对外不显磁性,如图 3-2-1a 所示,当外磁场 $H_0$ 由零逐渐增大时,最初是各个磁畴的体积发生变化,与外磁场方向接近一致的这部分磁畴界壁移动,如图 3-2-1b 所示。当外磁场 $H_0$ 增加到一定程度时,那些与外磁场方向相反的磁畴甚至缩小为零,如图3-2-1c 所示,这一界壁移动阶段是可逆的,若此时将外磁场减少至零,磁畴可恢复原状。当外磁场超过一定程度时,磁畴向外磁场的方向转动,这就是磁畴的转向,如图 3-2-1d 所示。直到最后全部磁畴的方向都转到与外磁场一致的方向,达到磁饱和状态,如图 3-2-1e 所示。这时铁磁物质的磁性很强。当外磁场很大时这一磁化过程是不可逆的,即使外磁场减到零,铁磁物质仍具有一定的磁性(剩磁)。以上铁磁物质内部磁畴及磁性随外磁场的增加而变化的过程我们称为铁磁物质的磁化。

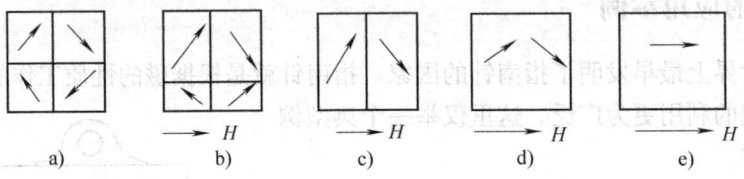

图 3-2-1 铁磁物质的磁畴变化

根据铁磁物质的磁化过程可画出含铁磁物质的 $B$-$H$ 关系曲线,如图 3-2-2 中曲线②所示,此曲线称为它的起始磁化曲线。曲线的 $Oa$ 段,$B$ 增大较慢,主要是由可逆的畴壁移动造成的;在曲线 $ab$ 段,$H$ 已经较强,$B$ 的上升很快,这一段主要是由于不可逆磁畴转向引起的;在 $bc$ 段,$H$ 很强,这里 $B$ 的上升减慢,主要是由磁畴的转向来增大磁感应强度;在 $c$ 点以后,磁畴的方向均转到与外磁场的方向一致,磁性达到饱和状态。达到饱和后,再增大外磁场,其磁感应强度的增量很小,与非铁磁物质相似。$c$ 点以后和曲线①一样近于直线。这里曲线①是非铁磁物质(空气)$B$-$H$ 曲线。

当磁场强度由零增加到 $H_m$,使磁铁物质的磁性饱和,对应的磁感应强度为 $B_m$ 后,若将 $H$ 减小,则磁感应强度由 $B_m$ 沿着比起始磁化曲线稍高的曲线下降,如图 3-2-3 所示,而且当 $H$ 降到零值时,$B$ 并不为零,有剩磁存在。这种 $B$ 的变化落后于 $H$ 的变化现象,称为磁滞现象。这种现象的出现主要是由于磁畴的翻转不可逆引起的。

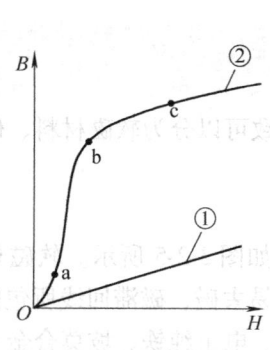 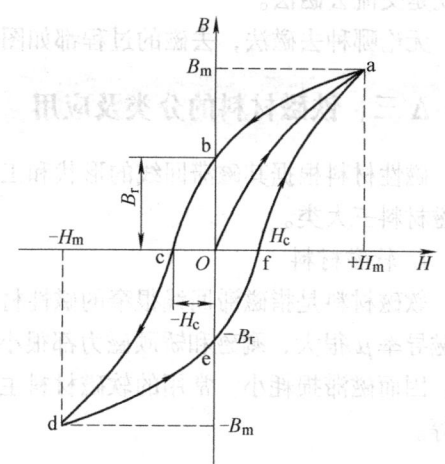

图 3-2-2　起始磁化曲线　　　　图 3-2-3　磁滞回线

将试样在 $+H_m$ 与 $-H_m$ 之间反复磁化多个循环后，即可得出一个近似对称原点的闭合曲线 abcdefa，通常称此为磁滞回线。图 3-2-3 曲线中，纵轴上 $Ob$ 和 $Oe$ 的 $B$ 值叫剩磁感应强度，用 $B_r$ 表示。在横轴上的 $Oc$ 和 $Of$ 的 $H$ 值叫做矫顽磁场强度（俗称矫顽力），用 $H_c$ 表示。

*结论*：通过以上铁磁物质磁化的全过程分析可以知道，铁磁材料有以下几个主要特殊性质：

1）高导磁性：铁磁物质作为磁介质时，在同样外磁场作用下，即同样线圈的电流情况下，产生的磁场比非铁磁性物质作为磁介质要强很多。换言之，铁磁物质的导磁能力比非铁磁性物质大很多。

2）饱和特性：非铁磁物质随外磁场的增加，磁感应强度缓慢增强，而铁磁材料的磁场随外磁场的增加磁感应强度开始增强很快，但到一定程度后，达到饱和，便和非铁磁物质一样缓慢增强。因此，在实际工程应用时，为充分发挥铁磁材料的作用，均使其工作在将近饱和情况。

3）磁滞性：铁磁材料当被外磁场反复磁化时，其磁感应强度 $B$ 的变化总是滞后外磁场 $H$ 的变化。铁磁物质的这种磁滞性被一些电气设备所应用。比如：制造微型磁滞式同步电动机等。

4）剩磁性：铁磁材料被磁化后，外磁场被撤掉，铁磁物质本身还有剩磁，此特点常被工程中利用作永久磁心或磁体，制造小型或微型的永磁式电动机和电器等。

## 二、铁磁材料的去磁

在工作中有时要将铁质工件上的剩磁去掉，称为去磁（或退磁）。去磁的方法有直流去磁法和交流去磁法。

直流去磁法是把要去磁的工件放在直流励磁线圈产生的磁场中，在线圈中通以多次正负变化而数值逐渐减小的直流电流，使剩磁沿着逐渐缩小的磁滞线去掉。

因为交流电流方向是变化的，所以使交流电流逐渐减小到零，就可以达到去磁的目的。

这就是交流去磁法。

无论哪种去磁法,去磁的过程都如图 3-2-4 所示。

## △ 三、铁磁材料的分类及应用

磁性材料根据其磁滞回线的形状和工程上的用途,大致可以分为软磁材料、硬磁材料和矩磁材料三大类。

### 1. 软磁材料

软磁材料是指磁滞回线很窄的磁性材料,其磁滞回线如图 3-2-5 所示。软磁材料的特点是磁导率 $\mu$ 很大,剩磁和矫顽磁力都很小,容易磁化也容易去磁,磁滞回线所包围的面积狭小,因而磁滞损耗小。常用的软磁材料主要有电工硅钢片、电工纯铁、坡莫合金和软磁铁氧体等。

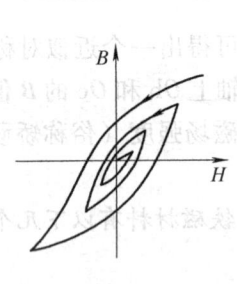

图 3-2-4 去磁过程　　　　图 3-2-5 软磁性材料的磁滞回线

(1) 电工硅钢片　电工硅钢片是电机、仪表、电子和通信等工业部门广泛应用的重要磁性材料,使用量占磁性材料的 90% 以上。其主要化学成分是铁和硅,按照轧制方式的不同,硅钢片可分为热轧硅钢片和冷扎硅钢片两种。它们磁滞损耗小,但质脆、机械强度差,主要用在发电机、电动机、变压器和电磁铁等电流很大的电力设备中作铁心导磁体。

(2) 电工纯铁　电工纯铁是厚度不大于 4mm 的热轧或冷轧的板材。其起始磁导率 $\mu_i$ 和最大磁导率 $\mu_m$ 都较大,但电阻率 $\rho$ 很小,如果在频率较高的交流设备中会产生很大的损耗,所以一般用于直流或脉动成分不大的电器和电子元件中作为导磁铁心。

(3) 坡莫合金　坡莫合金的主要成分是铁和镍,它不但矫顽磁力小,而且磁导率很高,起始磁导率 $\mu_i$ 可达几万以上,所以广泛用于通电电流很小的各种电子电信设备中作导磁铁心,如小型的变压器、扼流圈、继电器和高精密的交流仪表等。

(4) 软磁铁氧体　软磁铁氧体是铁和其他一种或多种金属(如锰、锌、铜、镍、钡等)的复合氧化物。由于它是非金属磁性材料,其电阻率 $\rho$ 比金属磁性材料高得多,用在高频电路中所引起的损耗比金属磁性材料低得多。因此,在高频和微波波段中,软磁铁氧体是不可缺少的磁性材料。可用作中频和高频的变压器、脉冲和开关电源变压器、高频焊接变压器、低通滤波器的铁心等,日常生活中使用的收音机的磁性天线、电视机中周的磁心也都属于这类材料。

标志软磁材料性能好坏的技术指标主要是矫顽磁力 $H_c$、电阻率 $\rho$ 及起始磁导率 $\mu_i$ 和最大磁导率 $\mu_m$ 等。下面将一些典型的软磁材料的性能指标列于表 3-2-1 中。

表 3-2-1 典型软磁材料的性能

| 材 料 | 化学成分（质量分数）(%) | $\mu_i$ | $\mu_m$ | H/(A/M) | $\rho/10^4 \Omega \cdot m$ |
|---|---|---|---|---|---|
| 纯铁 | 1.05 杂质 | 1000 | 200000 | 4.0 | 10 |
| 硅钢（热轧） | 4 硅，其余为铁 | 450 | 8000 | 4.8 | 60 |
| 硅钢（冷轧晶粒取向） | 3.3 硅，其余为铁 | 600 | 10000 | 16 | 50 |
| 45 坡莫合金 | 45 镍，其余为铁 | 2500 | 25000 | 24 | 50 |
| 78 坡莫合金 | 78.5 镍，其余为铁 | 8000 | 100000 | 4.0 | 16 |
| 超坡莫合金 | 79 镍，5 钼，0.5 锰，其余为铁 | 10000～12000 | 1000000～1500000 | 0.32 | 60 |
| 软磁铁氧体 |  | $10^3 \sim 10^4$ |  | 1～10 | $10^3 \sim 10^4$ |

## 2. 硬磁材料

硬磁材料是指磁滞回线较宽的磁性材料，其磁滞回线如图 3-2-6 所示。硬磁材料的特点是必须用较强的外磁场才能使它们磁化。一经磁化，取消外磁场后磁性不易消失，具有很强的剩磁，而且矫顽磁力也很大。所以，硬磁材料宜于用作储存和提供磁能的永久磁铁。常用的硬磁材料主要有碳钢、钨钢、铝镍钴合金、硬磁铁氧体、稀土钴合金和钕铁硼合金等。

（1）铝镍钴合金 合金的主要化学成分是铁、铝、钴、铜等。根据制作方式的不同，可分为铸造铝镍钴合金和粉末烧结铝镍钴合金两种。

铸造铝镍钴合金的剩磁较大，其矫顽磁力和最大磁能积（即磁铁内部 $B$ 和 $H$ 乘积的最大值）在硬磁材料中达到中等

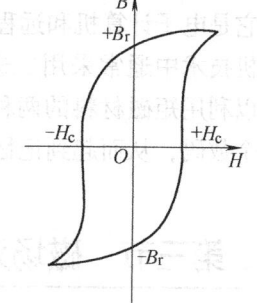

图 3-2-6 硬磁性材料的磁滞回线

以上水平，组织结构稳定。目前在电机，如永磁电机及微电机中应用很广泛，此外在电信业，如扬声器、微波器件及磁性支座中应用也很多。

粉末烧结铝镍钴合金无铸造缺陷，磁性略低，特性与铸造铝镍钴合金相似。适宜作体积小及工作磁通均匀性高的永久磁铁，其表面光洁，不需要磨削加工，省材料。

（2）硬磁铁氧体 硬磁铁氧体的矫顽磁力很高，但剩磁较小，其最大磁能积不大，但最大回复磁能积却很大，故适宜作动态的永久磁铁，不宜用于测量仪表。

（3）稀土钴合金 稀土钴合金是由部分稀土金属和钴组成。它具有高矫顽磁力和高磁能积的优异磁性能，用它制成的永磁零件体积小、重量轻、性能稳定，但不宜在高于 200℃ 温度下工作。

（4）钕铁硼合金 钕铁硼合金的主要化学成分有铁、钕、硼等，它是近年来发展起来的第三代稀土硬磁材料。它具有高磁能积、高矫顽磁力和高机械性能等优异特性，适宜作体积小、重量轻、高效能的电机和电器的导磁体。

衡量硬磁材料性能好坏的技术指标主要是矫顽磁力 $H_c$ 剩磁 $B_r$ 和最大磁能积 $(BH)_m$。表 3-2-2 列出了一些典型硬磁材料的性能指标。

表 3-2-2 典型硬磁材料的性能指标

| 材料 | 化学成分（%） | $H_c$/（A/m） | $B_r$/T | $(BH)_m$/（T·A/m） |
|---|---|---|---|---|
| 碳钢 | 0.9 碳，1 锰，其余为铁 | 4000 | 1.0 | 1600 |
| 铝镍铬 5 合金（晶粒取向） | 8 铝，14 镍，24 钴，3 铜，其余为铁 | 52500 | 1.37 | 60000 |
| 铝镍钴 8 合金（晶粒取向） | 7 铝，15 镍，35 钴，4 铜，5 钛，其余为铁 | 113000 | 1.15 | 91400 |
| 钡铁氧体（晶粒取向） | $BaO·6Fe_2O_3$ | 144000 | 0.45 | 36000 |
| 钐钴合金（1） | $SmCo_5$ | 851000 | 1.07 | 228000 |
| 钐钴合金（2） | $Sm_2(Co, Cu, Fe, Zr)_{17}$ | 786000 | 1.13 | 260000 |
| 钕铁硼合金 | 15 钕，8 硼，其余为铁 | 880100 | 1.23 | 290000 |

### 3. 矩磁材料

矩磁材料是指磁滞回线呈矩形的磁性材料，其磁滞回线如图 3-2-7 所示。矩磁材料的特点是在较小的外磁场作用下就能被磁化，并达到磁饱和；去掉外磁场后，仍保持饱和状态。现在广泛采用锰-镁或锂-镁矩磁氧化体制成记忆磁心，它是电子计算机和远程控制设备存储器中的重要元件。计算机技术中通常采用二进制计数，只有 0、1 两个数码，故可以利用矩磁材料的两种状态（$+B_r$ 和 $-B_r$）分别表示这两个数码，从而起到记忆作用。

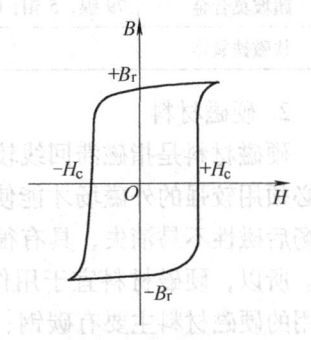

图 3-2-7 矩磁性材料的磁滞回线

## 第三节 磁场对电流的作用

通有电流的导体若放在磁场中的适当位置时，导体就要受到磁场的作用产生电磁力。这是一个重要的电磁现象。如果在均匀磁场中，通有电流为 $I$ 的导体又与磁场方向垂直，如图 3-3-1a 所示。那么此导体所受的电磁力 $F$ 为

$$F = BIl \tag{3-3-1}$$

式中，$B$ 为均匀磁场中的磁感应强度；$l$ 为处在磁场中的导体的长度；$F$ 为电磁力。

若载流直导体中电流方向与磁场方向的夹角为 $\alpha$，如图 3-3-1b 所示，则

$$F = BIl' = BIl\sin\alpha \tag{3-3-2}$$

导体所受力的方向用左手法则来确定：将左手伸平，让磁感应线垂直穿进掌心，拇指与其余四指垂直，四指指向电流方向，则拇指指的方向就是电磁力 $F$ 的方向。图 3-3-1 所示的两种情况受力的方向正好相反，图 3-3-1a 的导体受力方向为垂直纸面向外，用"·"表示，图 3-3-1b 的导体受力方向为垂直纸面向里，用"×"表示。

磁场对载流导体的电磁力在电工技术中有着广泛的应用。现仅举两例来说明。

例证一：直流电动机工作的原理。

直流电动机是将直流电能转换为机械能的常见电气设备。图 3-3-2 所示即为它的原理结构图。

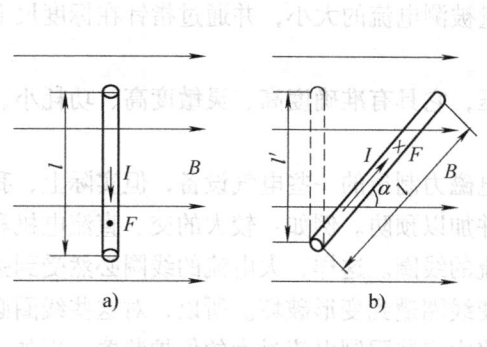
图 3-3-1 磁场对载流导体的作用

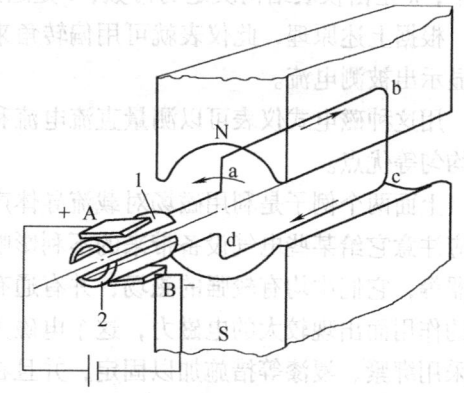
图 3-3-2 直流电动机原理结构图

图中 N、S 是一对在空间固定不动的磁极，磁极可以由永久磁铁制成，但通常是在一个磁极铁心上绕上线圈，称为励磁绕组，在励磁绕组中通入直流励磁电流，即可产生 N、S 极，这样电动机内就形成一个固定的磁场。在 N、S 极之间的内圆空间装有由铁磁性物质构成的圆柱体，在圆柱体外表的槽中嵌放了线圈 abcd，整个圆柱体可在内部旋转，通称它为电枢。电枢线圈 abcd 的两端分别与固定在电枢轴上互相绝缘的两个半圆铜环相连接（称此为换向片），即构成换向器。换向器通过静止不动的电刷 A 和 B，将电枢线圈与外电路相接通。

将直流电源接至电刷 A、B 两端后，电流从电源正极流出，经电刷 A，换向片 1，线圈 abcd 到换向片 2 和电刷 B，最后回到负极。此时，线圈中 ab 和 cd 两段导体受电磁力的作用。根据左手定则，ab 导体受力方向向左，cd 导体受力方向向右，即形成一个转矩。在这个转矩作用下，电枢按逆时针方向旋转。

当电枢从图 3-3-2 所示的位置转过大于 90°后，电刷 A、B 分别换成与 2、1 接触，这时，ab 段导体的电流改变方向，且它的位置从 N 极下转到 S 极上，其所受的电磁力方向为向右；同时，cd 段导体转到 N 极下，电流方向也改变，所受电磁力方向变为向左。这样，电枢的转矩仍为逆时针，电枢仍逆时针方向旋转。这样电枢在转矩的作用下，一直旋转下去。这就是直流电动机的工作原理。

例证二：磁电式电工仪表的原理

图 3-3-3 所示为磁电式电工仪表测量机构的结构图。它主要由固定磁路系统和可动线圈两部分组成。

当可动线圈通电时，线圈电流和永久磁铁的磁场互相作用产生电磁力，从而形成转动力矩，使可动部分发生偏转。当线圈上产生的转动力矩与游丝产生的反作用力矩相等时，线圈就静止在某一位置，指针此时便指示出偏转的角度 $\alpha$，$\alpha$ 的大小与线圈的电流 $I$ 大小成正比，即

$$\alpha = nI$$

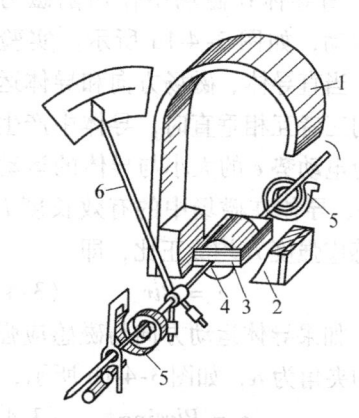
图 3-3-3 磁电式仪表测量机构结构图
1—永久磁铁　2—极掌　3—可动线圈
4—圆柱形铁心　5—游丝　6—指针

式中，$n$是由仪表结构决定的常数；$I$是通过线圈的电流。

根据上述原理，此仪表就可用偏转角来衡量被测电流的大小，并通过指针在标度尺上直接显示出被测电流。

用这种磁电式仪表可以测量直流电流和电压，它具有准确度高、灵敏度高、功耗小、刻度均匀等优点。

上面两个例子是利用磁场对载流导体产生电磁力制造的一些电气设备，但实际上，我们还应注意它给某些电气设备带来的不利影响，并加以预防。例如：较大的交、直流电机和变压器等，它们中均有较强的磁场，并有通有电流的线圈。这样，大电流的线圈必然受到强磁场的作用而出现较大的电磁力，这个电磁力会使线圈遭到变形破坏。所以，对这些线圈必须要采用绑紧、浸漆等措施加以固定，并且在电路中安装限制电流过大的保护装置。再如，较大的输电线路之间也有电磁力产生，为防止输电线之间因受电磁力短路或其他机械破坏等故障，要求输电线之间必须保持足够的距离，且输电线必须有一定的机械强度。

## 第四节　电磁感应定律

### 一、电磁感应定律

我们已经知道，电流产生磁场，那么磁场能否产生电呢？近代物理学家经过不断研究探索发现，在一定条件下磁也可以产生电，这种现象称为电磁感应。电磁感应产生的电动势被称为感应电动势。

产生感应电动势的方法很多，主要可以分为两类：一类是导体相对磁场作切割磁力线运动，则导体上会产生感应电动势；另一类是闭合回路中的磁场发生变化，也会在回路上产生感应电动势。下面我们分别讨论这两类现象所引起的感应电动势的大小和方向。

1. 直导体中的感应电动势

直导体在磁场中作切割磁力线的运动，如图3-4-1a所示。实验证明，当直导体、磁场方向和导体运动方向三者互相垂直时，导体中产生的感应电动势$e$的大小与导体的运动速度$v$、导体在磁场中的有效长度$l$及磁感应强度$B$均成正比，即

$$e = Blv \quad (3-4-1)$$

如果导体运动方向与磁感应强度$B$的夹角为$\alpha$，如图3-4-1b所示，则

$$e = Blv\sin\alpha \quad (3-4-2)$$

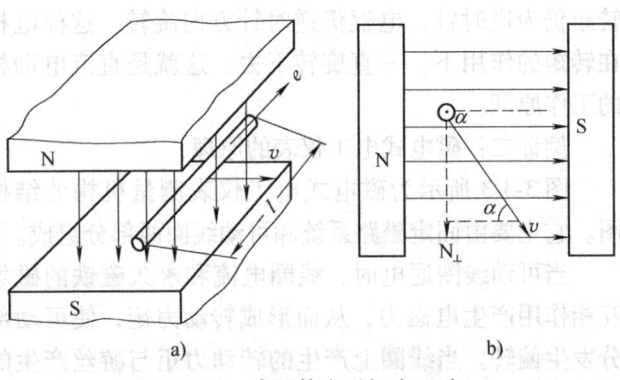

图3-4-1　直导体在磁场中运动

注意：感应电动势的方向可用右手定则判定：将右手伸平，拇指与其余四指垂直，让$B$线垂直穿进掌心，拇指指向导体运动的方向，则四指所指方向就是感应电动势的方向。

2. 回路中的感应电动势

人们通过实验发现，当回路中的磁通发生变化时，回路中就会产生感应电动势。实验证明，单匝回路中的感应电动势与变化的磁通之间满足如下关系：

$$e = -\frac{\Delta \Phi}{\Delta t} \tag{3-4-3}$$

式中，$\frac{\Delta \Phi}{\Delta t}$ 是回路所包围的磁通 $\Phi$ 对时间的变化率。

由此可见，回路中感应电动势的大小取决于磁通的变化率，而不取决于磁通的大小。通过回路的磁通变化越快，产生的感应电动势就越大；反之，变化越慢，感应电动势就越小。若磁通不变，即使磁通再大，回路中也没有感应电动势产生。

物理学家楞次发现：在规定回路中，感应电动势的参考方向与磁通参考方向符合右手螺旋法则的情况下，当磁通增加（即 $\frac{\Delta \Phi}{\Delta t} > 0$）时，感应电动势的方向与规定参考方向相反，$e < 0$，此时感应电流 $i$ 所产生的磁通 $\Phi_i$ 的方向与原磁通 $\Phi$ 的方向相反，削弱原磁通的增加，如图 3-4-2a 所示；而当磁通减小（即 $\frac{\Delta \Phi}{\Delta t} < 0$）时，感应电动势的方向则与规定参考方向相同，$e > 0$，此时感应电流 $i$ 所产生的磁通 $\Phi_i$ 的

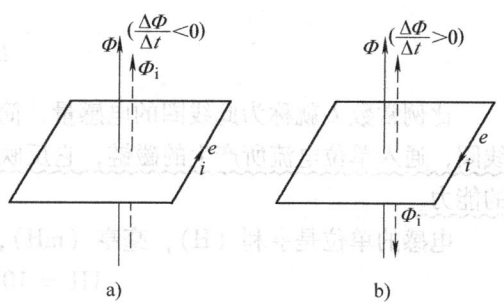

图 3-4-2　回路中磁通变化时感应电动势的方向
a) 磁通减少时　b) 磁通增加时

方向与原磁通 $\Phi$ 的方向相同，补偿原磁通的减小，如图 3-4-2b 所示。综上所述，感应电动势引起的感应电流总是阻碍回路包围的原磁通的任何变化，这就是式（3-4-3）中负号的含义。

式（3-4-3）是回路为一匝线圈的电磁感应定律表达式，对于匝数为 $N$ 的线圈则有

$$e = -N\frac{\Delta \Phi}{\Delta t} \tag{3-4-4}$$

这就是麦克斯韦电磁感应定律的数学表达式，定律内容可简述如下：回路中的感应电动势等于回路包围的磁通链（$N\Phi$）变化率的负值。

## 二、电感与自感现象

在电路中经常用到漆包线在绝缘骨架上或铁心上绕制而成的线圈器件，称此为电感线圈，它在电路中具有滤波，阻交流通直流，谐振等作用。常见的电感器如图 3-4-3 所示。

1. 电感线圈的电感

对于一个 $N$ 匝的电感线圈，当通入电流 $I$ 后，线圈的内外必然产生磁场，穿过线圈内的磁通 $\Phi$ 与线圈的线匝像链条一样彼此交链，当线圈绕的很紧密时，所有磁通 $\Phi$ 与线圈的每一匝都交链。我们将磁通 $\Phi$ 和匝数 $N$ 的乘积称为磁通链，简称磁链，用 $\Psi$ 表示。

$$\Psi = N\Phi \tag{3-4-5}$$

当线圈中间和周围是非铁磁性物质时（例如空气等），线圈的磁链 $\Psi$ 与产生磁场的电流 $I$ 成正比，其比例常数用 $L$ 表示，即

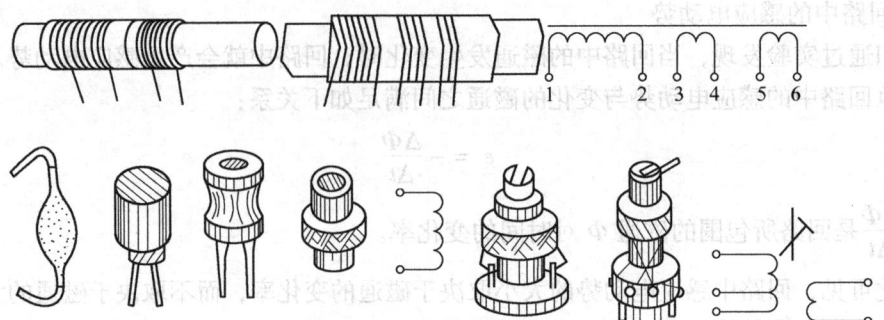

图 3-4-3　常见的几种电感器

$$L = \frac{\Psi}{I} \tag{3-4-6}$$

比例常数 $L$ 就称为此线圈的电感量，简称电感，又称自感系数。电感 $L$ 的大小等于一个线圈，通入单位电流所产生的磁链，它反映了此线圈的产生磁场的能力，或说储存磁场能量的能力。

电感的单位是亨利（H），毫亨（mH），微亨（μH），它们的关系是：
$$1H = 10^3 mH = 10^6 \mu H$$

💡 提示：一个线圈电感量的大小主要决定于该线圈的几何尺寸，线圈的匝数及磁介质的磁导率（磁介质的材料性质）。

例如：对环形螺线管，如图 3-4-4a 所示。实验证明其电感量为
$$L = \frac{\mu N^2 S}{l} \tag{3-4-7}$$

式中，$\mu$ 为螺线管芯的介质磁导率；$N$ 为线圈的匝数；$S$ 为螺线管的横截面积；$l = 2\pi r$ 为螺线管轴线平均长。

对长直螺线管，如图 3-4-4b 所示，其电感量为
$$L = \frac{\mu N^2 \pi d^2}{4l} \tag{3-4-8}$$

式中，$l$ 为螺线管长度；$d$ 为螺线管的直径。

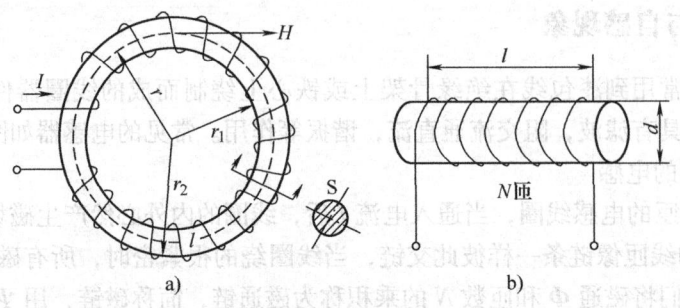

图 3-4-4　两个电感线圈
a）环形螺线管　b）长直螺线管

线圈中用非铁磁性物质作介质（例如空心线圈）时，电感 $L$ 为常数，$\Psi$ 和 $i$ 是线性关系，这样的电感线圈称为线性电感。如果线圈中的磁介质是铁磁性物质，则电感将随电流的强弱而变化，不是常数，这类电感称为非线性电感。

### 2. 自感现象

当电感线圈中的电流发生变化时，线圈内的磁通也随之变化，这时，变化的磁通将使线圈中产生感应电动势。这种由线圈自身的电流变化引起的电磁感应现象就称为自感现象。所产生的感应电动势叫做自感电动势。根据式（3-4-4），线性电感线圈的自感电动势为

$$e_L = -N\frac{\Delta \Phi}{\Delta t} = -\frac{\Delta \Psi}{\Delta t} = -L\frac{\Delta i}{\Delta t} \tag{3-4-9}$$

应用式（3-4-9）时，必须规定 $e_L$ 和 $i$ 的参考方向一致。上式表明，自感电动势的大小与电流的变化率成正比，与电流大小无关，即符合麦克斯韦电磁感应定律。此外，产生的自感电动势大小还与线圈的电感量 $L$ 成正比，$L$ 越大，$e_L$ 也越大。

### 3. 电感元件

电路分析时，为了突出研究自感现象及其规律，设想一种电感元件。这种电感元件只有电感及储存磁场能量的特性。在电路模型中，用图3-4-5所示的图形符号及文字符号 $L$ 表示，简称电感元件，其电感 $L$ 是参数。在选择电感元件上电压参考方向与电流参考方向一致时，则有：

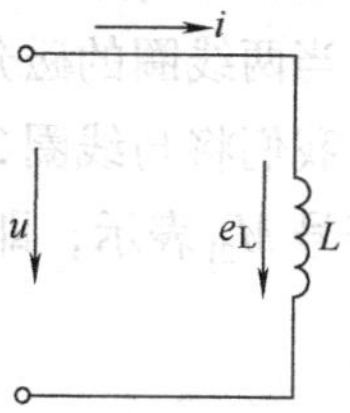

$$u + e_L = 0$$

图3-4-5　电感的符号

于是有

$$u = -e_L = L\frac{\Delta i}{\Delta t} \tag{3-4-10}$$

式（3-4-10）就是电感元件上电压和电流的瞬时值之间的基本关系式。它说明电感元件的电压与流过电流的变化率成正比。也可以说，当变化的电流流过电感 $L$ 时，便产生电压 $u$。在直流电路中，电流不变化，电感元件上的电压为零，相当于短路。因此，在前面直流电路中没有考虑电感元件。

当变化的电流通过电感元件时，产生电感电压 $u$，则外部供给电感元件的功率也是变化的，某一瞬时的功率为

$$p = ui = Li\frac{\Delta i}{\Delta t}$$

如果通电流前瞬间 $t_0$ 时刻 $i_0 = 0$，那么通电流之后，经过一定时间后，线圈内储存的磁场能量经过实验和理论分析得知为

$$A_L = \frac{1}{2}Li^2 \tag{3-4-11}$$

和电容元件相似，已经充好磁的电感元件若换接到一个电阻 $R$ 上，电感便释放磁场能量变成电能消耗在电阻上。因此，我们可以认为电感元件也是一个储能元件。

## 三、互感现象

设有两个相邻放置的线圈，如图3-4-6所示，其匝数分别为 $N_1$ 和 $N_2$。

线圈1中通有变化的电流 $i_1$，它所产生的磁通为 $\Phi_{11}$，$\Phi_{11}$ 的参考方向与 $i_1$ 的参考方向

符合右手螺旋法则。由于线圈 2 放在邻近，磁通 $\Phi_{11}$ 中将有一部分与线圈 2 交链，这部分磁通称为线圈 1 对线圈 2 的互感磁通，记作 $\Phi_{21}$。假如 $\Phi_{21}$ 全部与线圈 2 各匝交链，则线圈 1 对线圈 2 的互感磁链 $\Psi_{21} = N_2 \Phi_{21}$。当电流 $i_1$ 变化时，线圈 1 不仅有自感电动势 $e_{11}$ 产生，线圈 2 中也将有感应电动势 $e_{21}$ 产生。这种现象称为互感现象。在规定 $e_{21}$ 与 $\Phi_{21}$ 的参考方向符合右手螺旋法则的条件下，$e_{21}$ 应该为

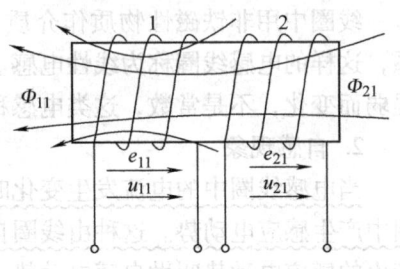

图 3-4-6 互感线圈

$$e_{21} = -N_2 \frac{\Delta \Phi_{21}}{\Delta t} = -\frac{\Delta \Psi_{21}}{\Delta t} \tag{3-4-12}$$

这一电动势 $e_{21}$ 称为互感电动势，方向如图 3-4-6 所示。

当两线圈的磁介质没有铁磁材料时，互感磁链 $\Psi_{21}$ 与产生它的电流 $i_1$ 之间的关系是线性的。我们将与线圈 2 交链的磁链 $\Psi_{21}$ 与产生它的电流 $i_1$ 的比值定义为互感系数，简称互感，用符号 $M_{21}$ 表示，即

$$M_{21} = \frac{\Psi_{21}}{i_1} \tag{3-4-13}$$

互感的单位也是亨利（H）。

对于线性互感，式（3-4-12）可写为

$$e_{21} = -M_{21} \frac{\Delta i_1}{\Delta t} \tag{3-4-14}$$

当规定互感电压的参考方向与互感电动势的参考方向一致时，则互感电压为

$$u_{21} = -e_{21} = M_{21} \frac{\Delta i_1}{\Delta t} \tag{3-4-15}$$

同理，当线圈 2 中流过变化的电流 $i_2$ 时，它所产生的磁通为 $\Phi_{22}$，$\Phi_{22}$ 中的一部分 $\Phi_{12}$ 与线圈 1 各匝交链，互感磁链 $\Psi_{12} = N_1 \Phi_{12}$。由于 $\Psi_{12}$ 随电流 $i_2$ 变化，线圈 1 中也会引起互感现象。所产生的互感电动势与互感电压分别为

$$e_{12} = -N_1 \frac{\Delta \Phi_{12}}{\Delta t} = -\frac{\Delta \Psi_{12}}{\Delta t} = -M_{12} \frac{\Delta i_2}{\Delta t}$$

$$u_{12} = M_{12} \frac{\Delta i_2}{\Delta t}$$

式中，$M_{12}$ 是线圈 2 对线圈 1 的互感，大小为

$$M_{12} = \frac{\Psi_{12}}{i_2}$$

实验证明，对于线性互感，$M_{12}$ 和 $M_{21}$ 是相等的。因此当只有两个线圈时，可以将下标省略，直接写作 $M$。这样，上面的公式便写为

$$M = \frac{\Psi_{12}}{i_2} = \frac{\Psi_{21}}{i_1} \tag{3-4-16}$$

$$e_{12} = -M \frac{\Delta i_2}{\Delta t} \qquad u_{12} = M \frac{\Delta i_2}{\Delta t}$$

$$e_{21} = -M\frac{\Delta i_1}{\Delta t} \qquad u_{21} = M\frac{\Delta i_1}{\Delta t} \tag{3-4-17}$$

从上式可以看出，$M$ 的大小反映了互感线圈之间产生互感电动势的能力。$M$ 越大，产生的互感电动势及互感电压就越大。而互感系数的大小主要取决于两线圈之间耦合的位置及紧密程度。这在工程实际应用时必须注意。

##  Δ 第五节　电磁感应的利用和避免举例

### 一、电磁感应的应用举例

工程上的很多电气设备和器件都是根据电磁感应原理制成的。典型的应用设备就是交、直流发电机。现以直流发电机的工作原理来说明。

图 3-5-1 所示的是直流发电机原理结构图。它和直流电动机的结构基本相同。

它的电枢由原动机（例如柴油机、汽轮机、水轮机等）拖动，以恒定的转速按逆时针方向旋转。当线圈的有效边 ab 和 cd 切割磁场运动时，便在其中产生感应电动势，其方向用右手定则确定，如图 3-5-1 所示瞬间，导体 ab 中的电动势方向由 b 指向 a，导体 cd 中的电动势则由 d 指向 c，从整个线圈来看，电动势的方向为 dcba。在这个电动势的作用下，外电路的电流自换向片 1 流到电刷 A，经负载，流至电刷 B 和换向片 2，进入线圈。此时，电流流出处的电刷 A 为正极，用"＋"表示；而线圈的 B 电刷处为负极，用"－"表示。

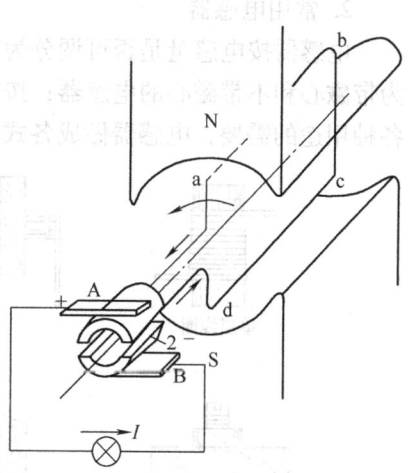

图 3-5-1　直流发电机原理结构图

电枢旋转180°后，导体 ab 和 cd 以及换向片 1 和 2 的位置同时互换，但同时电刷 A 通过换向片 2 与导体 cd 相连，所以电刷 A 的极性仍然为正；同样，电刷 B 的极性仍然为负。就是说，通过换向器和电刷的作用，及时的改变线圈与外电路的连接，使线圈方向交变的电动势变为电刷两端方向恒定的直流电动势，此电动势输出即为在外电路获得的直流电压。这就是直流发电机的工作原理。

交流发电机也是根据电磁感应原理制成的。

### 二、自感原理的应用举例

自感现象是电磁感应的一种特殊现象。它在电气及电子电路中被广泛应用。这里仅举两例，荧光灯中的镇流器和电子电路中常用的各种电感器。

1. 镇流器

镇流器是一只具有铁心的电感线圈。它在荧光灯工作电路中起两个作用：一是产生很高的自感电压来起动灯管导电发光，二是在灯管正常工作时起到分压限流的作用。

图 3-5-2 所示为荧光灯的原理图，当把电源开关合上后，加在灯管两端的电压是 220V，由于这个电压太低，不能使灯管内气体导电，这时，辉光起动器处于闭合状态，使镇流器和灯丝中通过电流，经过一个短暂的时间，辉光启动器自动断开，镇流器中电流突然减小到零，因此，镇流器两端产生很高的自感电压，它和电源电压一起加在灯管的两端，使灯管内气体因导电而发光。

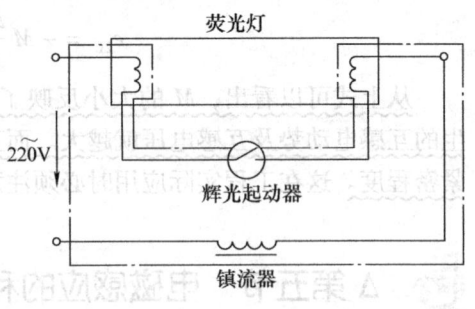

图 3-5-2　荧光灯工作原理

荧光灯正常工作后，镇流器和灯管串联后加在 220V 电源上，镇流器将分去将近一半的电压。这样，电源或电路中有波动时，镇流器起到限制电流，不致因电流过大损坏荧光灯管，故有镇流作用。

2. 常用电感器

电感器按电感量是否可调分为固定电感器，可变电感器和微调电感器；按导磁体性质分为带磁心和不带磁心的电感器；按接线结构分为单层线圈，多层线圈和蜂房式线圈。为适应各种用途的需要，电感器做成各式各样的形状，常用的电感器如图 3-5-3 所示。

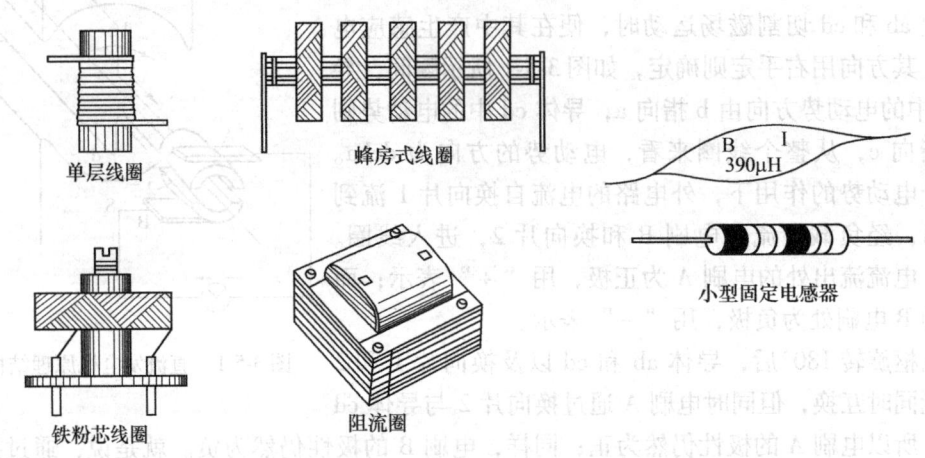

图 3-5-3　电感器的不同结构形式

固定电感器，又称色码电感器，铜线绕在磁心上，然后用环氧树脂包封而成。它体积小，结构牢固，防潮性好。分立式和卧式两种，广泛应用于各种电子设备中。

平层、多层和蜂房电感器。平层电感器采用粗导线密绕或间绕。它的电感量大约在几微亨（μH）至几十微亨，适用于高频电路中。多层电感器采用多层，分段绕制，其电感量大于 300μH。蜂房电感器是将导线以一定的偏转角度（约 19°~26°）在骨架上缠绕为蜂房式，可减少线圈的分布电容。

带磁心的电感线圈：线圈加装磁心后电感值和品质因数都将增大，所以这种线圈应用很广范，如晶体管收音机中的天线线圈，振荡线圈等。磁心材料用锰锌铁氧体，镍锌铁氧体等。

可变电感器和微调电感器：可变电感器的电感值可平滑均匀改变，采用三种方法：（1）在线圈中插入磁心或铁心，通过改变它们的位置来调节线圈的电感量。（2）在线圈上安装滑动的触点，通过改变触点上的位置来改变线圈的电感量。（3）将两个线圈串联，然后均匀改变线圈的相对位置达到互感量的变化，从而使线圈的电感量改变。微调电感线圈只在小范围内改变电感量，以满足整机调试的需要。如收音机中频调谐回路和振荡回路，用的就是微调线圈。当改变磁帽上下的相对位置，即可小范围的改变电感量。

阻流圈，又叫扼流圈，有高频和低频之分。高频扼流圈在电路中用来阻止高频信号通过，而让低频交流信号通过，电感量一般只有几微亨。低频扼流圈又称滤波线圈，一般由铁心和线圈构成。它与电容器组成滤波电路，消除整流滤波后的残存交流成分，让直流通过。电感量较大，一般为几亨（H）。

电感器的主要参数有：

（1）电感量及精度，根据使用情况来选择电感量的大小及要求的误差范围。例如：对高频电路中，线圈的电感量一般为 $0.1\mu H$；而在电源整流滤波电路中，线圈的电感量可达 1~30H。对振荡线圈的电感量误差较小，为 0.2%~0.5%；对耦合线圈和高频扼流圈的误差较宽，允许 10%~15%。

（2）线圈的品质因数 $Q$，用来表示线圈损耗的大小。线圈的品质因数为

$$Q = \frac{\omega L}{R} \tag{3-5-1}$$

式中，$\omega$ 为工作角频率；$L$ 为线圈的电感量；$R$ 为线圈的损耗电阻。$Q$ 的大小反映了线圈质量的高低。高频电感线圈通常为 50~300。对调谐回路的线圈 $Q$ 值要求较高。

（3）分布电容，分布电容是指电感线圈的匝与匝之间，线圈与地之间，线圈与屏蔽盒之间存在的寄生电容。分布电容的存在，将使线圈的品质因数下降，稳定性差，所以分布电容越小越好。

（4）额定电流，是指电感器长期工作不致损坏所允许通过的最大电流。它是在选用电流较大的电感器时应考虑的重要参数。

在选用电感器时，应明确其使用频率范围。例如：铁心线圈只能用于低频；铁氧体线圈、空心线圈可用于高频。其次要弄清楚线圈的电感量和适用的电压范围。因为电感器本身是磁感应元件，对周围的电感性元件有影响，安装时一定要注意电感元件之间的互相关系。

## 三、互感的利用举例

互感现象电磁感应的另一种特殊现象。人类利用互感现象也研制出各种电气设备。最典型的设备就是变压器和互感器。

变压器的应用非常广泛。它在电路中可改变电压、电流和阻抗，传递能量或传递信号，并可实现电气隔离。

电力变压器主要是三相变压器。小型、微型变压器以单相变压器为多数。电子电路中还可分为电源变压器、低频变压器、中频变压器、高频变压器、脉冲变压器等。

变压器的外形各异。图 3-5-4 所示仅为几种常见的单相电源变压器。但是，变压器的基本结构大致都是分为铁心、绝缘骨架、绕组及紧固零件等几部分。

其中，铁心是变压器磁路的主要部件，由硅钢片制成，绕组是由绝缘铜线绕制而成。分

一次绕组（原边），加输入电压 $u_1$；二次绕组（副边），输出电压为 $u_2$。为了在二次侧输出几个电压，可在二次绕组中加抽头或同时绕几个二次绕组。图 3-5-5a 所示是变压器的原理图。图 3-5-5b 是变压器在电路中的图形符号。

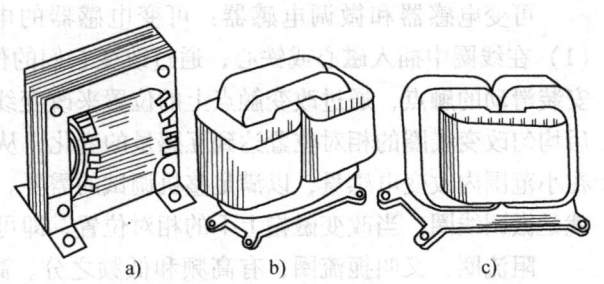

图 3-5-4 常见电源变压器
a）开敞直立式 b）CD 形铁心电源变压器
c）ED 形铁心电源变压器

1. 变压器的变压和电气隔离作用

图 3-5-5a 所示的变压器中，当一次侧绕组加一交变电压 $u_1$ 后，绕组中必然有交变电流 $i_1$ 通过。$i_1$ 产生的交变磁通 $\Phi$ 通过铁心及匝链一次绕组 $N_1$ 和二次绕组 $N_2$。在交变磁通 $\Phi$ 的作用下，在一次侧产生自感电动势 $e_1$，同时在二次侧产生互感电动势 $e_2$，这样，有

$$u_1 = -e_1 = N_1 \frac{\Delta \Phi}{\Delta t}$$

$$u_2 = e_2 = N_2 \frac{\Delta \Phi}{\Delta t}$$

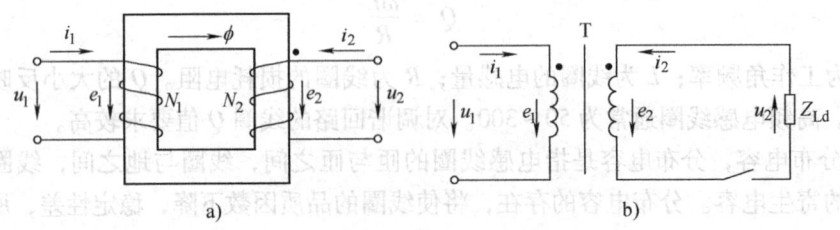

图 3-5-5 变压器的原理图及图形符号
a）变压器的原理图 b）符号图形

由上式可得

$$\frac{u_1}{u_2} = -\frac{N_1}{N_2} \tag{3-5-2}$$

式中，$u_1$ 为输入的交变电压；$u_2$ 为输出的交变电压；$N_1$ 为一次侧的匝数；$N_2$ 为二次侧的匝数。

在交流电一章中可得到，一、二次侧电压的有效值之间也有

$$\frac{U_1}{U_2} = \frac{N_1}{N_2} = k \tag{3-5-3}$$

式（3-5-3）表明，变压器通过一次和二次绕组的不同的匝数来实现交变电压的变换。比值 $k$ 称为变压器的变比。若 $k>1$，则为降压变压器；$k<1$ 则为升压变压器。从式 (3-5-2) 还可得变压器二次的输出电压 $u_2$ 与一次的输出电压相位相反。这就是变压器改变交变电压的作用。

由于变压器的一、二次侧绕组之间只有磁的联系，而没有电的联系，属两种不同电压等级的电路系统。故利用此性质，变压器可起到两种不同电气系统的隔离作用。

## 2. 变压器的变流作用

当二次侧接上负载后，输出电流 $i_2$，一次侧则从电源吸收电流 $i_1$，若不考虑变压器本身的损耗，则有，一次侧从电源吸收的功率等于二次侧输出给负载的功率，即

$$u_1 i_1 = u_2 i_2$$

或

$$\frac{i_1}{i_2} = \frac{u_2}{u_1} = -\frac{N_2}{N_1} = -\frac{1}{k}$$

$i_1$ 和 $i_2$ 的有效值之比为

$$\frac{I_1}{I_2} = \frac{N_2}{N_1} = \frac{1}{k} \tag{3-5-4}$$

式（3-5-4）表明了变压器有变换交变电流的作用，且当负载增加时，二次侧电流 $I_2$ 要增大，根据能量守恒定律，一次侧从电源吸收的电流 $I_1$ 也必然增加。$I_1$ 和 $I_2$ 的大小比值与其匝数比成反比。

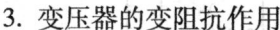

提示：变压器中高压侧的绕组电流小，低压侧（例题中的副边）的绕组电流大。可以此来辨别绕组：匝数多，导线细的绕组侧是高压侧；而匝数少，导线粗的绕组侧是低压侧。

## 3. 变压器的变阻抗作用

如果在二次侧接上负载 $Z_{Ld}$，如图 3-5-6a 所示，则从一次侧看进去的输入端阻抗为

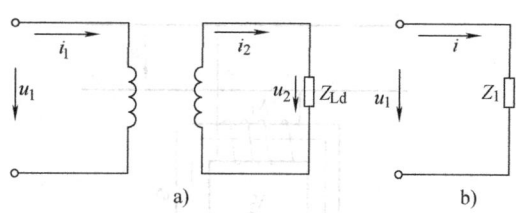

图 3-5-6 变压器的变阻抗作用

$$Z_1 = \frac{U_1}{I_1} = \frac{kU_2}{\frac{1}{k}I_2} = k^2 \frac{U_2}{I_2} = k^2 Z_{Ld} \tag{3-5-5}$$

从式（3-5-5）看出，变压器能使阻抗改变。即二次侧阻抗 $Z_{Ld}$ 折合到一次侧以后的值为 $k^2 Z_{Ld}$。图 3-5-6b 是图 3-5-6a 的等效电路。在电子线路中常用的输入和输出变压器，就是通过变换阻抗达到阻抗匹配的目的，以使负载获得最大功率。一次侧所需要的阻抗为 $Z_1$，变压器的匝数比只要满足

$$k = \sqrt{\frac{Z_1}{Z_{Ld}}} \tag{3-5-6}$$

即可实现。

为了保证变压器长期可靠的工作，并具有良好的性能，变压器上都有额定值，它是对变压器正常工作的使用规定，其中主要有以下几个。

（1）额定容量 $S_e$  $S_e$ 表示变压器在额定条件下输出能力的保证值。指的是变压器二次输出视在功率的保证值。对单相变压器有

$$S_e = U_{2e} I_{2e} \approx U_{1e} I_{1e} \tag{3-5-7}$$

（2）额定电压 $U_{1e}$ 和 $U_{2e}$  $U_{1e}$ 是一次侧绕组的输入电压保证值。$U_{2e}$ 是二次输出电压保证值。

（3）额定电流 $I_{1e}$ 和 $I_{2e}$  额定电流是根据允许发热条件所规定的绕组允许通过的最大电流值。$I_{1e}$ 是一次侧额定电流，$I_{2e}$ 是二次侧的额定电流。

以上额定数据是我们正确选择和使用变压器的依据。

### 4. 互感器

互感器在电气测量中与仪表配套测量高电压和大电流，工程上称之为仪用互感器。它可使普通的电压表和电流表测出高电压及大电流，另一方面可使测量回路与被测回路隔离，保证操作人员的安全。所以应用十分广泛。

(1) 电压互感器　电压互感器实质上是一个降压变压器。图3-5-7所示为其原理图。它的一次绕组匝数 $N_1$ 很多，并接在高压被测线路上。二次绕组匝数 $N_2$ 较少，接在电压表上。根据被测电压的高低，选择变比不同的互感器，互感器的二次侧电压为100V，这样选量程100V的电压表即可测出高压一侧电压。

(2) 电流互感器　电流互感器的一次绕组匝数 $N_1$ 很少，一般只有一匝到几匝；二次侧绕组匝数很多。一次绕组串接在被测线路中，流过被测电流，而二次绕组与电流表构成回路。图3-5-8所示为其原理图。它实质是一个升压降流变压器，选不同变比的互感器测量不同的大电流。

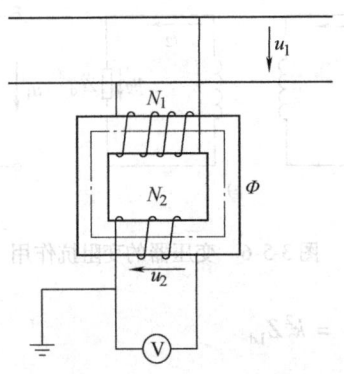

图3-5-7　电压互感器原理图

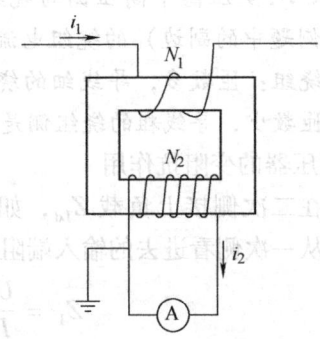

图3-5-8　电流互感器原理图

### 四、自感和互感现象的不良影响的防护

自感和互感现象在被广泛应用的同时，也不容忽视它们对电气设备及电路带来的不良影响。例如在整流电路和直流电路中带有电感性质的负载（例如整流二极管、晶闸管、电磁吸盘等），在接通或切断电路时，由于线路上的电流突然变化，在线圈上就产生很大的自感电动势，这样易使相连的电气元件因过电压而击穿损坏。又如电力传输线路与通信传输线路平行架设时，电力线中的电流变化产生磁场变化，在通信线路中产生互感电动势，其结果就影响了正常的通信等等。

为了避免一些不良影响和后果，一般采取以下防护措施。

#### 1. 阻容放电电路的设置

图3-5-9a所示电路，为防止开关S打开时，由于变压器二次绕阻中的电流突然变化而产生的过电压殃及到整流二极管，将由电容 $C$ 和电阻 $R$ 串联组成的阻容放电电路并联在二次绕组两端。这样，使绕组中储存的磁场能量很快通过电容和电阻释放并损耗，从而避免过高的电压产生。

图3-5-9b所示为电磁吸盘线圈的电路，为防止开关打开时，电磁吸盘线圈中产生过电压，也并联阻容放电电路。

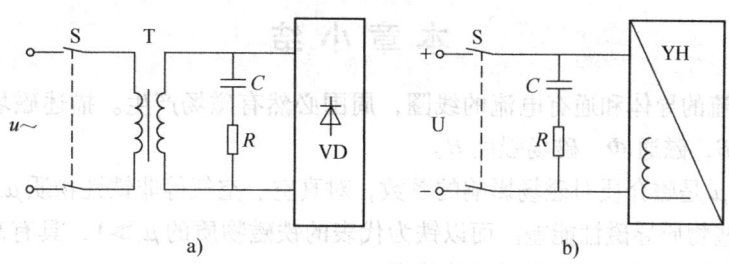

图 3-5-9 阻容放电电路
a) 交流阻容放电电路 b) 直流阻容放电电路

## 2. 利用屏蔽罩避免互感

利用铁磁材料做成屏蔽罩,将线圈放在罩内,如图 3-5-10 所示。因为铁磁材料的磁导率比空气大许多倍,故外界磁场的磁通只经过屏蔽罩而不进入罩内(见图 3-5-10a)。同样,罩内线圈产生的磁通几乎全部通过屏蔽罩,而不会穿出罩外(见图 3-5-10b)。因而避免了罩内外元件磁场的影响,起到了减少互感的作用。

## 3. 线圈相互垂直放置消除互感

将相距较近的两线圈垂直放置,如图 3-5-11 所示。从图 3-5-11a 可以看出,第一个线圈所产生的磁通与第二个线圈不交链;而当第二个线

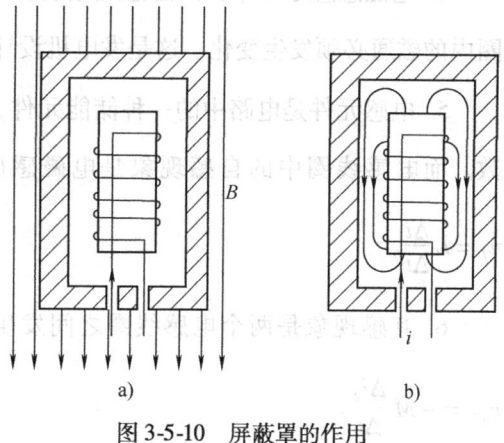

图 3-5-10 屏蔽罩的作用

圈中所产生的磁通交链到第一个线圈时,线圈上部与线圈下部的磁通方向相反,如图 3-5-11b所示。因此,产生的互感电动势互相抵消,起到了消除互感的作用。

## 4. 利用交叉消除互感

为了避免几对导线间的互感,还可利用交叉或绞和的方法,如图 3-5-12 所示。这时当甲对线路通过变化的电流时,在乙对线路的任一根导线的各小段上,所产生的互感电动势方向相反,因此达到了消除互感的作用。

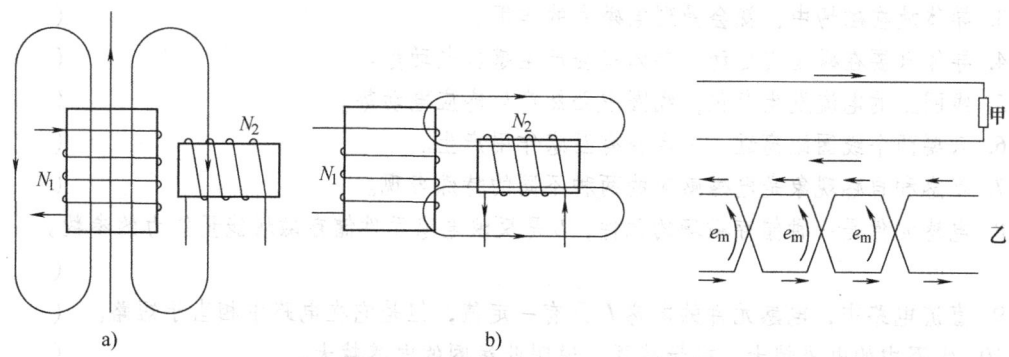

图 3-5-11 垂直放置线圈消除互感　　　图 3-5-12 利用交叉消除互感

## 本 章 小 结

1. 载有电流的导体和通有电流的线圈，周围必然有磁场产生。描述磁场的基本物理量有磁感应强度 $B$，磁通 $\Phi$，磁场强度 $H$。

2. 磁导率 $\mu$ 是磁介质对磁场影响的系数，对真空、空气等非铁性物质 $\mu_r \approx 1$，即 $\mu$ 和 $\mu_0$ 近似相等，这些物质导磁性能差。而以铁为代表的铁磁物质的 $\mu_r \gg 1$，具有高导磁性，但它们同时具有饱和性，磁滞性和剩磁性等特点。

3. 磁场对载流导体要产生电磁力 $F = BIl$，这个重要规律是各种电动机设计制造的重要依据。

4. 电磁感应定律中：产生感应电动势的条件是导体和磁场必须有相对切割运动，或线圈内的磁通必须发生变化。这是发电机设计制造的重要依据。公式为 $e = Blv$ 和 $e = -N\dfrac{\Delta \Phi}{\Delta t}$。

5. 电感元件是电路中的一种储能元件，电感 $L$ 是反映电感线圈储存磁场能力的重要参数。而电感线圈中的自感现象是电磁感应定律的一种特殊情况。公式为 $e_L = -L\dfrac{\Delta i}{\Delta t}$ 或 $u_L = L\dfrac{\Delta i}{\Delta t}$。

6. 互感现象是两个电感线圈之间发生的一种电磁感应现象。公式为 $e_{M2} = -M\dfrac{\Delta i_1}{\Delta t}$ 和 $e_{M1} = -M\dfrac{\Delta i_2}{\Delta t}$。

7. 电磁感应、自感、互感及磁场对载流导体产生作用力等电磁规律被实际工程中广泛应用。

## 练习及思考题

### 一、判断对错

1. 电流周围必然伴随着磁场产生，且电流越大磁场越强。（　　）
2. 当电流一定时，线圈内放一块铁块，则产生的磁场会增强很多。（　　）
3. 导体放在磁场中，就会受到电磁力的作用。（　　）
4. 导体只要在磁场内运动，导体就会产生感应电动势。（　　）
5. 线圈上的电流发生变化，线圈中必然产生感应电动势。（　　）
6. 只要两个线圈距离近，一定会有互感作用产生。（　　）
7. 互感和自感现象是电磁感应的两种不同的特殊表现。（　　）
8. 电感元件是一种储存磁场的元件，$L$ 是反映电感元件储存磁场能量能力的参数。（　　）
9. 直流电路中，电感元件的电感 $L$ 具有一定值，但是它在电路中相当于短路。（　　）
10. 线圈中的电流越大，磁场越强，说明此线圈的电感越大。（　　）

### 二、看图判断或接线

1. 判断题图 3-1 中电路的磁场的方向或极性。

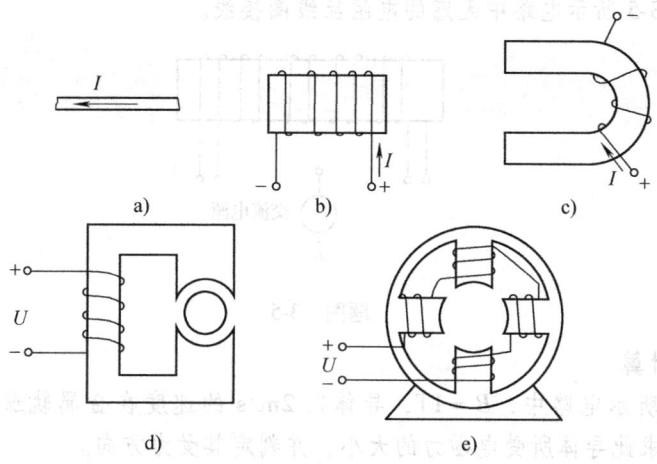

题图 3-1

2. 判断题图3-2所示电路中导体受力的方向。

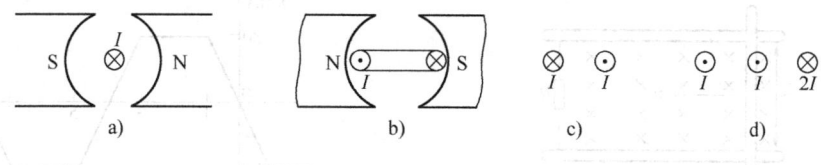

题图 3-2

3. 判断题图3-3所示电路中感应电动势的方向。

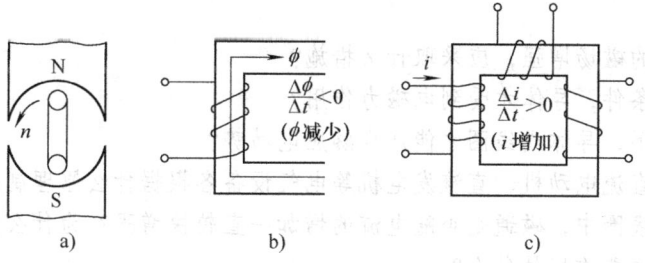

题图 3-3

4. 若使截流导体按图示方向运动，请完成题图3-4所示电路励磁绕组接线。

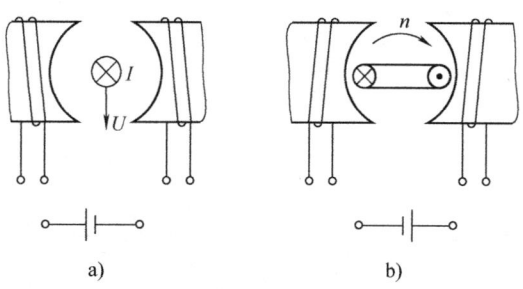

题图 3-4

5. 完成题图 3-5 所示电路中无感的电阻丝线圈接线。

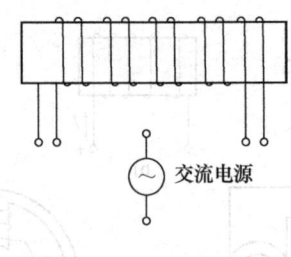

题图 3-5

### 三、分析和计算

1. 题图 3-6 所示电路中，$B=1T$，导体以 $2m/s$ 的速度在金属轨道上运动，已知 $L=0.5m$，$R=0.5$，求此导体所受电磁力的大小、并判定其受力方向。

2. 一线圈电感 $L=750mH$，通过如题图 3-7 所示电路的电流，试作出线圈自感电动势的波形图。

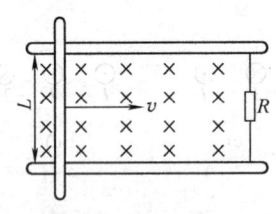

题图 3-6

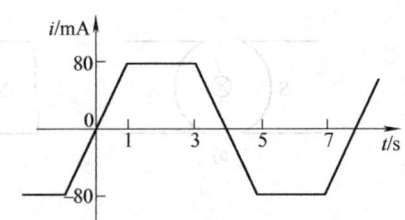

题图 3-7

### 四、思考题

1. 要使线圈的磁场增强，应采取什么措施？
2. 具备什么条件，导体才受到电磁力作用？
3. 什么条件下，导体或线圈才能产生感应电动势？
4. 电磁铁、直流电动机、直流发电机等电气设备各根据什么原理制成的？
5. 带铁心的线圈中，磁通是否随电流的增加一直较快增强？为什么？
△6. 变压器的主要作用是什么？

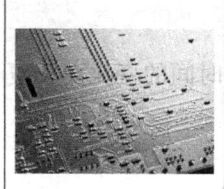

# 第四章

## 正弦交流电的基本概念

**教学目的**
1. 了解正弦交流电量的概念，掌握正弦电量的频率、有效值和相位差等。
2. 会用相量图表示正弦电量，进一步用相量方法进行计算。
3. 掌握正弦交流电路中 R、L、C 单参数表现的特点。

本章的主要内容有：正弦交流电量的基本概念和表达方法，以及 R、L、C 在正弦交流电路当中所表现的特点。

##  第一节　正弦交流电概述

电路中传递电能量和电信号的电流及电压等电量，就其随时间变化的规律来看，主要分为两大类：一类是前面所介绍的直流电量，其大小和方向均不随时间变化。另一类是交流电量，交流电量的特点是其大小和方向都随时间作周期性变化。在交流电路中，正弦交流电量的应用最为广泛。正弦交流电量，简称为正弦电量或正弦量，其大小随时间按正弦规律变化，且在一个周期内其平均值为零，其波形如图 4-1-1 所示。正弦交流电流流过的电路称为正弦交流电路。后面叙述的交流电和交流电路，如无特殊说明，就是指正弦交流电和正弦交流电路。

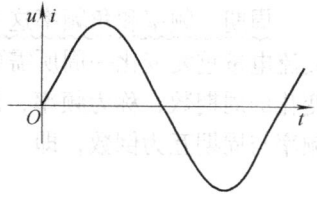

图 4-1-1　正弦交流电量的波形

正弦交流电获得广泛应用的主要原因是：第一，交流电易于产生、转换和传输，即交流发电机结构简单、性能良好、效率高，交流电可使用变压器变换电压的数值，既能方便经济地实现远距离输电（升高交流电压），又能保证安全用电（降低交流电压）。第二，交流用电设备结构简单，运行可靠，若需使用直流，利用电子整流设备可以很方便地将交流电转换成直流电。第三，从分析计算的角度来看，正弦周期函数是最简单的周期函数，且同频率的几个正弦量相加或相减仍呈正弦规律变化。其他非正弦周期电量可按傅立叶级数分解为直流分量和一系列不同频率正弦电量的组合，因此掌握了正弦电路的分析方法后，分析线性非正弦周期性电路也就容易了。

## 一、正弦交流电量的三要素

正弦交流电量的数值随时间按正弦规律变化，即它的大小和方向都随时间的变化而反复变化。在分析计算交流电路时，我们应首先写出正弦交流电量的数学表达式，画出它的波形图。为此，必须像直流电路那样，预先设定交流电量的参考方向。在如图4-1-2a 所示的一段电路中，通过正弦交流电流 $i$，其参考方向用箭头表示在电路中。当 $i$ 的实际方向与参考方向一致时，是正值，对应波形图的正半周；相反，当 $i$ 的实际方向与参考方向相反时，是负值，对应波形图的负半周。正弦交流电流 $i$ 的波形如图4-1-2b 所示。

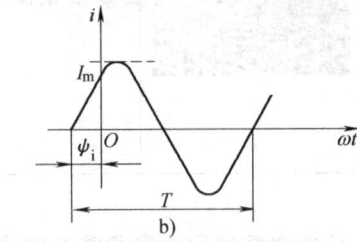

图 4-1-2　正弦交流电流的参考方向和波形图

与波形相对应，该正弦交流电流的数学表达式为

$$i = I_m \sin(\omega t + \psi_i) \tag{4-1-1}$$

式（4-1-1）称为正弦交流电流的瞬时值表达式。正弦交流电量在每一瞬时的数值，称为瞬时值。规定用字母 $i$、$u$、$e$ 分别表示正弦交流电流、电压和电动势的瞬时值。利用它们的瞬时值表达式可以计算出任一瞬时该电量的真实方向。式（4-1-1）与图 4-1-2 表明：<u>一个正弦交流电量的特征表现在它变化的最大值，（又称振幅 $I_m$），随时间变化的快慢（取决于 $\omega$）和起始值（$t = 0$ 时的数值，它取决于 $t = 0$ 时的角度 $\psi_i$）三个方面。描述这三个特征的物理量是最大值、角频率（频率）和初相角，它们被称为正弦交流量的三要素。</u>

### 1. 最大值（振幅）

正弦交流电量瞬时值之中的最大数值就称为最大值，用带 m 下标的大写字母表示，如 $I_m$、$U_m$、$E_m$ 就分别表示正弦交流电流、电压和电动势的最大值。<u>最大值表示了正弦量的变化幅度</u>。对一个确定的正弦交流电量，其最大值是一个常数。

### 2. 周期、频率和角频率

周期、频率和角频率这三个物理量都是用来表征正弦交流电量随时间变化快慢的。正弦交流电量重复变化一周所需要的时间，称为周期，用 $T$ 表示，其单位是 s。每秒内正弦电量变化的周期数，称为频率，用 $f$ 表示，频率的单位是 Hz，$1\text{Hz} = 1\text{s}^{-1}$。根据上述定义可知，频率与周期互为倒数，即

$$f = \frac{1}{T} \tag{4-1-2}$$

提示：在我国，发电厂提供的正弦交流电频率是 50 Hz，其周期 $T = \frac{1}{50}\text{s} = 0.02\text{s}$。这一频率为工业标准频率，简称工频。许多国家采用 50Hz 工频，也有一些国家采用 60Hz 为工频。在其他技术领域还使用着不同频率的交流电，如电热方面：中频炉的频率是 500 ~ 8000Hz，高频炉的频率是 200 ~ 300kHz；无线电技术方面采用的频率范围是 $10^5 \sim 3 \times 10^{10}$ Hz 等。

正弦交流电量变化的快慢还可以用角频率 $\omega$ 来表示。由于正弦量变化一周相当于变化了 $2\pi$ 弧度，角频率 $\omega$ 就是正弦量在单位时间（1s）内变化的角度，即

$$\omega = \frac{2\pi}{T} = 2\pi f \tag{4-1-3}$$

💡 *注意*：角频率的单位是弧度/秒（rad/s），工频交流电量的角频率 $\omega = 100\pi \text{rad/s} = 314 \text{rad/s}$。为了避免与机械角度相混淆，我们把正弦量随时间变化的角度称为时间电角度。因此，角频率又称为时间电角速度。

在交流电的波形图中，如图 4-1-3 所示，其横坐标轴既可使用时间 $t$ 来表示，也可用时间电角度 $\omega t$ 来表示，一个周期 $T$ 和 $2\pi \text{rad}$ 相对应。实际工程中用电角度表示较多。

3. 相位

正弦交流电量在每一瞬时的状态是不同的，具体表现在每一瞬时的数值不同（包括正负号及变化的趋势不同）。以图 4-1-4 所示的正弦电流 $i$ 为例，$\omega t = \omega t_1$ 时，对应波形图上的 $b$ 点，其瞬时值为 $b$ 点在纵坐标轴上的投影，变化趋势由小变大。而正弦交流电量在这瞬时的状态则由该瞬时对应的电角度（$\omega t_1 + \psi_i$）所决定。我们把<u>正弦交流电量在任意瞬时的电角度称为相位角，简称相位</u>。它反映了正弦交流电量随时间的进程，决定了它在每一瞬时的状态。当 $t = 0$ 时，<u>正弦电量的相位角 $\psi_i$ 称为初相角，又称初相位</u>。正弦交流电量在任何瞬时的相位都与初相位有关。

初相位 $\psi_i$ 的大小和正负与选择 $t = 0$ 这一计时点有关。在图 4-1-4 中，若选择 $O$ 点为计时起点，则初相角为 $\psi_i$，若选择 $a$ 点为计时起点，则初相角为零。

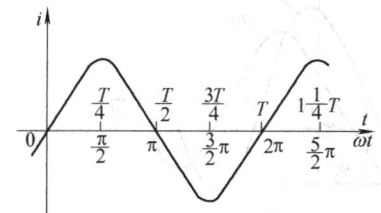
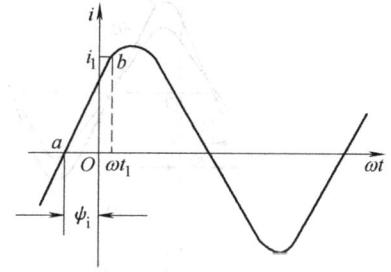

图 4-1-3  正弦电量波形图时间轴的标注　　　　图 4-1-4  正弦交流电量的初相位

💡 *注意*：在讨论中，我们习惯规定，正弦交流电量瞬时值由负值向正值变化经过的零点，到计时起点之间的电角度为初相位。由于正弦交流电量是周期性变化的，所以初相角一般都在绝对值小于 $\pi$ 的主值范围内取值，即取 $\psi \leq \pi$。图 4-1-4 中，当 $t = 0$ 时，$i(0) = I_m \sin\psi_i > 0$，可知 $\psi_i$ 为正值，在纵轴的左侧。当 $\psi_i$ 为负值时，$i(0) < 0$，$\psi_i$ 在纵轴右侧。若 $\psi_i = 0$，$i(0) = 0$。同一正弦交流电量，所取计时起点不同，初相位则不同，初始值也就不同。

## 二、两同频率正弦交流电量的相位关系

在同一线性电路中，若电源都是同频率的正弦交流电量，则各支路电流、电压也都是同频率的正弦交流电量，但是它们随时间变化的过程不一样。为了描述同频率正弦交流电量随时间变化过程的先后差别，我们引入了相位差这一概念。

两个同频率正弦电量的相位之差称为相位差，用 $\varphi$ 来表示。例如正弦电压为

$$u = U_m \sin(\omega t + \psi_u)$$

正弦电流为

$$i = I_m \sin(\omega t + \psi_i)$$

则 $u$ 与 $i$ 的相位差为

$$\varphi = (\omega t + \psi_u) - (\omega t + \psi_i) = \psi_u - \psi_i \tag{4-1-4}$$

可见，<u>两同频率正弦交流电量的相位差就是它们的初相位之差。相位差大小和正负的不同可反映出两正弦交流电量的相位关系。</u>图 4-1-5 所示为两个同频率正弦交流电压的几种不同相位关系，它们的初相位分别为 $\psi_1$ 和 $\psi_2$，则有

当 $\psi_1 = \psi_2$ 时，相位差 $\varphi = \psi_1 - \psi_2 = 0$，如图 4-1-5a 所示，$u_1$、$u_2$ 变化过程一致，我们称它们同相。

当 $\psi_1 > \psi_2$ 时，相位差 $\varphi = \psi_1 - \psi_2 > 0$，如图 4-1-5b 所示，$u_1$ 的变化过程总是领先于 $u_2$，我们称 $u_1$ 超前 $u_2$ 相位角 $\varphi$，或者说 $u_2$ 滞后 $u_1$ 相位角 $\varphi$。

当 $\psi_1 < \psi_2$ 时，相位差 $\varphi = \psi_1 - \psi_2 < 0$，如图 4-1-5c 所示，我们可以说，$u_1$ 滞后 $u_2$ 相位角 $\varphi$，或者说 $u_2$ 超前 $u_1$ 相位角 $\varphi$。

当 $\varphi = \psi_1 - \psi_2 = \pm\pi$ 时，如图 4-1-5d 所示，$u_1$ 和 $u_2$ 相位相反，称为反相。

💡注意：不同频率的正弦交流电量之间没有固定的相位差，也无法确定它们之间超前滞后关系，因此，讨论它们之间的相位差没有意义。

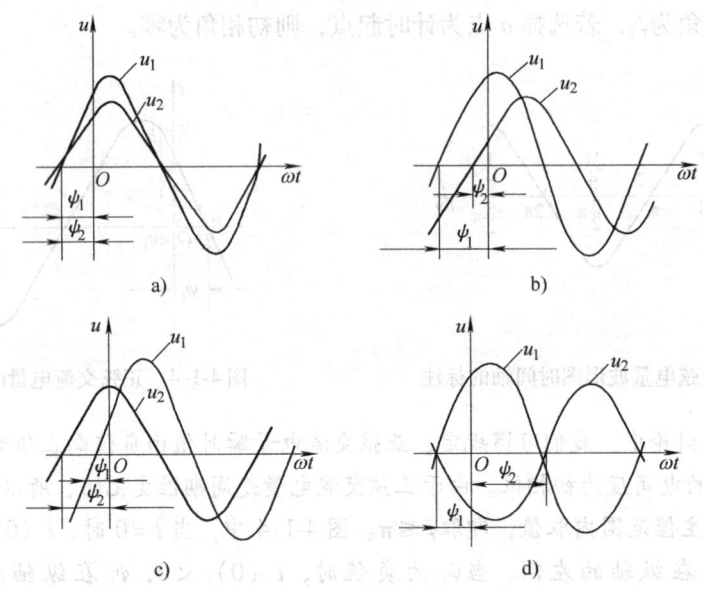

图 4-1-5 两同频率正弦交流电量的相位关系

【例 4-1-1】 已知流过某电器的电流及其两端的电压是同频率的正弦量。其频率 $f = 1000\text{Hz}$，电压最大值 $U_m = 100\text{V}$，电流最大值 $I_m = 10\text{A}$，在相位上电压超前电流 $60°$（$\dfrac{\pi}{3}$ rad），试写出该正弦交流电压和正弦交流电流的瞬时表达式，并画出其波形图。

**解**：正弦交流电压 $u$ 和电流 $i$ 的角频率：

$$\omega = 2\pi f = 2 \times 3.14 \times 1000 \text{rad/s} = 6280 \text{rad/s}$$

在多个同频率正弦交流电量比较时，只能选择一个起始点，为分析和计算方便，选一个正弦交流电量的初相角为零，称其为参考正弦量。并以此为准，确定其他正弦交流电量的初相位。

本题中，选电压为参考正弦电量，即 $\psi_u = 0$，则电流的初相位是

$$\psi_i = -\frac{\pi}{3}\text{rad} = -60°$$

所以，电压和电流的瞬时值表达式为

$$u = 100\sin 6280t \text{ V}$$

$$i = 10\sin\left(6280t - \frac{\pi}{3}\right) \text{ A}$$

它们的波形图如图 4-1-6 所示。

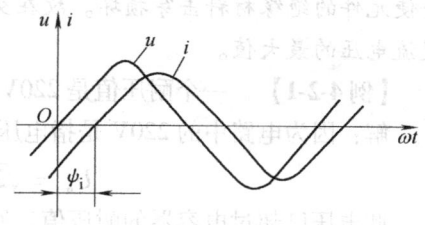

图 4-1-6　例 4-1-1 的电压和电流的波形图

##  第二节　正弦交流电量的有效值和平均值

在实际应用中，用瞬时值或最大值来表示正弦电量在电路中产生的效果（如发热、力、光等效应）既不确切，又不方便。为此，我们通常用"有效值"来表示正弦交流电量的大小。此外，在电子整流电路中，经常要求解"平均值"。对正弦电量也要求"平均值"。本节着重对它们进行介绍。

### 一、正弦交流电量的有效值

以正弦交流电流为例，<u>在相同的时间内，使一个交流电流做的功与一个定数值的直流做功相等，则这个直流电流的数值就称为该交流电流的有效值</u>。根据电流的热效应，正弦电流的有效值定义如下：正弦电流 $i$ 和直流电流 $I$ 分别流过阻值相同的电阻，如果在正弦电流的一个周期内它们所产生的热量相等，即热效应相同，我们就称直流电流的数值 $I$ 是该正弦电流的有效值。

根据数学推导得知，若有

$$i = I_m\sin(\omega t + \psi_i)$$

则有效值：

$$I = \frac{I_m}{\sqrt{2}} = 0.707 I_m \tag{4-2-1}$$

同样，也可以得出正弦电压和正弦电动势的有效值分别是

$$U = \frac{U_m}{\sqrt{2}} = 0.707 U_m \tag{4-2-2}$$

$$E = \frac{E_m}{\sqrt{2}} = 0.707 E_m \tag{4-2-3}$$

交流电量的有效值统一规定用大写字母 $I$、$U$、$E$ 表示，<u>正弦量的有效值分别是其最大值的 $1/\sqrt{2}$（即 0.707）倍</u>。

💡 *提示*：在实际应用中，一般所说交流电量的大小，都是指它的有效值。如民用交流电的电压是 220V，低压动力用电电压是 380V，均为有效值。各种交流电机、电气设备铭牌标注的电压、电流数值，交流电压表、电流表的指示数等也是有效值。一般只有在分析电气设备和电路元件的耐压、绝缘能力时，才采用最大值。当工作的实际电压超过耐压值时，就

会使元件的绝缘材料击穿损坏。故在交流电路中工作的元器件和电气设备，其耐压值应高于交流电压的最大值。

**【例 4-2-1】** 一个耐压值是 220V 的电容器，问它能否在 220V 交流电路中工作？

解：因为电路中的 220V 是指电压的有效值，它的最大值是

$$U_m = \sqrt{2}U = \sqrt{2} \times 220V \approx 311V$$

此电压已超过电容器的耐压值，所以此电容器不能用在 220V 的交流电路中。

## 二、正弦交流电量的平均值

实际的正弦电量在一个周期内的平均值是零，这没有研究和分析的价值。我们这里所说的平均值指的是一个周期内，正弦电量绝对值的平均值，用 $I_{av}$、$U_{av}$、$E_{av}$ 分别表示正弦电流、正弦电压、正弦电动势的平均值。

通过数学推导可知：

$$I_{av} = \frac{2}{\pi}I_m = 0.637I_m \tag{4-2-4}$$

$$U_{av} = \frac{2}{\pi}U_m = 0.637U_m \tag{4-2-5}$$

$$E_{av} = \frac{2}{\pi}E_m = 0.637E_m \tag{4-2-6}$$

##  第三节 正弦交流电量的旋转矢量表示法

前面已经说到，对一个正弦交流电量可以用瞬时表达式来表示，如正弦电流可以写成 $i = I_m\sin(\omega t \pm \psi_i)$，这是正弦电量的基本表示方法。它完整地表达了正弦电量变化的规律特征。只要知道正弦电量的三要素，就可以计算出它在任一时刻的瞬时值。根据瞬时值表达式，还可画出正弦电量的波形图，这种波形图能形象、直观地表示正弦电量。虽然上述两种表示方法都是分析正弦电量的有用工具，但计算起来，用瞬时表达式较为繁琐，用波形图计算又难以直接获得准确的结果。因此，我们又引入第三种表示方法——旋转矢量图法。用旋转矢量图表示正弦交流电量，它给我们分析计算一般交流电路提供了很多方便。

### 一、旋转矢量图法

所谓旋转矢量图法就是在直角坐标系中，用一个绕原点做逆时针方向旋转运动的矢量，来表示正弦交流电量的方法。图 4-3-1b 所示为上面说过的一个正弦电压的波形图，它的瞬时表达式是 $u = U_m\sin(\omega t + \psi_u)$，图 4-3-1a 是它对应的旋转矢量。

1) 旋转矢量用上面加"·"的最大值符号 $\dot{U}_m$（或 $\dot{I}_m$、$\dot{E}_m$）表示。其矢量长度就是最大值的数值。当 $t=0$ 时，旋转矢量与 $x$ 轴正向夹角为正弦电量的初始角 $\psi_u$。此时矢量在纵轴上的投影（即在 $y$ 轴上的坐标）为初始值 $U_m\sin\psi_u$。

2) 旋转矢量绕原点 $O$ 逆时针方向以 $\omega$ 角速度旋转，这样在任意瞬时 $t$，其角度是 $\omega t + \psi_u$，在纵轴上的投影为 $u = U_m\sin(\omega t + \psi_u)$，为此瞬时对应的正弦电量的瞬时值。当 $t = t_1$

时，$u(t_1) = U_m \sin(\omega t_1 + \psi_u)$，如图 4-3-1 所示。

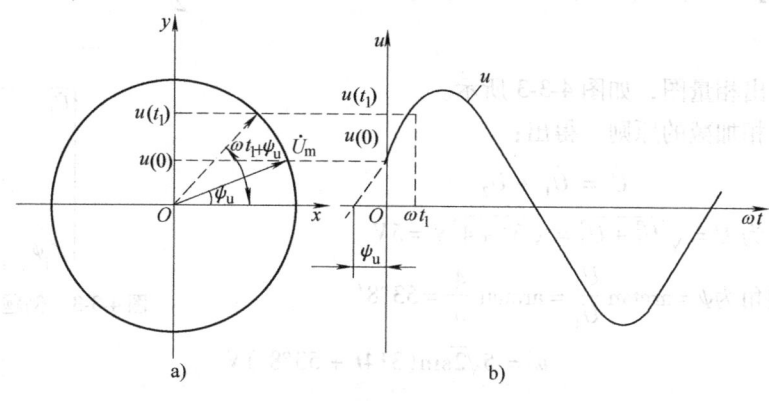

图 4-3-1 正弦电压的旋转矢量表示

从上述表示过程看，旋转矢量是时间的函数。虽然它不是正弦电量，但它的三个特征参数（长度、转速、与 $x$ 轴正向夹角）可以分别表示正弦电量的三个要素（最大值、角频率和相位角），同时也可方便地找到对应的瞬时值。今后，在坐标系中，只画出初始位置时的旋转矢量，就足以表示正弦电量了。

通常，我们常用正弦电量的有效值进行计算，而正弦电量的有效值和其最大值保持固定系数（$U = U_m / \sqrt{2}$），所以实际中，往往用有效值矢量替代最大值矢量，这并不影响对正弦电量的表示。不过，因为有效值矢量在纵轴上的投影不等于正弦电量的瞬时值，而且均在初始位置上表示，所以此种有效值矢量图是静止的，又称为相量图。同频率的几个正弦电量均在同一相量图上表示，而且可按相量相加减的原则很方便地进行正弦量计算。

注意：在这里，要特别说明的是，有效值相量和最大值相量仅仅是表达正弦电量的一种方法，是分析正弦电路的一种手段，它表示正弦电量确实为我们分析正弦交流电路提供了方便，这点以后会慢慢体会到。

在画相量图时，为更直观地表示几个同频率的正弦电量，可任选一个相量作参考相量，即它与 $x$ 轴正向夹角为零，其他相量可根据与参考相量的相位差依次画出来。坐标轴也可不再画出，使相量图更清晰简洁。图 4-3-2 表示的就是几个正弦电量的相量图。

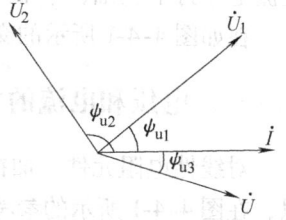

图 4-3-2 正弦电量的相量图

## 二、用相量图对正弦电量进行分析计算

用相量图分析同一电路中正弦电压、电流的相位关系：因为在同一电路中，各电压、电流均为同频率，在同一相量图上旋转方向相同（逆时针方向），转速 $\omega$ 也相同，所以在起始位置时，各正弦电量间的相位差，以后也不会变。这样，只要将它们画在同一相量图上，就能很直观地看出各量相位的超前、滞后情况。图 4-3-2 中，很容易知道几个电量超前滞后的顺序是：$\dot U_2$、$\dot U_1$、$\dot I$、$\dot U_3$，$\dot U_2$ 超前 $\dot U_1$ 的角度 $\psi_{u2} - \psi_{u1}$，$\dot U_1$ 超前 $\dot U_3$ 的角度是 $\psi_{u1} + \psi_{u3}$。

此外，通过相量图，根据几何图形关系，还可以对正弦电量进行计算。

【例4-3-1】 已知 $u_1 = 3\sqrt{2}\sin 314t$ V，$u_2 = 4\sqrt{2}\sin\left(314t + \dfrac{\pi}{2}\right)$ V，求 $u = u_1 + u_2$ 的瞬时表达式。

**解**：先画出相量图，如图4-3-3所示。

根据相量相加减的原则，得出：

$$\dot{U} = \dot{U}_1 + \dot{U}_2$$

$\dot{U}$ 的大小为 $U = \sqrt{U_1^2 + U_2^2} = \sqrt{3^2 + 4^2}\,\text{V} = 5\,\text{V}$

$\dot{U}$ 的初相角为 $\psi = \arctan\dfrac{U_2}{U_1} = \arctan\dfrac{4}{3} = 53°8'$

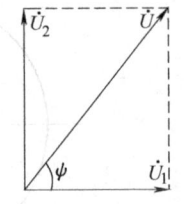

图4-3-3 例题4-3-1 相量图

得 $\qquad u = 5\sqrt{2}\sin(314t + 53°8')$ V

##  第四节　正弦交流电路中的电阻元件

正弦交流电路和直流电路相比，有很大差别，这在分析和计算电路时要特别注意。首先，正弦交流电路中电源电压、电流及功率是变化的，在分析电压和电流时，即要分析其大小，又要考虑其相位。电路中的负载既有电阻元件，又有电感元件和电容元件，它们对电路中的电压、电流及功率影响是不同的，因此，分析起来比直流电路复杂。为了对交流电路的电压、电流及功率有一个清楚的认识，先对单一参数元件（电阻元件、电感元件、电容元件）在交流电路中的特点进行分析，为后面分析较复杂的交流电路打下基础，本节对正弦交流电路中的电阻元件进行分析。

在如图4-4-1所示的交流电路中，只含有线性电阻元件 $R$。

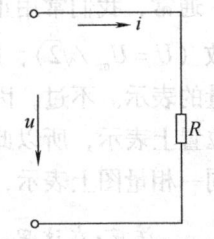

图4-4-1 电阻元件电路

### 一、电压和电流的关系

对线性电阻元件，加在它两端的电压和流过它的电流在任何时刻均遵守欧姆定律。所以，在图4-4-1所示的参考方向下有：

$$i = \frac{u}{R} \qquad (4\text{-}4\text{-}1)$$

若电阻 $R$ 两端所加的电压 $u = U_m\sin(\omega t + \psi_u)$，则流过电阻 $R$ 的电流是

$$i = \frac{u}{R} = \frac{U_m}{R}\sin(\omega t + \psi_u) = I_m\sin(\omega t + \psi_i)$$

从上式可知：

1) 流过电阻元件的电流和它两端的电压均按同频率的正弦规律变化。
2) 电压 $u$ 和电流 $i$ 相位相同，即 $\psi_u = \psi_i$。
3) 电压最大值和电流最大值的关系是

$$I_m = \frac{U_m}{R} \qquad (4\text{-}4\text{-}2)$$

式（4-4-2）两边同时除以$\sqrt{2}$，得到它们的有效值之间的关系是

$$I = \frac{U}{R} \text{ 或 } U = IR \tag{4-4-3}$$

图 4-4-2 所示为 $u$ 和 $i$ 的波形图和相量图。

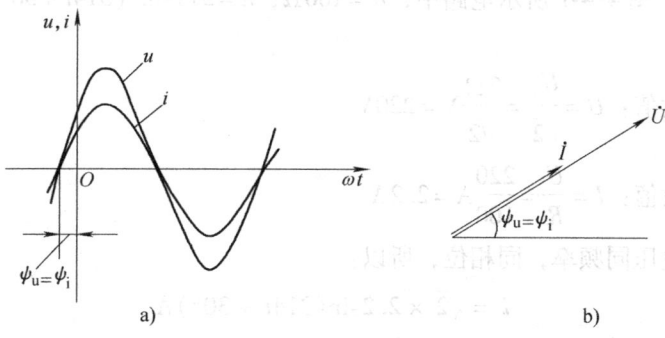

图 4-4-2 电阻电路中 $u$ 和 $i$ 的波形图和相量图

## 二、功率

在交流电路中，通过电阻元件的电流及其两端的电压是交变的，电阻吸收的电功率也必定随时间变化。电阻在每一瞬时所吸收的电功率称为瞬时功率，用小写字母 $p$ 表示，它等于同一瞬时电压、电流瞬时值的乘积，即

$$p = ui$$

现假定电阻 $R$ 两端的电压 $u = U_m \sin\omega t$，通过的电流 $i = I_m \sin\omega t$，则瞬时功率为

$$\begin{aligned} p &= ui = U_m\sin\omega t \cdot I_m\sin\omega t \\ &= U_m I_m \sin^2\omega t \\ &= \frac{U_m I_m}{2}(1 - \cos 2\omega t) \\ &= UI - UI\cos 2\omega t \end{aligned}$$

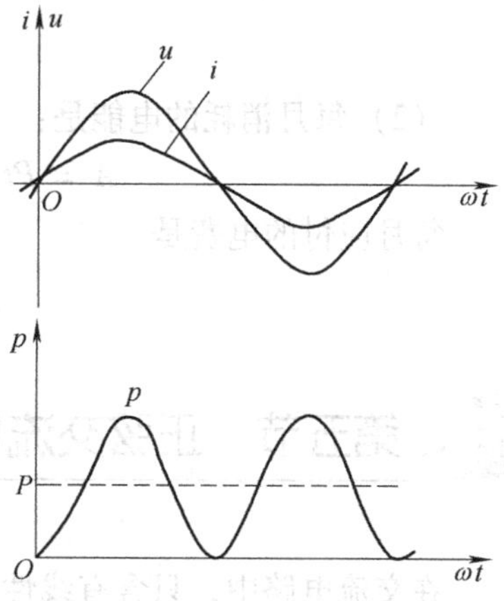

上式表明：瞬时功率是随时间变化的，并可认为由两部分组成。第一部分是电压、电流有效值的乘积 $UI$，是恒定值。第二部分是幅值为 $UI$，并以角频率 $2\omega$ 随时间变化的交变量 $UI\cos 2\omega t$。瞬时功率 $p$ 的波形如图 4-4-3 所示。

由于电阻元件的电压、电流同相位，它们的瞬时值总是同时为正或为负，所以瞬时功率 $p$ 总是为正值（正弦量零点 $p=0$）。这表明，电阻元件总是从电源吸收电能，并转换为热能或其他能量。

图 4-4-3 电阻元件瞬时功率波形图

瞬时功率 $p$ 随时间变化，不能表示电阻元件的实际耗能效果。为此，取瞬时功率 $p$ 在一个周期内的平均功率值，称为平均功率，用大写字母 $P$ 表示。平均功率又称为有功功率。根据瞬时功率的表达式，得到平均功率为

$$P = UI \tag{4-4-4}$$

将式（4-4-3）代入式（4-4-4），可得平均功率：

$$P = UI = I^2R = \frac{U^2}{R} \tag{4-4-5}$$

由此可知，当正弦电压、电流用它们的有效值表示时，电阻元件上的平均功率与直流电路中的功率计算公式相同。

**【例 4-4-1】** 图 4-4-1 所示电路中，$R=100\Omega$，$u=311\sin(314t+30°)$ V，求电流 $i$ 和平均功率 $P$。

**解**：电压有效值：$U = \dfrac{U_m}{\sqrt{2}} = \dfrac{311}{\sqrt{2}}\text{V} = 220\text{V}$

电流有效值：$I = \dfrac{U}{R} = \dfrac{220}{100}\text{A} = 2.2\text{A}$

因为电流和电压同频率，同相位，所以：

$$i = \sqrt{2} \times 2.2\sin(314t+30°)\text{A}$$

电路的平均功率是：

$$P = UI = 220\text{V} \times 2.2\text{A} = 484\text{W}$$

**【例 4-4-2】** 一个额定电压为 220V，功率为 1000W 的电阻炉，求：(1) 电阻炉的电阻值和额定电流；(2) 若每天使用 8h，每度电收费 0.64 元，问每月（以 30 天计）应付多少电费？

**解**：(1) 通常电器设备上标注的功率是指平均功率，所以电炉的电阻值是

$$R = \frac{U^2}{P} = \frac{220^2}{1000}\Omega = 48.4\Omega$$

电炉的额定电流是

$$I = \frac{P}{U} = \frac{1000}{220}\text{A} = 4.55\text{A}$$

(2) 每月消耗的电能是：

$$A = Pt = 1\text{kW} \times 8\text{h} \times 30 \text{天} = 240\text{kW·h}$$

每月应付的电费是

$$0.64 \times 240 \text{元} = 153.60 \text{元}$$

##  第五节　正弦交流电路中的电感元件

在交流电路中，只含有线性电感元件 $L$，如图 4-5-1 所示的电路。

图 4-5-1　电感元件电路

## 一、电压与电流的关系

前面已经讲过，对仅有电感 $L$ 的电路，在规定的参考方向下，其伏安关系是

$$u_L = L \frac{\Delta i_L}{\Delta t} \tag{4-5-1}$$

假定通过电感元件的电流是正弦电流，则

$$i_L = I_{Lm}\sin\omega t$$

则电感元件的端电压，根据数学推导得

$$u_L = \omega L I_m \sin(\omega t + 90°) = U_{Lm}\sin(\omega t + 90°) \tag{4-5-2}$$

由此可见：

1) 电感元件的电压和电流也是同频率变化的正弦电量。

2) 电感元件的电压 $u_L$ 与电流 $i_L$ 出现了相位差，$u_L$ 超前 $i_L$ 90°，或者说 $i_L$ 滞后 $u_L$ 90°，如图 4-5-2a 所示。为什么会出现这种情况呢？从式（4-5-1）可知，电压 $u_L$ 与电流对时间的变化率 $\frac{\Delta i_L}{\Delta t}$ 成正比。

波形图表明，当 $\omega t = 0$ 时，$i_L = 0$，但 $\frac{\Delta i_L}{\Delta t} > 0$，且为最大值，故电压 $u_L = U_{Lm}$。当 $\omega t = \frac{\pi}{2}$ 时，$i_L = I_{Lm}$ 为最大值，但 $\frac{\Delta i_L}{\Delta t} = 0$，则电压 $u_L = 0$。以下可依次分析，从而得知电压 $u_L$ 必超前 $i_L$ 90°，图 4-5-2b 为电压和电流的相量图。

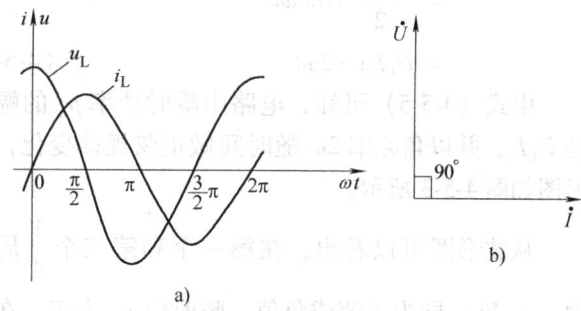

图 4-5-2 电感元件电压和电流波形图和相量图

3) 由电流和电压最大值之间的关系式（4-5-2）看出：

$$U_{Lm} = \omega L I_{Lm} \quad 或 \quad I_{Lm} = \frac{U_{Lm}}{\omega L}$$

若用有效值表示，电压和电流大小关系为

$$I_L = \frac{U_L}{\omega L} = \frac{U_L}{X_L} \tag{4-5-3}$$

4) 式（4-5-3）中 $X_L = \omega L$ 是电感元件中电压和电流有效值（或最大值）的比值，称为电感的电抗，简称感抗，其单位是 Ω。从式中看出：引入感抗 $X_L$ 之后，电感电压和电流的有效值之间具有欧姆定律的形式。当电压有效值 $U_L$ 一定时，感抗越大，电流的有效值 $I_L$ 越小。可以认为，感抗是表征电感元件对交流呈现阻力作用的一个物理量。

$$X_L = \omega L = 2\pi f L \tag{4-5-4}$$

即电感的感抗与其电感 $L$ 及电源的频率 $f$ 成正比。当电感 $L$ 为定值时，感抗 $X_L$ 只与 $f$ 有关。在电压 $U_L$ 为定值时，$f$ 越高，$X_L$ 越大，通过电感 $L$ 的电流 $I_L$ 就越小。利用电感线圈在高频时感抗 $X_L$ 大的特点，在实际应用时，可做成扼流线圈，以阻止高频电流的通过。而对于直流电流，因为 $f=0$，其感抗 $X_L = 0$，所以在直流稳态时，电感元件相当于短路。

> 注意:在单一电感参数电路中,电压、电流的瞬时值之间,并不具有欧姆定律的形式,既不存在比例关系,感抗 $X_L$ 也不能代表电压、电流瞬时值的比值。

## 二、功率

只含电感元件的交流电路中,电感电压和电流瞬时值的乘积也称为该电路的瞬时功率,用 $p_L$ 表示,即

$$\begin{aligned} p_L &= u_L i_L \\ &= U_{Lm}\sin(\omega t + 90°) \times I_{Lm}\sin\omega t \\ &= U_{Lm}I_{Lm}\cos\omega t\sin\omega t \\ &= \frac{U_{Lm}I_{Lm}}{2}\sin2\omega t \\ &= U_L I_L \sin2\omega t \end{aligned} \qquad (4\text{-}5\text{-}5)$$

由式(4-5-5)可知,电路中瞬时功率 $p_L$ 的幅值是 $U_L I_L$,并以角频率 $2\omega$ 随时间做正弦规律变化,波形图如图4-5-3所示。

从波形图可以看出,在第一个和第三个 $\frac{1}{4}$ 周期内,$u_L$ 和 $i_L$ 同为正值或负值,瞬时值 $p_L$ 为正。在此

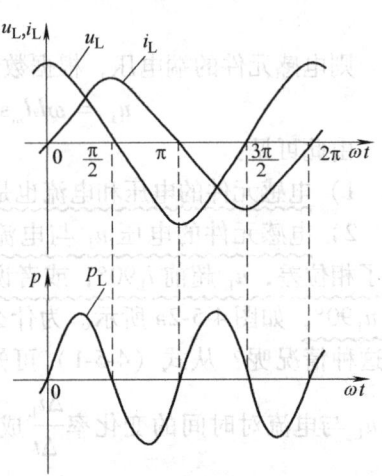

图4-5-3 电感元件瞬时功率波形图

期间,由于 $i_L$ 从零增长到最大值,这时电感从电源吸收电能转换成磁场能量储存在磁场中,当电流 $i_L$ 达到最大值时,它所储存的磁场能量也达到最大值,且有

$$W_L = \frac{1}{2}LI_{Lm}^2 = LI_L^2 \qquad (4\text{-}5\text{-}6)$$

在第二个和第四个 $\frac{1}{4}$ 周期内,$u_L$ 和 $i_L$ 一个为正值,另一个为负值,故瞬时功率 $p_L$ 是负值。在此期间,电流 $i_L$ 从最大值下降到零,电感元件中所建立的磁场也随时间在消失,这期间电感中储存的磁场能量释放出来,转换为电能返还电源。

在以后的每个周期中都重复上述过程。由于电路中不考虑电阻,因此,没有能量消耗。只是电感元件和电源之间进行能量交换,所以其平均功率 $P=0$。

由上述可知,电感元件在交流电路中,虽然不消耗电能,但它还要和电源不断进行能量交换。为了衡量这种电能交换的规模,我们取瞬时功率的最大值,即电压和电流有效值的乘积作为它们能量交换规模的大小,用 $Q_L$ 来表示,即

$$Q_L = U_L I_L = I_L^2 X_L \qquad (4\text{-}5\text{-}7)$$

我们称 $Q_L$ 为无功功率,其量纲和平均功率相同,但为了从概念上将二者加以区别,无功功率单位用乏(var)或千乏(kvar)表示。

【例4-5-1】 一电感元件,其电感 $L=19.1\text{mH}$,接在电压 $u=311\sin(314t+30°)$ V 的电源上。试求:(1)电感元件的电抗、电流和无功功率是多少?(2)若电源频率增加为原来的2000倍,其电感元件的感抗、电流有效值和无功功率又是多少?

**解**：(1) 电感元件的感抗：

$$X_L = \omega L = 314 \times 19.1 \times 10^{-3}\Omega \approx 6\Omega$$

电流的有效值：

$$I_L = \frac{U_L}{X_L} = \frac{U_m}{\sqrt{2}X_L} = \frac{311\text{V}}{\sqrt{2} \times 6\Omega} \approx 36.67\text{A}$$

因为电流在相位上滞后电压 90°，但频率相同，所以有：

$$i_L = \sqrt{2} \times 36.67\sin(314t - 60°)\text{A}$$

无功功率：

$$Q_L = U_L I_L = \frac{311}{\sqrt{2}}\text{V} \times 36.67\text{A} = 8.067\text{kvar}$$

(2) 电源频率增大原来的 2000 倍后，电抗为

$$X'_L = 2000\omega L = 2000 \times 6\Omega = 12\text{k}\Omega$$

电流有效值：

$$I'_L = \frac{U_m}{\sqrt{2}X_L} = \frac{311\text{V}}{\sqrt{2} \times 12 \times 10^3\Omega} = 0.018\text{A}$$

无功功率：

$$Q_L = U_L I_L = 220\text{V} \times 0.018\text{A} = 3.96\text{var}$$

##  第六节 正弦交流电路中的电容元件

在交流电路中，只含有电容元件 $C$，如图 4-6-1 所示。

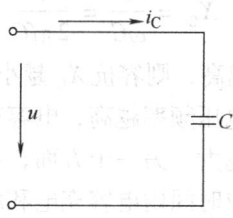

图 4-6-1 电容元件电路

### 一、电压和电流的关系

前面已经讲过，对仅有电容元件 $C$ 的电路，在规定的参考方向下，其伏安关系为

$$i_C = C\frac{\Delta u_C}{\Delta t} \tag{4-6-1}$$

若电容两端接入正弦电压 $u_C = U_{Cm}\sin\omega t$，则通过理论推导，电容元件上的电流为

$$i_C = C\omega U_{Cm}\cos\omega t = I_m\sin(\omega t + 90°) \tag{4-6-2}$$

由此可知：

1)电容元件的电压 $u_C$ 和电流 $i_C$ 也是同频率的正弦电量。

2)从式(4-6-1)看出,电容电流 $i_C$ 超前电容电压 $u_C$ 90°,或称电容电压滞后电流90°。波形如图 4-6-2a 所示,图 4-6-2b 为其对应相量图。

电容电流超前电压90°的原因与电感中电压超前电流90°的原因相似,在此不再详细分析。

3)电流最大值和电压最大值的关系式(4-6-2)也可看出:

$$I_{Cm} = \omega C U_{Cm} = \frac{U_{Cm}}{\frac{1}{\omega C}} \qquad (4\text{-}6\text{-}3)$$

若用有效值表示,电压和电流大小之间的关系是

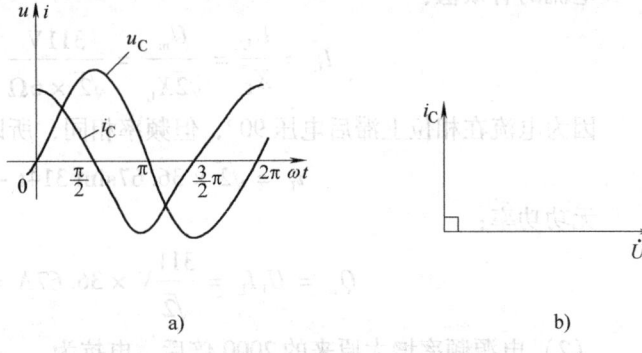

图 4-6-2 电容元件电压电流波形图和相量图

$$I_C = \omega C U_C = \frac{U_C}{\frac{1}{\omega C}} = \frac{U_C}{X_C} \qquad (4\text{-}6\text{-}4)$$

4)式(4-6-4)中,$X_C = \frac{1}{\omega C}$ 是电容电压与电流有效值(或最大值)的比值,称为电容的电抗,简称容抗,单位是 Ω。引入电抗的概念之后,电容电压和电流有效值之间也是欧姆定律的形式。当电压 $U_C$ 一定时,容抗 $X_C$ 越大,则电流 $I_C$ 越小。可见,容抗也是表征电容元件对交流电流呈现阻力的物理量。容抗用 $X_C$ 表示,它与电容 $C$、频率 $f$ 成反比关系,即

$$X_C = \frac{1}{\omega C} = \frac{1}{2\pi f C} \qquad (4\text{-}6\text{-}5)$$

当电容 $C$ 为一定值时,频率 $f$ 越高,则容抗 $X_C$ 越小,在电压 $U_C$ 一定的条件下,电容电流就越大。从物理概念分析,电源电压频率越高,电容充电和放电就越频繁,单位时间内电荷的迁移量就越大,所以电容电流越大。另一个方面,电压 $U_C$ 一定时,电容量 $C$ 越大,表示电容储存电荷量的能力越强,单位时间内电容充电和放电的电荷量就越多,因而电容电流也就越大。

较高频率的电流易于通过电容元件。对于直流电流,其频率 $f=0$,所呈现的容抗趋近无穷大,可视为开路,因此,电容元件具有隔断直流的作用。这种"隔直作用"在电子电路中经常用到。

## 二、功率

只含有电容元件的交流电路中,电容电压和电流瞬时值的乘积,成为该电路的瞬时功率,用 $p_C$ 表示,即

$$p_C = u_C i_C$$
$$= U_{Cm}\sin\omega t \, I_{Cm}\sin(\omega t + 90°)$$

$$= U_{Cm}I_{Cm}\sin\omega t\cos\omega t$$
$$= \frac{U_{Cm}I_{Cm}}{2}\sin 2\omega t$$
$$= U_C I_C \sin 2\omega t \tag{4-6-6}$$

式（4-6-6）表明：瞬时功率 $p_C$ 也是一个幅值为 $U_C I_C$，并以角频率 $2\omega$ 随时间交变的正弦量。其波形图如图 4-6-3 所示。在第一个和第三个 $\frac{1}{4}$ 周期内，$u_C$ 和 $i_C$ 同为正值或同为负值，故瞬时功率 $p_C > 0$。在这段时间内电容进行充电，将从电源中吸收电能转换成电场能量储存在电容的电场中，其最大储能为

$$W_C = \frac{1}{2}CU_{Cm}^2 = CU_C^2 \tag{4-6-7}$$

在第二个和第四个 $\frac{1}{4}$ 周期内，瞬时功率 $p_L < 0$。在这段时间内，电容器进行放电，将所储存的电场能量释放出来，返还给电源。在以后的各周期内重复上述过程。

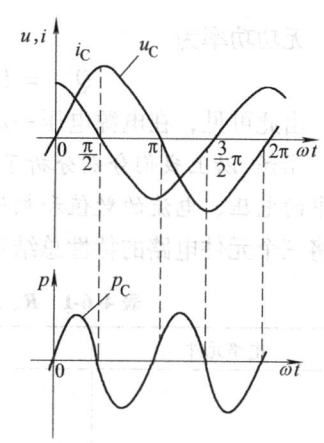

图 4-6-3　电容元件瞬时功率波形图

由于电路中只有电容元件，因此，只在电容元件和电源之间进行能量交换，没有能量消耗，所以其平均功率 $p = 0$。

从以上分析可知，电容元件在交流电路中虽然不消耗电能，但是它也要与电源不断进行能量交换。为此，我们仍取瞬时功率的最大值，即电压和电流有效值的乘积来衡量这种交换的规模。用 $Q_C$ 表示，即

$$Q_C = U_C I_C = I_C^2 X_C = \frac{U_C^2}{X_C} \tag{4-6-8}$$

我们也称 $Q_C$ 为无功功率，其量纲与平均功率相同，单位为乏（var）或千乏（kvar）。

**【例 4-6-1】** 有一电容元件，电容量 $C = 10\mu F$，接在 $f = 50Hz$，$U = 220V$ 的正弦交流电源上。(1) 求容抗 $X_C$、电流 $I_C$ 和无功功率 $Q_C$；(2) 若电源频率增加到 100kHz 时，容抗、电流和无功功率又是多少？

**解**：(1) 当 $f = 50Hz$ 时，容抗为

$$X_C = \frac{1}{\omega C} = \frac{1}{2\pi \times 50 \times 10 \times 10^{-6}}\Omega \approx 318.3\Omega$$

电容电流为

$$I_C = \frac{U}{X_C} = \frac{220V}{318.3\Omega} \approx 0.69A$$

无功功率为

$$Q_C = U_C I_C = 220V \times 0.69A = 151.8var$$

(2) 当 $f = 100kHz$ 时，容抗为

$$X'_C = \frac{1}{\omega C} = \frac{1}{2\pi \times 100 \times 10^3 \times 10 \times 10^{-6}}\Omega \approx 0.159\Omega$$

电容电流为

$$I'_C = \frac{U}{X'_C} = \frac{220\text{V}}{0.159\Omega} \approx 1383.65\text{A}$$

无功功率为

$$Q'_C = U_C I'_C = 220\text{V} \times 1383.65\text{A} \approx 304.4\text{kvar}$$

由此可见，在电源电压一定时，频率越高，容抗越小，电容电流越大。

**结论**：以上我们分别分析了电阻元件、电感元件、电容元件的交流电路。这三种单一元件中的电压、电流的数值和相位关系，以及功率和能量特性，是分析正弦交流电路的基础。现将三个元件电路的特性总结列于表 4-6-1 中，供参考。

表4-6-1 $R$、$L$、$C$ 单元件电路中的电压、电流关系和功率特性

| 电路元件 | | $R$ | $L$ | $C$ |
|---|---|---|---|---|
| 电路图 | | (图：$u$, $R$, $i$) | (图：$u_L$, $L$, $i_L$) | (图：$u_C$, $C$, $i_C$) |
| 伏安关系 | | $u = iR$ | $u_L = L\dfrac{\Delta i_L}{\Delta t}$ | $i_C = C\dfrac{\Delta u_C}{\Delta t}$ |
| 瞬时值表达式 | | $u = \sqrt{2}U\sin\omega t$<br>$i = \dfrac{\sqrt{2}U}{R}\sin\omega t$ | $i_L = \sqrt{2}I_L\sin\omega t$<br>$u_L = \sqrt{2}I_L X_L\sin(\omega t + 90°)$<br>$X_L = \omega L$ | $i_C = \sqrt{2}I_C\sin(\omega t + 90°)$<br>$u_C = \sqrt{2}U_C\sin\omega t$<br>$X_C = \dfrac{1}{\omega C} = \dfrac{1}{2\pi fC}$ |
| 电压电流关系 | 相位（相量图） | (图：$\dot{U}$ 与 $\dot{I}$ 同向) | (图：$\dot{U}_L$ 向上，$\dot{I}_L$ 向右) | (图：$\dot{I}_C$ 向上，$\dot{U}_C$ 向右) |
| | 大小（有效值） | $U = IR$ | $U_L = I_L X_L$ | $U_C = I_C X_C$ |
| 平均功率 | | $P = UI = I^2 R = \dfrac{U^2}{R}$ | $P_L = 0$ | $P_C = 0$ |
| 无功功率 | | 0 | $Q_L = U_L I_L = I_L^2 X_L = \dfrac{U_L^2}{X_L}$ | $Q_C = U_C I_C = I_C^2 X_C = \dfrac{U_C^2}{X_C}$ |

## *第七节　正弦交流电量的相量表示法

前面已经讲到，一个正弦交流电量完全可以用一个矢量表示。若将这个矢量放在复平面上，这个矢量的长度代表复数的模，矢量与复平面实轴正向夹角为复数的幅角。这样用复数即可表示正弦交流电量，复数的模表示正弦电量的有效值，幅角表示正弦交流电量的初相角，这种表示方法称为相量法。用相量法表示正弦电量后，就能完全用复数计算的方法完成对正弦交流电量的计算，简单方便。我们首先复习有关复数及其运算的基本知识。

### 复习：一、复数及复数运算

1. 复数及其表示形式

一个复数 $A$ 是由实部和虚部组成的，即

$$A = a + jb \tag{4-7-1}$$

这是复数的代数形式。式中 $j = \sqrt{-1}$，称为虚数单位，在数学中通常是用小写字母 i 来表示，但是在电工理论中，为了避免与电流符号混淆，而改用 j 表示。还应该指出式 (4-7-1) 中的"+"号是关系符号，而不是运算符号。

我们用直角坐标的横坐标表示复数的实部，称为实轴，以 +1 为单位；纵轴表示复数的虚部，以 +j 为单位。实轴和虚轴构成复数坐标平面，简称复平面。任何一个复数都与复平面上的一个确定点相对应，例如式 (4-7-1) 所表示的复数与 $A(a, b)$ 点相对应，如图 4-7-1 所示。用有向线段连接坐标原点 $O$ 和点 $A$，在线段末端加箭头符号，成为一个矢量，该矢量与复数 $A$ 相对应。这种表示复数的矢量称为复数矢量。由图 4-7-1 可知，矢量的模是

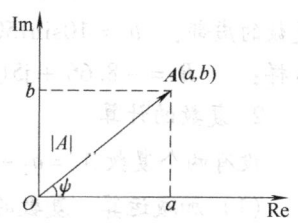

图 4-7-1　复平面与复数矢量

$$|A| = \sqrt{a^2 + b^2} \tag{4-7-2}$$

矢量与实轴的夹角，称为幅角，即

$$\psi = \arctan\frac{b}{a} \tag{4-7-3}$$

复数的实部 $a$ 和虚部 $b$，分别是复数矢量在实轴和虚轴上的投影：

$$a = |A|\cos\psi$$
$$b = |A|\sin\psi \tag{4-7-4}$$

将式 (4-7-4) 代入式 (4-7-1)，就可以得到复数的三角函数形式：

$$A = a + jb = |A|(\cos\psi + j\sin\psi) \tag{4-7-5}$$

在电路计算中，常将复数写成：

$$A = |A|\angle\psi \tag{4-7-6}$$

式（4-7-6）为复数的极坐标形式。

在复数的表示形式中，代数形式和极坐标形式应用最多，且经常需要将代数形式和极坐标形式进行互相转换。式（4-7-2）和式（4-7-3）是将代数形式转换成极坐标形式的计算公式，公式（4-7-4）是将极坐标形式转换成代数形式的计算公式。

【例 4-7-1】 已知复数 $A = 8 - j6$，求它的极坐标表示式；已知复数 $B = 10\angle 150°$，求它的代数形式，并在复平面上画出 $A$、$B$ 的复数矢量。

**解**：已知 $A = 8 - j6$，复数矢量的模为

$$|A| = \sqrt{8^2 + 6^2} = 10$$

复数矢量的幅角为

$$\psi = \arctan\left(\frac{-6}{8}\right) = -36.87°$$

得

$$A = 10\angle -36.87°$$

该复数的虚部为负值，故幅角 $\psi$ 为负值。对应的矢量位于复平面的第Ⅳ象限，如图 4-7-2 所示。

已知 $B = 10\angle 150°$，画矢量图如图 4-7-2 所示。复数的实部：

$$a = 10\cos 150° = -8.66$$

复数的虚部： $b = 10\sin 150° = 5$

这样： $B = -8.66 + j5$（代数形式）

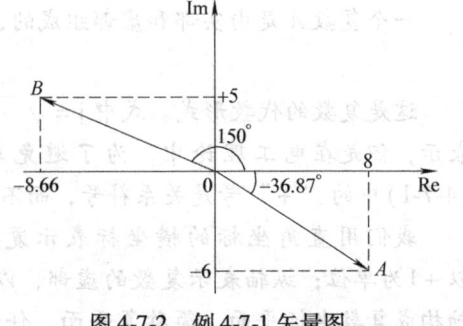

图 4-7-2 例 4-7-1 矢量图

**2. 复数的计算**

设有两个复数 $A_1 = a_1 + jb_1 = |A_1|\angle \psi_1$，$A_2 = a_2 + jb_2 = |A_2|\angle \psi_2$。

(1) 加减运算 复数的加减运算使用代数式比较方便，将复数的实部和虚部分别相加或相减，即

$$A_1 \pm A_2 = (a_1 \pm a_2) + j(b_1 \pm b_2) \tag{4-7-7}$$

(2) 乘除运算 复数的乘除运算采用极坐标形式较为方便。其中乘法运算是模相乘，幅角相加，即

$$A_1 \cdot A_2 = |A_1| \cdot |A_2| \angle \psi_1 + \psi_2 \tag{4-7-8}$$

除法运算是模相除，幅角相减，即

$$\frac{A_1}{A_2} = \frac{|A_1|}{|A_2|} \angle \psi_1 - \psi_2 \tag{4-7-9}$$

一个复数乘以 +j 或 -j 是复数乘法的一个特例。由于 +j 和 -j 可以写成下面形式：

$$\begin{aligned} +j &= 0 + j = 1\angle 90° \\ -j &= 0 - j = 1\angle -90° \end{aligned} \tag{4-7-10}$$

可见，一个复数 $A$ 乘以 ±j 为

$$jA = 1\angle 90° \cdot |A|\angle \psi = |A|\angle \psi + 90°$$

$$-jA = 1\angle -90° \cdot |A|\angle \psi = |A|\angle \psi - 90°$$

上式表示，任意一个复数乘以+j，该矢量的模不变，幅角增加90°，相当于矢量逆时针方向旋转90°；任意一个复数乘以-j，该矢量的模不变，幅角减小90°，因此，j是旋转90°的旋转因子。

此外，$j \cdot j = \sqrt{-1} \times \sqrt{-1} = -1$；$-j \cdot j = -\sqrt{-1} \times \sqrt{-1} = 1$。

## 二、正弦电量的相量表示法

为了与一般的复数相区别，电工技术中把表示正弦电量的复数称为相量，把在复平面上画出的复数矢量图称为相量图，并在该正弦电量的大写字母上也打上"·"，作为该正弦电量相量的书写符号。如正弦电压 $u = U_m \sin(\omega t + \psi_u) = \sqrt{2} U \sin(\omega t + \psi_u)$ 所对应的代表相量表示为 $\dot{U} = U \angle \psi_u = U\cos\psi_u + jU\sin\psi_u$，$\dot{U}$ 是电压 $u$ 的有效值相量。

💡 注意：相量只是用于表示对应的正弦电量，并不等于正弦电量。另外，只有在同频率正弦量的分析和计算中，即在同一正弦交流电路中分析和计算电流、电压时，才可以用相量分析。不同频率的正弦量的相量表示放在一起分析没有意义。

用相量表示电量后，分析交流电路显得很简单，这在今后会体会到。在此仅举用相量法计算交流电路的一例。

【例4-7-2】 在图4-7-3a所示电路中，$i_1 = \sqrt{2} \times 100\sin(\omega t + 45°)$ A，$i_2 = \sqrt{2} \times 60\sin(\omega t - 30°)$ A，求总电流 $i$ 为多少？

**解**：$i_1$，$i_2$ 用相量表示为

$$\dot{I}_1 = 100 \angle 45° \text{ A} = (70.7 + j70.7) \text{ A}$$

$$\dot{I}_2 = 60 \angle -30° \text{ A} = (52 - j30) \text{ A}$$

画出相量图，如图4-7-3b所示。

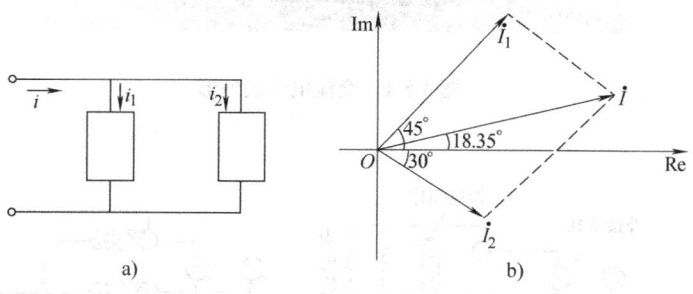

图4-7-3　例4-7-2图

因此，

$$\dot{I} = \dot{I}_1 + \dot{I}_2 = (70.7 + j70.7)\text{A} + (52 - j30)\text{A} = (122.7 - j40.7)\text{A} = 129.27 \angle 18.35° \text{ A}$$

所以：

$$i = \sqrt{2} \times 129.27\sin(\omega t + 18.35°) \text{A}$$

## 第八节 交流电量的测量

对交流电路,当监视或测量电路中的电压和电流(有效值)时,或者测量电功率以及记录消耗的电能时,均使专用的交流仪表来完成。这里简单介绍几种交流仪表以及它们的使用方法。

### 一、交流电流表及测量电流的方法

配电盘或实验用的交流电流表多为电磁式,其外形如图 4-8-1 所示。多量程交流电流表是通过将表内的一组固定线圈分成几段,用它们的不同连接方式来完成量程的改变。测量前,选择量程时一定要注意电流表的接法。图 4-8-2 所示为一块双量程电流表测量时的两种接法。

图 4-8-1　交流电流表外形

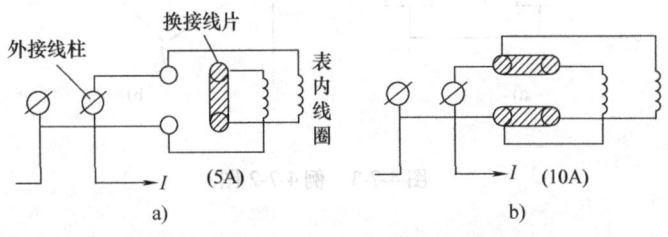

图 4-8-2　双量程交流电流表的接法
a) 串联接法　b) 并联接法

测量交流电流时，将选好量程的电流表串联在被测电路中，且不考虑两端的极性，如图 4-8-3a 所示。若被测电流很大，也可通过配套的专用电流互感器接到被测电路中，如图 4-8-3b 所示。

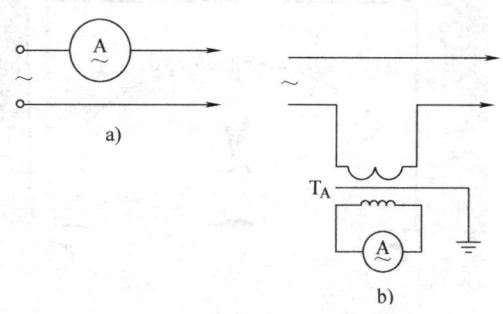

图 4-8-3　交流电流表的测量接线
a）直接串入测量　b）通过电流互感器接入测量

检测较大交流还有一种手持式电流表——钳形电流表，图 4-8-4a 所示为钳形电流表的外形。测量时，将被测量电路的导线放在电流表的钳口铁心内作为励磁线圈，则仪表的铁心有磁通过。仪表的测量机构在磁场作用下发生偏转，指示出被测电流的数值。图 4-8-4b 所示为测量示意图。

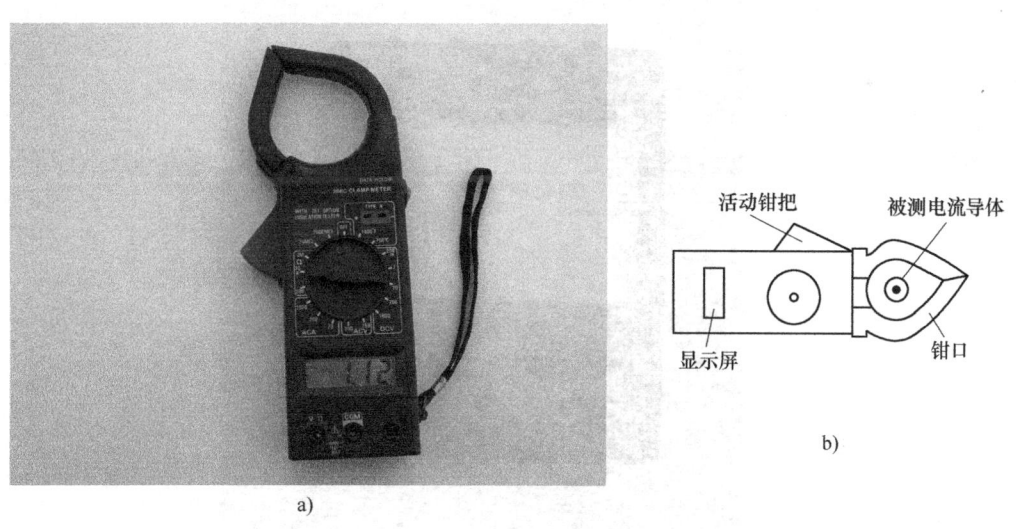

图 4-8-4　钳形电流表外形及测量示意图
a）钳形电流表外形　b）测量示意图

## 二、交流电压表及测量电压的方法

交流电压表也为电磁式表头，表盘上标有 V 字样。测量值是交流电压的有效值。它也有单量程和多量程电压表之分。图 4-8-5a 为单量程电压表，图 4-8-5b 为三量程电压表。

电工基础

图 4-8-5 电压表外形
a) 单量程电压表　b) 三量程电压表

测量交流电压时，必须选好仪表的量程。一般测量 600V 以下的电压时，可将电压表直接并入被测两端。对测量 600V 以上的高压，必须通过配套的专用电压互感器再测量。图 4-8-6 是电压表在电路中的接法示意图。

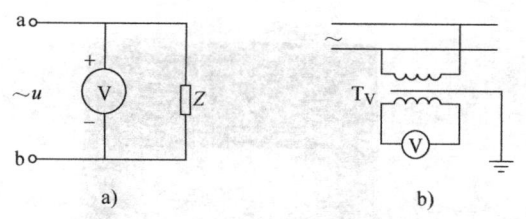

图 4-8-6 电压表在电路中的接法
a) 直接并入  b) 通过电压互感器并入

## 三、功率表及使用方法

功率表在正弦交流电路中测量有功功率。它通常由电动式仪表制成，表盘的面板上标有 W 字样。仪表内有两个线圈，一个为固定线圈，导线较粗，匝数较少，用来反映电流，称为电流线圈；另一个为可动线圈，导线较细，匝数较多，还串有一定的附加电阻，用来反映电压，称为电压线圈。功率表内部接线及电气符号如图 4-8-7 所示。

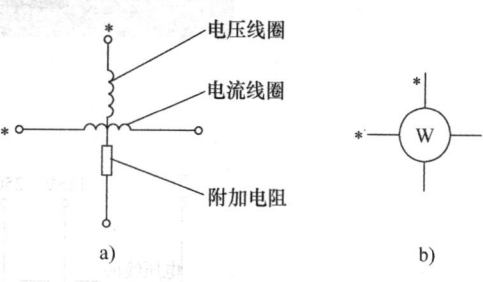

图 4-8-7 功率表内部接线及仪表电路符号
a) 内部接线  b) 符号

对多量程功率表，例如 115 型多量程单相功率表，它有两组固定的电流线圈，通过改变两线圈的串、并联连接方式改变电流线圈的量程；改变串入可动线圈的附加电阻，可以改变电压线圈的量程，从而使功率的量程改变。对 115 型单相功率表，如图 6-8-8 所示。

它的额定电压为 125V、250V 和 500V，额定电流为 5A 和 10A，当负载电流为 0~5A 时，两个电流线圈串联。而当负载电流在 5~10A 之间时，则应并联。

**注意**：用功率表测量电路的负载功率时，功率表的接线方法如图 4-8-9 所示，电流线圈取适当的额定值接好后应与负载串联，电压线圈（包括选好的附加电阻）应与负载并联。还要注意电流线圈和电压线圈的始端标记"±"或"*"，应把这两个始端接于电源的同一端，使通过这两个接线端电流的参考方向同为流进或同为流出，否则指针将要反转。

通过指针所测得的偏转格数，即可算出测量的电功率数。其换算公式如下（功率表每一格所代表的瓦数称为分格系数）：

$$C = \frac{U_m I_m}{\alpha_m}$$

式中，$U_m$ 为功率表的电压量程（所选的额定值）；$I_m$ 为电流表量程（额定值）；$\alpha_m$ 为功率表盘的满刻度格数。

测量时若指针偏转 $\alpha$ 格，则被测功率为

$$P = C \cdot \alpha$$

【例 6-8-1】 某功率表的满刻度格为 1250，选用电压为 250V，电流为 10A 的量程，读得指针偏转的刻度值为 400，求被测的功率为多少？

**解**：功率表的分格系数（即为每一刻度值所代表的瓦数）为

电工基础

图 4-8-8 115 型多量程单相功率表
a) 外形 b) 内部接线

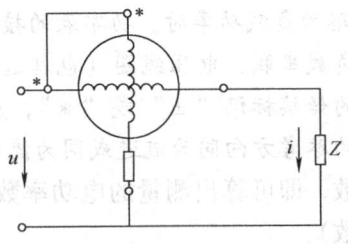

图 4-8-9 功率表的接线方法

$$C = \frac{U_m I_m}{\alpha_m} = \frac{250 \times 10 \text{W}}{1250 \text{ 格}} = 2\text{W/格}$$

被测功率为
$$P = C \cdot \alpha = 2 \times 400\text{W} = 800\text{W}$$

## 四、单相电能表

单相电能表多用于家用配电线路中,其规格多用工作电流表示,常用规格有:1A、2A、3A、5A、10A、20A 等。单相电能表外形如图 4-8-10 所示。

图 4-8-10 单相电能表外形

一般家庭用电量不大,所以单相电能表可直接接在线路上。单相电能表的接线盒里共有四个接线柱,从左至右按 1、2、3、4 编号。直接接线一般有两种:(1) 按编号 1、3 接进线(1 接相线,3 接零线),2、4 接出线(2 接相线,4 接零线),如图 4-8-11a 所示。(2) 按编号 1、2 接进线(1 接相线,2 接零线),3、4 接出线(3 接相线,4 接零线),如图 4-8-11b 所示。由于有些电能表的接线方法特殊,在具体接线时,应以电能表接线盒内侧的线路为准。

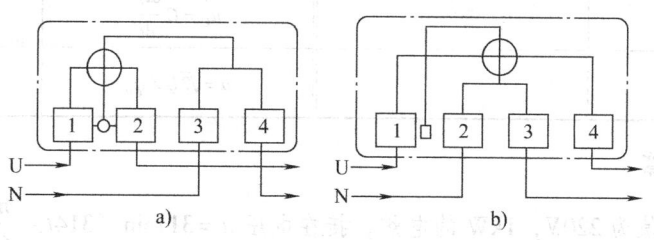

图 4-8-11 单相电能表接线

## 本 章 小 结

1. 正弦交流电量的三个要素:最大值(有效值)、角频率(周期或频率)和初相位。重点是:有效值的含义以及它和最大值的关系;$\omega = 2\pi f = \dfrac{2\pi}{T}$;相位差 $\varphi = \psi_1 - \psi_2$(超前、滞后、同相、反相)的含义。

2. 正弦电量的表示方法:瞬时表达式和波形曲线是基本的表示方法。用相量图法和相量法表示正弦电量,主要目的是分析、计算交流电路时方便、准确。

3. 单参数 $R$、$L$、$C$ 交流电路的主要特点表现在电压、电流的大小，相位关系，阻抗的大小，功率的性质和大小，这是分析正弦交流电路的基础。

## 练习及思考题

### 一、选择填空

1. 目前，我们使用的 220V 正弦交流电压，其频率为（　　）。
   a. 314rad/s　　　　　b. 0.02s　　　　　c. 50Hz

2. 有效值的大小，反映了正弦电量的（　　）。
   a. 大小　　　　　　b. 初始状态　　　　c. 变化的快慢

3. 加在纯电感元件两端的正弦交流电压，频率越高，电感的电流（　　）。
   a. 越大　　　　　　b. 越小　　　　　　c. 不变

4. 电容元件的容抗大小与其电容量 $C$ 的大小（　　）。
   a. 无关　　　　　　b. 成正比　　　　　c. 成反比

5. 电阻元件两端的电压与流过的电流相位关系是（　　）。
   a. 电压超前电流 $\frac{\pi}{2}$　　b. 电压滞后电流 $\frac{\pi}{2}$　　c. 电压和电流同相位

### 二、纠错改误

| 错误 | 改正 | 错误 | 改正 |
| --- | --- | --- | --- |
| $i = I_m \sin t$ | | $u_C = I_C \cdot X_C$ | |
| $\omega = f = T$ | | $i_C = \dfrac{u_C}{x_C}$ | |
| $x_C = \omega c$ | | $u_C = C \dfrac{\mathrm{d}i_C}{\mathrm{d}t}$ | |
| $u_L / i_L = x_L$ | | $u = \sqrt{2} U \angle \varphi_u$ | |

### 三、分析计算

1. 一个额定值为 220V，1kW 的电炉，接在电压 $u = 311\sin\left(314t - \dfrac{\pi}{6}\right)$ V 的电源上，求流过电炉的电流（用瞬时表达式表示）。

2. 将电感 $L = 100$mH（电阻忽略不计）的线圈接在 $u = 141\sin\left(100t - \dfrac{\pi}{6}\right)$ V 的电源上，求：(1) 线圈上的电流 $i_L$；(2) 无功功率。

3. 将电容 $C = 20$uF 的电容器接在 $u = 141\sin\left(100t - \dfrac{\pi}{6}\right)$ V 电源上，求：(1) 流过电容器的电流 $i_C$；(2) 无功功率。

4. 在题图 4-1 所示电路中，当电源频率为 $f_1$ 时，$I_R = I_L = I_C = 2$A，若电源电压不变，只是频率变为 $f_2 = 2f_1$ 时，此时各元件中的电流各为多大？

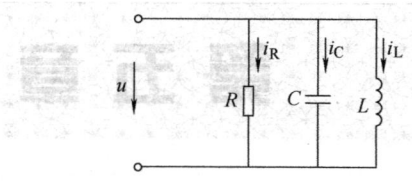

题图 4-1

### 四、思考题

1. 正弦电量的三个要素是什么？各要素的含义又是什么？
2. 如何用相位差反映同频率的两个正弦电量之间的相位关系？
3. 有效值代表正弦电量的什么？它和最大值什么关系？
4. 如何用有效值相量来表示正弦电量？
5. 电阻元件、电感元件和电容元件在正弦交流电路中各有什么主要特点？
6. 电阻、感抗和容抗的大小各主要与什么因素有关？

# 第五章

# 交流电路分析

**教学目的**
1. 掌握用相量图法分析 $R$、$L$、$C$ 串联电路的电压、电流和功率。
2. 了解功率因数提高的方法。
3. 熟悉谐振产生的条件和谐振电路特点。
4. 掌握用相量计算交流电路参数的方法。
5. 了解非正弦交流电路的分析方法。

##  第一节 RL 和 RC 串联电路

对一个实际的电感线圈,它既有电感也有电阻,因此,可将它等效为电感 $L$ 和电阻 $R$ 串联电路。实际的电容也是如此。对 $RL$ 或 $RC$ 串联电路的电压、电流情况分析是本节的主要内容。

### 一、$RL$ 串联电路

图 5-1-1 所示为 $RL$ 串联电路,当加上交流正弦电压 $u$ 后,通过电阻和电感的电流为同一电流 $i$。为分析方便,以 $i$ 为参考量,即设

$$i = \sqrt{2}I\sin\omega t$$

电流在电阻 $R$ 和电感 $L$ 上分别产生电压 $u_R$ 和 $u_L$,它们的大小和电流 $i$ 的关系均符合前面讲过的单独元件作用规律。另外,根据串联电路的特性,也有 $u = u_R + u_L$ 关系存在。

为使分析和计算方便简单,一般可采用相量图法。即先画出电压、电流的有效值相量图,如图 5-1-2 所示。图中 $\dot{U}_R$ 和 $\dot{I}$ 同相位,$\dot{U}_L$ 超前 $\dot{I}$ 90°。因此 $\dot{U}_L + \dot{U}_R = \dot{U}$ 在图上可由相量相加求出。$RL$ 串联电路中,电压 $u$ 超前电流 $i$ 一个小于 90°的角度 $\varphi$,这个角在图中也可表示出来。它们各量大小关系为

$$U_R = IR, U_L = IX_L, X_L = \omega L = 2\pi f L$$

$$U = \sqrt{U_R^2 + U_L^2} = I\sqrt{R^2 + X_L^2} = IZ$$

式中,$Z = \sqrt{R^2 + X_L^2}$ 为 $RL$ 串联电路的阻抗,单位为 $\Omega$。

从上式看出,电流的有效值与电压有效值成正比,与电路阻抗成反比。从图 5-1-2 看出,电压 $\dot{U}$、$\dot{U}_R$、$\dot{U}_L$ 在图中组成直角三角形,称电压三角形。$\dot{U}$ 和 $\dot{U}_R$ 之间夹角为 $\varphi$,$\varphi = $

$\arccos \dfrac{U_R}{U}$。

由 $Z = \sqrt{R^2 + X_L^2}$ 可知 $Z$、$R$、$X_L$ 也符合直角三角形关系，且和电压三角形相似。电压三角形的各边都除以电路电流的有效值 $I$ 即可得到由 $Z$、$R$、$X_L$ 组成的三角形，此三角形称为阻抗三角形，如图 5-1-3 所示，这样：

$$\varphi = \arctan \dfrac{X_L}{R} = \arccos \dfrac{R}{Z} \tag{5-1-1}$$

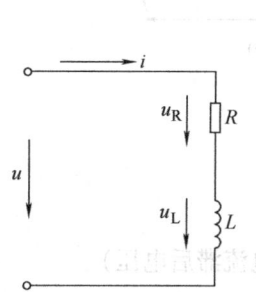
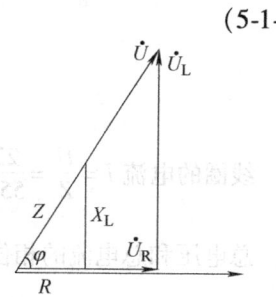

图 5-1-1　RL 串联电路　　　图 5-1-2　RL 串联电路的相量图　　　图 5-1-3　阻抗三角形

**结论**：由式（5-1-1）得知，在 RL 串联电路中，电压和电流的相位差 $\varphi$ 的大小主要取决于电路参数的比值。$\varphi$ 角又称阻抗角。当电压超前电流时，规定 $\varphi$ 角取正值，当电流超前电压时，$\varphi$ 角取负值。

【例 5-1-1】　有一交流中间继电器的线圈，其电阻为 2kΩ，电感为 43.3H，工作在 50Hz、380V 的交流电源上，求通过该线圈的电流有效值、电压和电流的相位差。

**解**：这个线圈的等效电路是 RL 串联电路，如图 5-1-1 所示。

线圈的电感：$X_L = 2\pi f L = 2 \times 3.14 \times 50 \times 43.3 \Omega \approx 13.60\text{k}\Omega$

线圈的阻抗值：$Z = \sqrt{R^2 + X_L^2} = \sqrt{(2 \times 10^3)^2 + (13.6 \times 10^3)^2} \Omega \approx 13.75\text{k}\Omega$

线圈的电流有效值：$I = \dfrac{U}{Z} = \dfrac{380\text{V}}{13.75\text{k}\Omega} \approx 27.6\text{mA}$

电压和电流的相位差：$\varphi = \arctan \dfrac{X_L}{R} = \arctan \dfrac{13.6}{2} = 81.63°$

电流滞后于电压。

【例 5-1-2】　有两只线圈，其电阻分别是 $R_1 = 12\Omega$，$R_2 = 8\Omega$，其电感分别为 $L_1 = 38.2\text{mH}$，$L_2 = 127\text{mH}$，将其头和尾串联后接在 50Hz，220V 的交流电源上，试求此电路的总阻抗值，线圈中的电流有效值，各线圈所承受的电压、电路中总电压和总电流的相位差，并画出相量图。

**解**：题中所述电路如图 5-1-4a 所示。

因为两线圈串联，所以：

总电阻 $R = R_1 + R_2 = 12\Omega + 8\Omega = 20\Omega$

总电感 $L = L_1 + L_2 = 38.2\text{mH} + 127\text{mH} = 165.2\text{mH}$

总电抗 $X_L = 2\pi f L = 2\pi f L_1 + 2\pi f L_2 = 314 \times 38.2 \times 10^{-3}\Omega + 314 \times 127 \times 10^{-3}\Omega$
$\approx 12\Omega + 40\Omega = 52\Omega$

总阻抗值 $Z = \sqrt{R^2 + X_L^2} = \sqrt{20^2 + 52^2}\Omega \approx 55.7\Omega$

电工基础

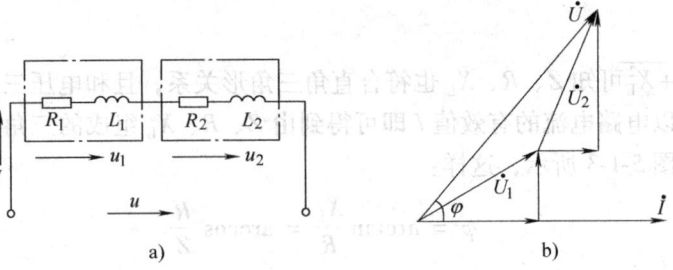

图 5-1-4 例 5-1-2 电路图和电量图

线圈的电流 $I = \dfrac{U}{Z} = \dfrac{220}{55.7}\text{A} \approx 3.95\text{A}$

总电压和总电流的相位差：$\varphi = \arctan\dfrac{X_L}{R} = \arctan\dfrac{52}{20} = 69°$（电流滞后电压）

线圈1的阻抗值 $Z_1 = \sqrt{R_1^2 + X_{L1}^2} = \sqrt{12^2 + 12^2}\,\Omega \approx 17\,\Omega$

线圈2的阻抗值 $Z_2 = \sqrt{R_2^2 + X_{L2}^2} = \sqrt{8^2 + 40^2}\,\Omega \approx 40.8\,\Omega$

线圈1承受的电压 $U_1 = Z_1 I = 3.95 \times 17\text{V} \approx 67.1\text{V}$

线圈2承受的电压 $U_2 = Z_2 I = 3.95 \times 40.8\text{V} \approx 161\text{V}$

💡 注意：$U_1 + U_2 = 67.1\text{V} + 161\text{V} \neq U$，但它们的相量和等于总电压，即 $\dot{U} = \dot{U}_1 + \dot{U}_2$，相量如图 5-1-2b 所示。

## 二、RC 串联电路

RC 串联电路，如图 5-1-5 所示。

在此电路两端加正弦电压 $u$ 后，便有总电流 $i$ 产生。设 $i = \sqrt{2}I\sin\omega t$，则在 $R$ 和 $C$ 上，分别产生电压 $u_R$ 和 $u_C$，并遵循单独元件作用规律。同时满足 $u = u_R + u_C$，也用相量图法表示，其相量图如图 5-1-6 所示。

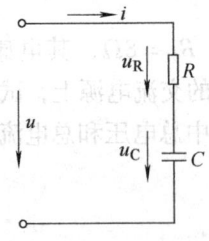

图 5-1-5 RC 串联电路

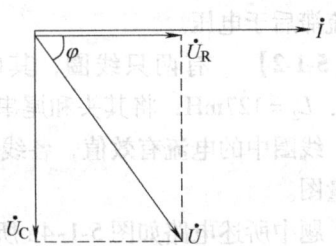

图 5-1-6 RC 串联电路的相量图

对电阻 $R$：$\dot{U}_R$ 和 $\dot{I}$ 同相位，$U_R = IR$；

对电容 $C$：$\dot{U}_C$ 滞后 $\dot{I}$ 90°，且 $U_C = IX_C$

这样，$\dot{U}_R + \dot{U}_C = \dot{U}$ 在图中用相量相加表示。$\dot{U}$ 和 $\dot{I}$ 有相位差 $\varphi$，在图中已表示出来。可

看出，RC 串联电路中电压 u 滞后电流 i 一个小于 90°的角 $\varphi$，各相量的关系是：

$$U_R = IR, U_C = IX_C, X_C = \frac{1}{\omega C} = \frac{1}{2\pi f C}$$

$$U = \sqrt{U_R^2 + U_C^2} = I\sqrt{R^2 + X_C^2} = IZ$$

$$\varphi = \arctan\frac{-U_C}{U_R}$$

式中，$Z = \sqrt{R^2 + X_C^2}$ 是阻抗值，$\varphi$ 为负值（电流超前电压）。

从相量图中也得到，$\dot{U}$、$\dot{U}_R$、$\dot{U}_C$ 组成电压直角三角形，$\dot{U}_C$ 和 $\dot{U}_R$ 之间夹角为 $\varphi$，如图 5-1-7 所示。同时从 $Z = \sqrt{R^2 + X_C^2}$ 也得到 Z、R、$X_C$ 符合直角三角形关系，且：

$$\varphi = \arctan\frac{X_C}{R}$$

但由于电流超前电压，故 $\varphi$ 取负值。

💡 注意：从以上分析可知，在 RC 串联电路和 RL 串联电路中，电压、电流、阻抗之间的关系有很多相似之处。它们最突出的区别是 RL 串联电路中，电压超前电流一个小于 90°的角度，而 RC 串联电路却是电流超前电压一个小于 90°的角度。两种电路的分析方法是一样的。

【例 5-1-3】 图 5-1-8a 所示 RC 串联电路中，已知 $C = 0.01\mu F$，$R = 5.1k\Omega$，输入电压 $u_i = \sqrt{2}\sin\omega t V$，$f = 1180Hz$，求：（1）电路中的电流有效值及其与输入电压 $u_i$ 的相位差；（2）输出电压有效值及其输入电压 $u_i$ 的相位差。

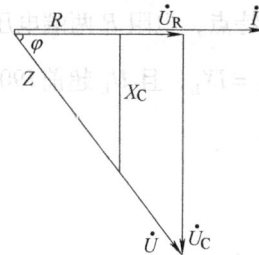

图 5-1-7 RC 阻抗三角形

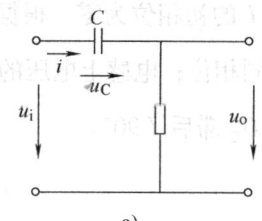 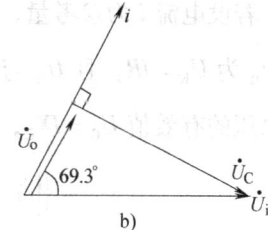

图 5-1-8 例 5-1-3 电路图及相量图

解：（1） $X_C = \frac{1}{2\pi f C} = \frac{1}{2 \times 3.14 \times 1180 \times 0.01 \times 10^{-6}}\Omega \approx 13.5k\Omega$

$Z = \sqrt{R^2 + X_C^2} = \sqrt{5.1^2 + 13.5^2}k\Omega \approx 14.4 k\Omega$

$I = \frac{U_i}{Z} = \frac{1V}{14.4k\Omega} \approx 0.069mA$

电流和输入电压间的相位差为

$$\varphi = \arctan\frac{X_C}{R} = \arctan\frac{-13.5}{5.1} = -69.3°$$

画出相量图，如图 5-1-8b 所示。

（2） $U_o = IR = 0.069 \times 10^{-3}A \times 5.1 \times 10^3\Omega = 0.352V$

因为 $\dot{U}_o$ 为电阻 R 的电压，故与 $\dot{I}$ 同相位，所以 $\dot{U}_o$ 也超前 $\dot{U}_i$ 69.3°，相量图如图 5-1-8 所示。

由以上可知，利用 RC 串联电路可改变电压的相位，使输出电压 $\dot{U}_\text{o}$ 与输入电压 $\dot{U}_\text{i}$ 之间有一定相位差。在频率一定时，改变电路参数 R 和 C，即可改变 $\dot{U}_\text{o}$ 和 $\dot{U}_\text{i}$ 之间的相位关系。这种改变电压相位的电路，称为移相电路，它在电子电路中经常用到。

## 第二节 RLC 串联电路

在串联交流电路中，具有普遍意义的是电阻、电感和电容相串联的电路。例如一个实际的线圈和电容相串联就属于上述电路。

### 一、RLC 串联电路中的电压和电流

图 5-2-1 所示为一 RLC 串联电路，因为是串联电路，流过各元件的电流一定相同，即为电流 i。在图示参考方向下，各元件两端分别有电压 $u_\text{R}$、$u_\text{L}$、$u_\text{C}$。且有：

$$u = u_\text{R} + u_\text{L} + u_\text{C}$$

如果设电流 $i = \sqrt{2}I\sin\omega t$，则根据上述关系式总可以求出各电压及总电压来。但是，这样计算和分析比较麻烦，因此，这里还是选用相量图法求解。

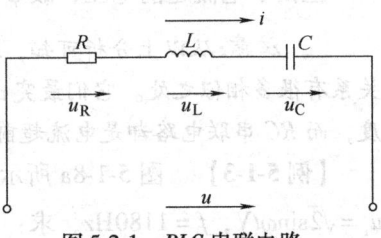

图 5-2-1 RLC 串联电路

若设电流 i 为参考量，即 $\dot{I}$ 的初相位为零。根据各元件的特点，电阻 R 两端电压的有效值 $U_\text{R}$ 为 $U_\text{R} = IR$，且 $\dot{U}_\text{R}$ 与 $\dot{I}$ 同相位；电感上电压的有效值 $U_\text{L} = IX_\text{L}$，且 $\dot{U}_\text{L}$ 超前 $\dot{I}$ 90°；电容上电压的有效值 $U_\text{C} = IX_\text{C}$，且 $\dot{U}_\text{C}$ 滞后 $\dot{I}$ 90°。

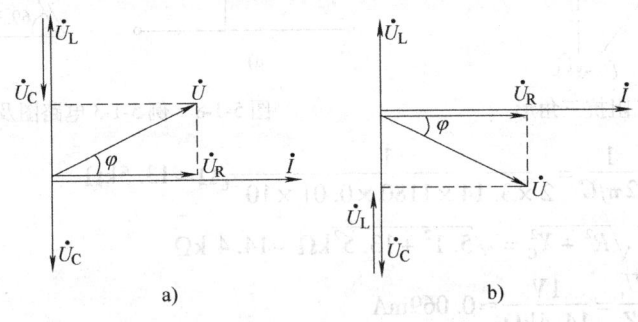

图 5-2-2 RLC 串联电路相量图
a) $U_\text{L} > U_\text{C}$  b) $U_\text{L} < U_\text{C}$

由以上分析可画出相量图，其中图 5-2-2a 是 $U_\text{L} > U_\text{C}$ 时的相量图，图 5-2-2b 是 $U_\text{L} < U_\text{C}$ 时的相量图。无论是上述哪种情况，均有 $\dot{U}_\text{L}$ 和 $\dot{U}_\text{C}$ 相位相反，相量相加的大小应为有效值相减，即 $U_\text{L} - U_\text{C}$ 或 $U_\text{C} - U_\text{L}$。从相量图上可知 $\dot{U} = \dot{U}_\text{R} + \dot{U}_\text{L} + \dot{U}_\text{C}$，电压的大小从图上的几何关系可得，即

$$U = \sqrt{U_R^2 + (U_L - U_C)^2}$$
$$= \sqrt{(IR)^2 + (IX_L - IX_C)^2}$$
$$= I\sqrt{R^2 + (X_L - X_C)^2}$$
$$= IZ \tag{5-2-1}$$

$$Z = \sqrt{R^2 + (X_L - X_C)^2} \tag{5-2-2}$$

$Z$ 为电路总阻抗值。

电压 $\dot{U}$ 和电流 $\dot{I}$ 的相位差角 $\varphi$ 的大小为

$$\varphi = \arctan\frac{U_L - U_C}{U_R} = \arctan\frac{X_L - X_C}{R} \tag{5-2-3}$$

从式（5-2-1）可知：当电路参数 $R$、$L$、$C$ 及电源的频率一定时，电路的总阻抗也一定，这时，电路的总电流和总电压的有效值也符合欧姆定律关系，即 $I = U/Z$。从式(5-2-3)又知：此时，电路上电压和电流的相位差角的大小取决于电路阻抗的比值，与电压、电流的大小无关。

## 二、电路的性质

在 $RLC$ 串联电路中，各参数值不同，使电路中呈现不同的情况和性质。根据式（5-2-2）和式（5-2-3）及图 5-2-2 的相量关系可得出以下几种情况。

1）当 $X_L > X_C$ 时，$U_L > U_C$，如图 5-2-2a 所示。$\varphi = \arctan\dfrac{X_L - X_C}{R} > 0$，总电压 $\dot{U}$ 超前电流 $\dot{I}_\varphi$ 角，类似于 $RL$ 串联电路，此时电路呈电感性。

2）当 $X_L < X_C$ 时，$U_L < U_C$，如图 5-2-2b 所示。$\varphi = \arctan\dfrac{X_L - X_C}{R} < 0$，$\dot{U}$ 滞后电流 $\dot{I}_\varphi$ 角，类似于 $RC$ 串联电路，此时电路呈电容性。

3）当 $X_L = X_C$ 时，$U_L = U_C$，此时 $Z = R$，$U = U_R$，$\varphi = \arctan 0 = 0$，$\dot{U}$ 和 $\dot{I}$ 同相位，类似于 $R$ 元件电路，此时电路呈电阻性，又称谐振状态（将在后续章节讨论）。其相量图如图5-2-3所示。

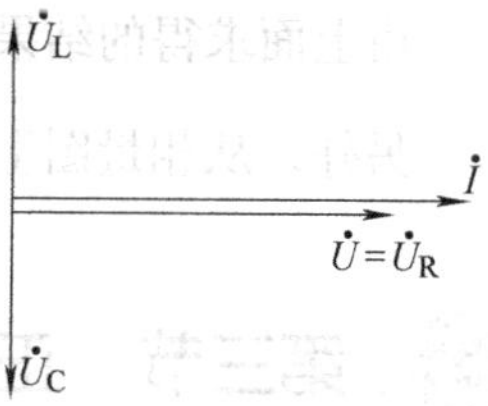

图 5-2-3 谐振电路相量图

4）若电路中的电阻 $R$ 很小，可认为 $R \approx 0$ 时，有：
$$U_R = 0, Z = X_L - X_C, U = U_L - U_C$$

当 $X_L > X_C$ 时，$\varphi = \arctan\dfrac{X_L - X_C}{R} = \arctan(+\infty) = 90°$，电路和电感元件电路相似。当 $X_L < X_C$ 时，$\varphi = -90°$，电路和电容元件电路相似。

以上分析的结论可应用于实际。我们可以选取不同的参数，使电路的性质发生改变，为我们利用。如后面讲的谐振电路就是典型的例子（参见后面谐振电路）。

【例 5-2-1】 图 5-2-4 所示的 $RLC$ 串联电路中，已知：$U = U_2$，$R = 4\Omega$，$X_L = 3\Omega$，求 $X_C$（$X_C \neq 0$），并判断此电路的性质。

**解**：首先求出 AB 段电路的阻抗值，为

$$Z_{AB} = \sqrt{R^2 + X_L^2} = \sqrt{4^2 + 3^2}\,\Omega = 5\,\Omega$$

对此串联电路，仍设电流为参考量（初相位 $\varphi_i = 0$），于是可求出 $\dot{I}$ 和 AB 段电压 $\dot{U}_2$ 之间的相位差 $\varphi$，因为 AB 电路是 $RL$ 串联电路，则电流 $\dot{I}$ 必定滞后 $\dot{U}_2$，$\varphi$ 的大小为

$$\varphi = \arctan\frac{X_L}{R} = \arctan\frac{3}{4} \approx 37°$$

因为电容电压 $u_C$ 滞后电流 $i\,90°$，又根据已知条件 $U = U_2$，故 $\dot{U}$ 和 $\dot{U}_2$ 的长度必须相等，但相位不等。$\dot{U} = \dot{U}_C + \dot{U}_2$，画相量图如图 5-2-5 所示。

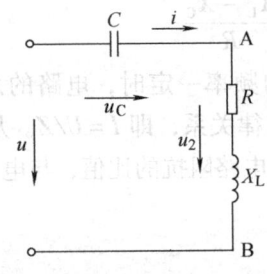

图 5-2-4  例 5-2-1 电路图

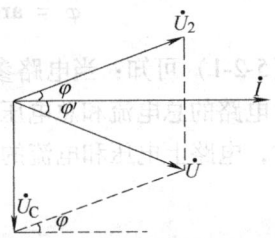

图 5-2-5  例 5-2-1 相量图

$\dot{U}$、$\dot{U}_2$ 和 $\dot{U}_C$ 构成一个等腰三角形，$\dot{U}_C$ 垂直于 $\dot{I}$，根据几何关系有：

$$\frac{1}{2}U_C = \frac{1}{2}IX_C = U_2\sin\varphi$$

即
$$IX_C = 2U_2\sin37° = 2U_2 \times 0.6 = 1.2 \times Z_{AB}I$$

这样可得
$$X_C = 1.2 \times Z_{AB} = 1.2 \times 5\,\Omega = 6\,\Omega$$

由上面求得的结果知：$X_L = 3\,\Omega$，$X_C = 6\,\Omega$，$X_L < X_C$，可判断此电路呈电容性。

另外，从相量图上可知：电流 $\dot{I}$ 超前 $\dot{U}$ 一个角度 $\varphi'$，故判断此电路呈电容性。

## 第三节　正弦交流电路的功率

前面重点对交流电路的电压、电流及阻抗的大小、相互关系等进行分析，事实上，电路中的能量转换、功率的大小和性质也很重要。本节主要讨论分析这部分内容。

在分析单独元件作用的电路时，我们已经知道：电阻元件是消耗能量元件，电路中电阻上的平均功率（即有功功率）为 $P = U_R I_R = I^2 R$。电感元件和电容元件是储能元件，它们和电源分别进行能量交换，交换的规模即为无功功率 $Q_L = U_L I_L = I_L^2 X_L = I^2 X_L$ 或 $Q_C = U_C I_C = I_C^2 X_C$。那么在一段几种元件共同作用的交流电路中，其功率情况是怎样的呢？现在以 $R$、$L$、$C$ 串联电路为例进行讨论。

### 一、瞬时功率 $p$

设总电压及总电流分别为

$$u = U_m \sin(\omega t + \psi_u)$$
$$i = I_m \sin(\omega t + \psi_i)$$

那么，电路的瞬时功率为

$$p = ui = U_m \sin(\omega t + \psi_u) I_m \sin(\omega t + \psi_i)$$
$$= \frac{U_m I_m}{2} [\cos(\psi_u - \psi_i) - \cos(2\omega t + \psi_u + \psi_i)]$$
$$= UI\cos\varphi - UI\cos(2\omega t + \psi_u + \psi_i)$$

式中，$\varphi = \psi_u - \psi_i$ 是电压 $u$ 和电流 $i$ 的相位差。

瞬时功率 $p$ 随时间 $t$ 变化的波形如图 5-3-1 所示。该波形图表明：瞬时功率 $p$ 的数值有正有负。在 $u$、$i$ 取关联参考方向的条件下，$u$、$i$ 同为正或同为负时，$p>0$，在该段时间内，电路从电源处吸收电功率。反之，当 $u$、$i$ 为异号时，$p<0$，电路将电功率返回给电源。这表明，电路中的储能元件电感 $L$ 和电容 $C$ 与电源之间存在着能量交换。但从波形图中又看到，在一个周期内 $p>0$ 的部分大于 $p<0$ 的部分，这说明电路在一个周期内吸收的电功率大于送回电源的功率，这说明电阻还消耗了一部分电能。

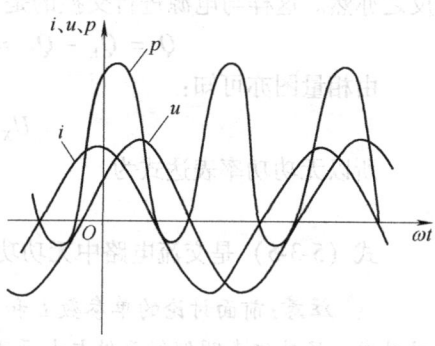

图 5-3-1 瞬时功率波形图

## 二、平均功率（有功功率）

瞬时功率 $p$ 在一个周期内的平均值称为平均功率 $P$。通过数学推导得

$$P = UI\cos\varphi \tag{5-3-1}$$

式（5-3-1）是交流电路平均功率普遍适用的表达式。

从图 5-2-2 所示的 $RLC$ 串联电路的相量图可知：$U_R = U\cos\varphi$，代入式（5-3-1）中得：

$$P = UI\cos\varphi = U_R I = I^2 R = \frac{U_R^2}{R} \tag{5-3-2}$$

可见，电路上的平均功率（有功功率）就是电阻元件消耗的功率。与直流电路的功率表示式 $P=UI$ 比较，交流电路的平均功率（有功功率）除了与电压、电流有效值的乘积有关外，还多了一个系数 $\lambda$。

$$\lambda = \cos\varphi \tag{5-3-3}$$

式中，$\lambda$ 为功率因数；$\varphi$ 是电压和电流的相位差，也是电路的阻抗角，也可称为功率因数角。

功率因数 $\cos\varphi$ 的大小，仅与电路的参数及电源的频率有关，$\varphi = \arctan\left(\dfrac{X_L - X_C}{R}\right)$，与电路电压及电流大小无关。

若电路中有几个电阻元件时，无论还有多少个电感和电容，电路总的有功功率只等于所有电阻元件所消耗的电功率之和，即

$$P = I_1^2 R_1 + I_2^2 R_2 + \cdots \tag{5-3-4}$$

## 三、无功功率

在 R、L、C 组成的正弦交流电路中，存在储能元件 L 和 C 与电源之间的能量交换，并且用无功功率 Q 来衡量这种能量交换的规律。

电路的无功功率是由两部分组成的：一部分是电感元件的无功功率 $Q_L$，另一部分是电容元件的无功功率 $Q_C$。图 5-2-2 所示的相量图表明：电感上的电压 $\dot{U}_L$ 和电容上的电压 $\dot{U}_C$ 相位相反，而它们的电流又是同一个 $\dot{I}$，因此，当电感吸收能量时，电容必定是在放出能量，反之亦然。这样与电源进行交换的是它们之间的差值，即

$$Q = Q_L - Q_C = U_L I - U_C I = (U_L - U_C) I = U_X I$$

由相量图亦可知：

$$U_X = U_L - U_C = U\sin\varphi$$

所以无功功率表达式为

$$Q = UI\sin\varphi \tag{5-3-5}$$

式（5-3-5）是交流电路中无功功率普遍适用的表达式。

💡 **注意**：前面讨论的单参数 L 和 C 的交流电路以及现在讨论的综合参数交流电路中的无功功率，虽然仅表明储能元件与电源进行能量交换的规模，没有能量消耗，但对它的讨论并非"无用"。这是因为交流电路中，只要有电感元件或电容元件工作，那么电源必须有一部分功率（能量）供给这类元件不断交换，这必然增加了电源的负担。在电源功率一定的情况下，供给无功功率多，有功功率（电能转换其他能量）必然减少，造成发电设备的浪费。

## 四、视在功率

交流电路中电压和电流有效值的乘积 UI 称为视在功率，用 S 表示，即

$$S = UI \tag{5-3-6}$$

视在功率 S 虽然表面上具有功率的形式，有功率的量纲，但它并不是电路实际消耗的功率（有功功率），也不是交换的无功功率，所以它的单位不用 W 或 var，而用伏安（V·A）或千伏安（kV·A）表示。

视在功率具有实际意义。如交流电源（发电机或供电变压器）都有确定的额定电压 $U_e$ 及额定电流 $I_e$，其视在功率 $U_e I_e$ 就表示了该电源可能提供的最大有功功率，称为电源的容量。

## 五、功率三角形

式（5-3-2）、式（5-3-5）和式（5-3-6）表明，视在功率 S 和平均功率 P、无功功率 Q 存在如下关系：

$$S = \sqrt{P^2 + Q^2} \tag{5-3-7}$$

💡 **提示**：式（5-3-7）表明：P、Q、S 之间的关系可用一个直角三角形来表示，其中 P、Q 是两个直角边，S 是斜边。此直角三角形称为功率三角形，如图 5-3-2a 所示。功率三角形与电压 U、$U_R$、$U_L - U_C$ 组成的电压三角形及阻抗 Z、R、$X_L - X_C$ 组成的阻抗三角形均是相

似三角形，如图 5-3-2b 所示。

电压三角形由三个电压相量组成。若各边都除以电流 $I$，则得到阻抗三角形；若各边同乘以电流 $I$，则得到功率三角形。阻抗三角形和功率三角形的各边都不能加箭头，不是相量。从三个相似三角形中还可以得到功率因数为

$$\lambda = \cos\varphi = \frac{R}{Z} = \frac{U_R}{U} = \frac{P}{S} \tag{5-3-8}$$

式（5-3-8）在以后分析计算交流电路时根据不同条件灵活运用。

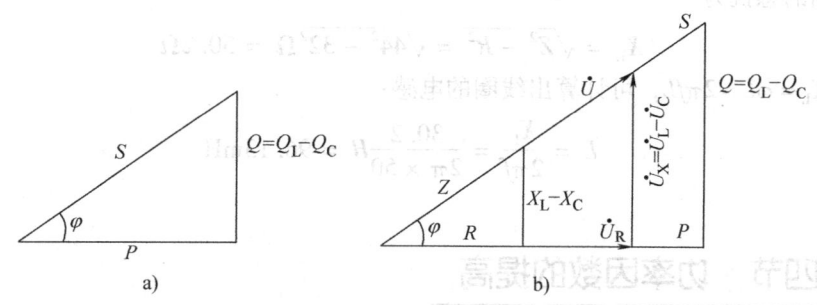

图 5-3-2 功率三角形

**【例 5-3-1】** 计算例 5-1-2 电路中总的有功功率、无功功率及功率因数。

**解：** 例 5-1-2 中的电路虽然只有两个线圈串联，没有电容，但电路中的功率计算方法是一样的。

从题中已算出的结果可知

$$U = 220\text{V}, I = 3.95\text{A}$$

电流滞后电压的角度： $\varphi = 69°$

电路参数： $R = 20\Omega \quad Z = 55.7\Omega \quad X_L = 52\Omega$

这时，电路中的有功功率为

$$P = I^2 R = 3.95^2 \times 20\text{W} \approx 312.05\text{W}$$

电路中的无功功率为

$$Q = I^2 X_L = 3.95^2 \times 52\text{var} \approx 811.33\text{var}$$

视在功率为

$$S = \sqrt{P^2 + Q^2} = \sqrt{312.05^2 + 811.33^2}\text{V} \cdot \text{A} \approx 869\text{V} \cdot \text{A}$$

或：

$$S = UI = 220 \times 3.95\text{V} \cdot \text{A} \approx 869\text{V} \cdot \text{A}$$

功率因数为

$$\lambda = \cos\varphi = \cos 69° \approx 0.359$$

$$\lambda = \cos\varphi = \frac{P}{S} = \frac{312.05}{869} \approx 0.359$$

或：

$$\lambda = \cos\varphi = \frac{R}{Z} = \frac{20}{55.7} \approx 0.359$$

**【例 5-3-2】** 有一电感线圈，为了测量其参数 $L$ 和 $R$，在其两端加上工频 110V 电压，

用电流表测出电流 $I=2.5\text{A}$，功率表测出 $P=220\text{W}$，试计算出线圈的电感 $L$ 和电阻 $R$。

**解**：有功功率就是消耗在线圈电阻上的功率，故可计算电阻值：

$$R = \frac{P}{I^2} = \frac{200}{2.5^2}\Omega = 32\Omega$$

用电压、电流的有效值可计算出线圈的阻抗值：

$$Z = \frac{U}{I} = \frac{100}{2.5}\Omega = 44\Omega$$

则线圈的感抗为

$$X_L = \sqrt{Z^2 - R^2} = \sqrt{44^2 - 32^2}\Omega = 30.2\Omega$$

根据 $X_L = \omega L = 2\pi f L$，可计算出线圈的电感：

$$L = \frac{X_L}{2\pi f} = \frac{30.2}{2\pi \times 50}H = 96.13\text{mH}$$

## 第四节　功率因数的提高

能源是国民经济的基础，对能源不仅要努力开发，还须对其充分利用和节约，对电这种能源也应如此。发电厂供出电能，我们用电单位和个人应尽可能使这些电能转换为其他有用的能量。但是，在目前的交流供电电路中，大多数交流负载，如工矿企业中大量使用的异步电动机、电焊变压器、控制电路中的交流接触器以及日常照明的荧光灯，都属于感性负载，它们使线路上的功率因数降低。如常用的异步电动机，功率因数虽然满载时在 0.7～0.9 之间，但在轻载时则很低；荧光灯的功率因数一般不到 0.5。负载功率因数低对供电的电源会带来不良的后果。

### 一、功率因数低引起的后果

1. 电源设备的容量得不到充分利用

发电机或供电变压器，其额定容量为额定电压 $U_e$ 与额定电流 $I_e$ 的乘积，即额定视在功率 $S_e = U_e I_e$，但是它们在带着负载运行时，其容量能否得到充分发挥，除了电流的大小以外，还得看负载功率因数的高低。

例如 $S_e = 1000\text{kV}\cdot\text{A}$ 的变压器，工作时电压已处于额定状态，当负载的功率因数仅为 0.5 时，此变压器输出的有功功率 $P = S_e\cos\varphi = 1000 \times 0.5\text{kW} = 500\text{kW}$。也就是说，这台变压器输出的能量真正做功的仅占它额定容量的 1/2。而另外部分容量则用来和负载进行功率交换。如果把负载的功率因数从 0.5 提高到 0.98，同一台变压器，几乎可以供给近两个原先那样负载的有功功率，使电源设备的利用率大为提高。所以，供电部门对用户的负载功率因数有一定的要求，一般容量在 160kV·A 以上的高压用户，功率因数不得低于 0.9，其他用户也不得低于 0.85。低于此值要加收电费，高于规定则有奖励。

2. 增加了线路的电压损失和功率损失

在电源输送的平均功率 $P$ 一定时，根据 $I = \dfrac{P}{U\cos\varphi}$ 可知，电流与功率因数成反比关系，功率因数低则线路电流增大。因为输电线路本身有一定的阻抗，它一方面导致线路上的电压损失增大，使用户端电压低；另一方面还使线路上的功率损耗 $\Delta P$ 增加。$\Delta P$ 与电流的平方成正比，即 $\Delta P = I^2 r = \left(\dfrac{P}{U\cos\varphi}\right)^2 r$，可见 $\Delta P$ 与功率因数的平方成反比，功率因数低，将使线路功率损耗大为增加（式中 $r$ 为线路电阻）。

## 二、提高功率因数的方法

提高功率因数，一方面可使电源设备的容量得到充分的利用，同时又减少了电能在输送过程中的损耗，可节约大量电能，对发展国民经济有着极为重要的意义。但在提高功率因数时不能影响那些电感负载的正常工作，因此常用的方法就是在电感负载两端并联电容器。对用电大户可在变电所的高压侧并联电力电容，也可在用户进线处并联低压电容。

图 5-4-1 所示为并联电容器提高功率因数的原理电路图。

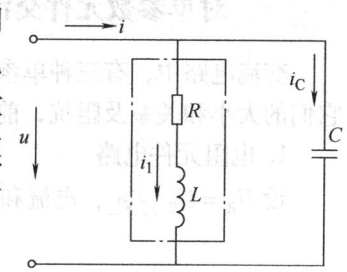

图 5-4-1 提高功率因数的电路

图中，电感性负载用 $RL$ 串联支路来代表，在电源电压下正常工作，而在它的两端并联适当的电容器 $C$，这样，对负载的工作无任何影响，但是对供电线路而言，其功率因数却提高了。

功率因数之所以提高，其实质原因是：并联电容器后，电感的部分无功功率和电容的无功功率相互交换补偿，从而使电网吸收的无功功率减少，因此总电流 $I$ 减小了，功率因数 $\cos\varphi$ 提高了。

理论分析和实验证明，为了使感性电路的功率因数从 $\cos\varphi_1$ 提高到 $\cos\varphi$，并联的补偿电容器之电容量 $C$，应为

$$C = \dfrac{P}{\omega U^2}(\tan\varphi_1 - \tan\varphi)$$

式中，$P$ 为负载的有功功率（W）；$U$ 为电源电压（V）；$C$ 为补偿电容的电容量（F）。

【例 5-4-1】 荧光灯等效电路如图 5-4-1 所示。灯管可等效为电阻元件 $R$，镇流器等效为电感 $L$。已知电源电压 $U = 220\text{V}$，$f = 50\text{Hz}$，并测得荧光灯两端的电压 $U_R = 110\text{V}$，功率 $P = 40\text{W}$。求：(1) 荧光灯中的电流 $I_1$ 和功率因数 $\cos\varphi_1$；(2) 并联电容 $C$ 将电路功率提高到 $\cos\varphi = 0.9$ 时，电容器的电容量是多少？

**解**：(1) 通过荧光灯管的电流：

$$I_1 = \dfrac{P}{U_R} = \dfrac{40}{110}\text{A} = 0.364\text{A}$$

荧光灯支路的功率因数：

$$\cos\varphi_1 = \dfrac{U_R}{U} = \dfrac{110}{220} = 0.5$$

(2) 将功率因数提高到 $\cos\varphi = 0.9$，此时 $\varphi = \arccos 0.9 = 25.84°$，需并联电容器的电容量为

$$C = \dfrac{P}{\omega U^2}(\tan\varphi_1 - \tan\varphi) = \dfrac{40}{314 \times 220^2}(\tan 60° - \tan 25.84°)\text{F} \approx 3.28\mu\text{F}$$

## *第五节  用相量法求解交流电路

第四章第七节已经讲过，正弦电量完全可以用相量法表示。对交流电路的电压、电流采用相量来表示，既为我们分析、计算提供了简单的方法，又使我们对交流电路的认识更加清晰和深刻。本节就讨论如何用相量法分析计算交流电路的问题。

### 一、对单参数元件交流电路的分析

交流电路中，有三种单参数元件 $R$、$L$ 和 $C$。这三种元件若单独作用在交流电路中时，它们的大小和关系及阻抗，前面已经分析过，现用相量法再次分别表示如下：

1. 电阻元件电路

设 $\dot{U}_R = U_R \angle \varphi$，电流和电压同频率同相位，则：

$$\dot{I}_R = I_R \angle \varphi$$

$$\frac{\dot{U}_R}{\dot{I}_R} = \frac{U_R \angle \varphi}{I_R \angle \varphi} = \frac{U_R}{I_R} = R = Z_R$$

式中，$Z_R = R$ 为电路的复数阻抗，但它只有实部，故有：

$$\dot{I}_R = \frac{\dot{U}_R}{R} = \frac{U_R}{R} \angle \varphi = I_R \angle \varphi \tag{5-5-1}$$

2. 电感元件电路

设 $\dot{U}_L = U_L \angle \varphi$，电流滞后电压90°，频率相同，则：

$$\dot{I}_L = I_L \angle \varphi - 90°$$

$$\frac{\dot{U}_L}{\dot{I}_L} = \frac{U_L \angle \varphi}{I_L \angle \varphi - 90°} = X_L \angle 90° = jX_L = Z_L$$

式中，$Z_L = jX_L = j\omega L$ 为复数阻抗，但它只有虚部，故有：

$$\dot{I}_L = \frac{\dot{U}_L}{Z_L} = \frac{\dot{U}_L}{jX_L} = \frac{U_L}{X_L} \angle \varphi - 90° = I_L \angle \varphi - 90° \tag{5-5-2}$$

3. 电容元件电路

设 $\dot{U}_C = U_C \angle \varphi$，电流超前电压90°，频率相同，则：

$$\dot{I}_C = I_C \angle \varphi + 90°$$

$$\frac{\dot{U}_C}{\dot{I}_C} = \frac{U_C \angle \varphi}{I_C \angle \varphi + 90°} = -jX_C = Z_C$$

式中，$Z_C = -jX_C = -j\dfrac{1}{\omega C}$ 为复数阻抗，也只有虚部，这样有：

$$\dot{I}_C = \frac{\dot{U}_C}{Z_C} = \frac{\dot{U}_C}{-jX_C} = \frac{U_C}{X_C} \angle \varphi + 90° = I_C \angle \varphi + 90° \tag{5-5-3}$$

对各参数元件的交流电路，以前所画出的电路均可称为时域模型，它反映了电压和电流时间函数之间的关系。为便于运用相量法，我们还可画出原电路的相量模型电路，即将原电路图中的各元件分别用复数阻抗去替换。电压和电流用相量法表示，其参考方向与原电路相同。上述各单元件电路的相量模型电路如图 5-5-1 所示。

图 5-5-1 各单元件电路的相量模型电路

## 二、用相量法分析交流电路

若交流电路完全用相量模型表示，通过理论分析和实验证明，电路中的相量亦符合基尔霍夫定律和欧姆定律。且这些定律和直流电路中同一定律的形式完全相同，其差别仅在于前者不直接用电压和电流，而用代表相应电压和电流的相量，不用电阻而用复数阻抗。注意到这些对换关系，计算直流电路时的一些公式和方法，就可以用到交流电路的分析中，下面举例说明。

【例 5-5-1】 RLC 串联电路中，$R = 2\Omega$，$L = 2H$，$C = 0.25F$，$u_s = 10\sqrt{2}\sin 2t\text{V}$，求电流及元件的电压。

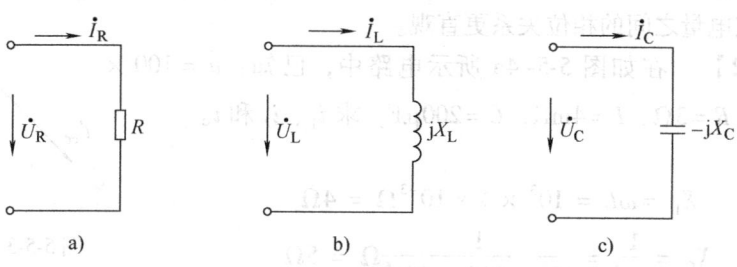

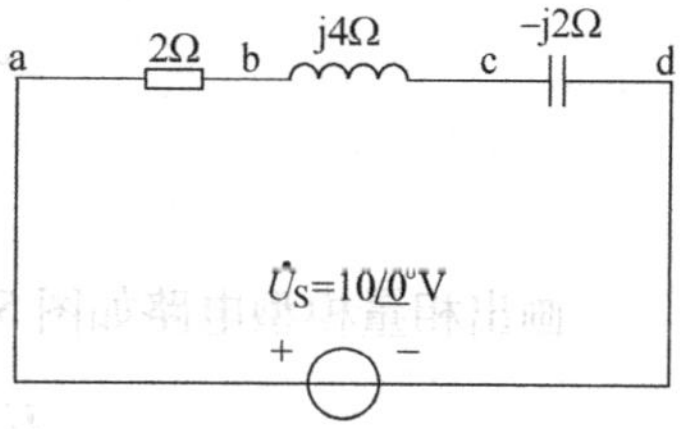

图 5-5-2 例 5-5-1 相量模型电路

解：(1) $\dot{U}_S = U\angle 0° = 10\angle 0°$ V = $Z_R = R = 2\Omega$，$Z_L = jX_L = j4\Omega$，$Z_C = -j2\Omega$

画相量模型电路如图 5-5-2 所示。

(2) 由相量模型电路可求得：

$$Z = Z_R + Z_L + Z_C$$
$$= 2 + j4 - j2 = 2 + j2$$
$$= 2.83\angle 45°\ \Omega$$

$$\dot{I} = \frac{\dot{U}_S}{Z} = \frac{10\angle 0°}{2.83\angle 45°} = 3.53\angle -45°\ \text{A}$$

$$\dot{U}_{ab} = \dot{I}Z_R = \dot{I}R = 2 \times 3.53\angle -45° = 7.06\angle -45°\ \text{V}$$

$$\dot{U}_{bc} = \dot{I}Z_L = \dot{I}jX_L = 3.53\angle -45° \times j4\text{V} = 3.53 \times 4\angle -45° + 90°\text{V} = 14.1\angle 45°\ \text{V}$$

$$\dot{U}_{cd} = \dot{I}Z_C = \dot{I}(-jX_C) = 3.54\angle -45° \times (-j2)\text{V} = 3.54 \times 2\angle -45° - 90°\text{V} = 7.06\angle -135°\ \text{V}$$

(3) 根据求得的各相量写出相应的正弦量为

$$i = \sqrt{2} \times 3.53\sin(2t - 45°)\text{A}$$
$$u_{ab} = \sqrt{2} \times 7.06\sin(2t - 45°)\text{V}$$

$$u_{bc} = \sqrt{2} \times 14.1\sin(2t + 45°)\text{V}$$
$$u_{cd} = \sqrt{2} \times 7.06\sin(2t - 135°)\text{V}$$

根据上面求得的各相量还可画出如图 5-5-3 所示相量图。它和前面所讲的相量图实质是一样的，所不同的是坐标系不同。用相量图表示各正弦电量之间的相位关系更直观。

【例 5-5-2】 在如图 5-5-4a 所示电路中，已知：$u = 100 \times \sqrt{2}\sin1000t\text{V}$，$R = 3\Omega$，$L = 4\text{mH}$，$C = 200\mu\text{F}$，求 $i_1$、$i_2$ 和 $i$。

解：$X_L = \omega L = 10^3 \times 4 \times 10^{-3}\Omega = 4\Omega$

$X_C = \dfrac{1}{\omega C} = \dfrac{1}{10^3 \times 200 \times 10^{-6}}\Omega = 5\Omega$

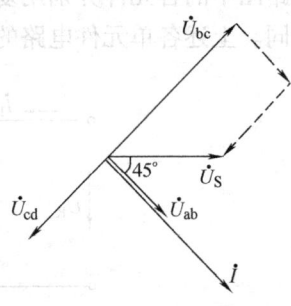

图 5-5-3　例 5-5-1 相量图

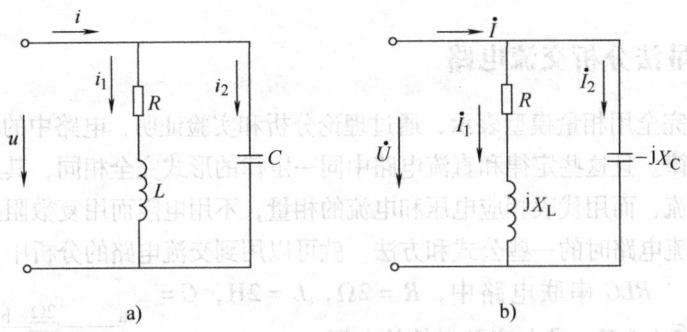

图 5-5-4　例 5-5-2 图

画出相量模型电路如图 5-5-4b 所示，电路中：

$$\dot{U} = 100\angle 0°\text{V}$$
$$Z_1 = R + jX_L = 3 + j4\Omega = 5\angle 53.1°\Omega$$

故：$\dot{I}_1 = \dfrac{\dot{U}}{Z_1} = \dfrac{100\angle 0°}{5\angle 53.1°}\text{A} = 20\angle -53.1°\text{A}$

求得：$i_1 = 20 \times \sqrt{2}\sin(1000t - 53.1°)\text{A}$

又：$Z_2 = -jX_C = -j5\Omega = 5\angle -90°\Omega$

$\dot{I}_2 = \dfrac{\dot{U}}{Z_2} = \dfrac{100\angle 0°}{5\angle -90°}\text{A} = 20\angle 90°\text{A}$

$i_2 = 20 \times \sqrt{2}\sin(1000t + 90°)\text{A}$

由：$\dot{I} = \dot{I}_1 + \dot{I}_2 = 20\angle -53.1°\text{A} + 20\angle 90°\text{A}$

$= (12 - j16 + j20)\text{A} = (12 + j4)\text{A} = 12.65\angle 18.5°\text{A}$

得：$i = 12.65 \times \sqrt{2}\sin(1000t + 18.5°)\text{A}$

画相量图如图 5-5-5 所示。

从上例看出，当含有电感的支路和含有电容的支路并联后，其电流会出现总电流小于分支路电流的现象。出现此现象的原因是电感和电容之间进行能量交换，从而使它们和电源之间进行的能量交换减少，故它们从电源吸收的电流变小。

相量法也可较容易的解决复杂的交流电路，现举例说明。

【**例 5-5-3**】 如图 5-5-6a 所示电路，$u_{S1} = 5 \times \sqrt{2}\sin 2t\text{V}$，$u_{S2} = 10 \times \sqrt{2}\sin(2t + 90°)$ V，$R_1 = 1\Omega$，$R_2 = 2\Omega$，$L = 1\text{H}$，求 $L$ 支路中电流 $i$。

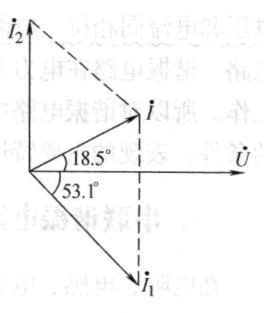

图 5-5-5 例 5-5-2 相量图

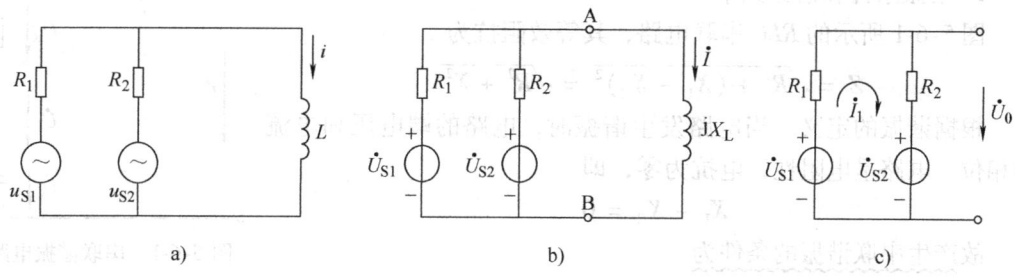

图 5-5-6 例 5-5-3 图

**解**：根据电流的角频率 $\omega = 2\text{rad/s}$，得 $X_L = \omega L = 2\Omega$，画相量模型电路如图 5-5-6b 所示。

用戴维南定理，先将含 $jX_L$ 支路从 A、B 点去掉，根据戴维南定理，先求开路电压 $\dot{U}_0$，如图 5-5-6c 所示。

$$\dot{I}_1 = \frac{\dot{U}_{S1} - \dot{U}_{S2}}{R_1 + R_2} = \frac{5\angle 0° - 10\angle 90°}{1 + 2}\text{A} = \frac{1}{3}(5 - j10)\text{A} = \left(\frac{5}{3} - j\frac{10}{3}\right)\text{A}$$

$$\dot{U}_0 = -\dot{I}_1 R_1 + \dot{U}_{S1}$$

$$= -\left(\frac{5}{3} - j\frac{10}{3}\right) \times 1\text{V} + 5\text{V} = \left(3\frac{1}{3} + j3\frac{1}{3}\right)\text{V} = 3\frac{1}{3} \times \sqrt{2}\angle 45° \text{V}$$

$$Z_0 = \frac{R_1 R_2}{R_1 + R_2} = \frac{1 \times 2}{1 + 2}\Omega = \frac{2}{3}\Omega$$

将含有 $jX_L$ 支路和等效电源 $\dot{U}_0$、$Z_0$ 串联得：

$$\dot{I} = \frac{\dot{U}_0}{Z_0 + jX_L} = \frac{\frac{10}{3} \times \sqrt{2}\angle 45°}{\frac{2}{3} + j2}\text{A} = \frac{\frac{10}{3} \times \sqrt{2}\angle 45°}{\frac{2}{3} \times \sqrt{10}\angle 71.2°}\text{A} = 2.24\angle -26.2°\text{ A}$$

求得：$i = 2.24 \times \sqrt{2}\sin(2t - 26.2°)$ A

## *第六节  谐振电路

在含有电阻、电感和电容三种元件的正弦交流电路中，当满足一定的条件后，电路的端电压和电流同相位,电路呈现电阻性,这种现象称为谐振。呈现谐振现象的电路被称为谐振电路。谐振电路在电力及电子设备中有着广泛的应用,但谐振状态也会影响某些设备的正常工作。所以对谐振电路中的规律必须了解。本节主要介绍串联谐振电路和并联谐振电路产生的条件,表现的主要特性以及对其应用或避免。

## 一、串联谐振电路

在电阻、电感、电容组成的串联电路中,当满足一定的条件后,电路发生谐振,这种现象叫做串联谐振。

**1. 谐振条件和谐振频率**

图 5-6-1 所示的 $RLC$ 串联电路,其等效阻抗为

$$Z = \sqrt{R^2 + (X_L - X_C)^2} = \sqrt{R^2 + X^2}$$

根据谐振的定义,当电路发生谐振时,电路的端电压和电流同相位、电路呈电阻性,电抗为零,即

$$X_L - X_C = 0$$

故产生串联谐振的条件为

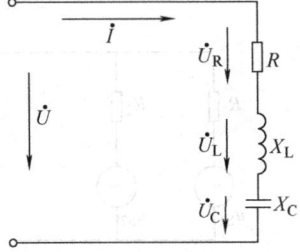

图 5-6-1 串联谐振电路

$$X_L = X_C \text{ 或 } \omega L = \frac{1}{\omega C} \tag{5-6-1}$$

谐振时的电源频率叫做谐振频率,根据上式可得

$$\omega = \frac{1}{\sqrt{LC}} = \omega_0 \tag{5-6-2}$$

$$f = \frac{1}{2\pi\sqrt{LC}} = f_0 \tag{5-6-3}$$

式中,$\frac{1}{2\pi\sqrt{LC}}$ 完全由电路参数 $L$ 和 $C$ 所决定,故称为电路的固有频率。

可见,电路发生串联谐振时,电源频率要等于谐振电路的固有频率。

**2. 调谐方法**

使电路发生谐振的方法称为调谐。由式(5-6-3)可以看出,要想使电路具备谐振条件,即可以通过改变电路的参数 $L$ 和 $C$ 来实现,也可以通过改变电源的频率来实现。因此,通常调谐的方法有以下两种。

(1) 调节电路参数 $L$ 和 $C$ 当串联谐振电路的电源频率为一定值时,适当调节电路参数 $L$ 和 $C$ 的大小,使其满足式子 $x = \omega L - \frac{1}{\omega C} = 0$,就可使电路发生谐振。这种调谐方法应用很广,例如,收音机的输入电路就是通过调节可变电容器的电容量 $C$,使调谐回路的固有频率与要收听电台的频率相等,从而使调谐回路谐振,达到选择信号的目的。

(2) 调节电源的频率 $f$ 当串联谐振电路的参数 $L$ 和 $C$ 为固定值时,可以通过调节电源频率 $f$ 的大小,使其满足式(5-6-1),电路便产生谐振。例如:当用音频或高频振荡器作信号源时,其输出电压的频率在一定范围可调。在电子技术领域中,常利用这一方法来测定电路元件 $L$ 和 $C$ 的数值。

**3. 串联谐振的基本特性**

（1）**阻抗特性**　当 RLC 串联电路发生谐振时，其电抗 $X = X_L - X_C = 0$，则电路的阻抗为

$$Z = \sqrt{R^2 + X^2} = R$$

是一个纯电阻，而且阻抗达到了最小值。

电路处于谐振状态时的感抗值和容抗值常用符号 $\rho$ 来表示。

即
$$\rho = \omega_0 L = \frac{1}{\omega_0 C} = \sqrt{\frac{L}{C}} \tag{5-6-4}$$

式中，$\rho$ 称为串联谐振电路的特性阻抗。

从式（5-6-4）可用看出，串联谐振电路的特性阻抗只取决于该电路的电感 L 及电容 C 的数值。

（2）**电流特性**　因为谐振时电路的阻抗最小且呈电阻性，所以电路中的电流最大且与电压同相位，即

$$I_0 = \frac{U}{Z} = \frac{U}{R} \tag{5-6-5}$$

在实际应用中，可根据谐振时电流最大这一特征来判断串联电路是否发生谐振。

（3）**各元件两端的电压特性**　由前面的分析可知，当电路处于谐振状态时，电阻元件的端电压与串联谐振电路的端电压大小相等，相位相同，即

$$U_{R0} = U = I_0 R \tag{5-6-6}$$

电感 L 和电容 C 两端电压的有效值分别为

$$U_{L0} = X_L I_0 = \omega_0 L I_0 = \rho I_0 \tag{5-6-7}$$

$$U_{C0} = X_C I_0 = \frac{1}{\omega_0 C} I_0 = \rho I_0 \tag{5-6-8}$$

综合以上分析，串联谐振时，各元件端电压的相量如图 5-6-2 所示。

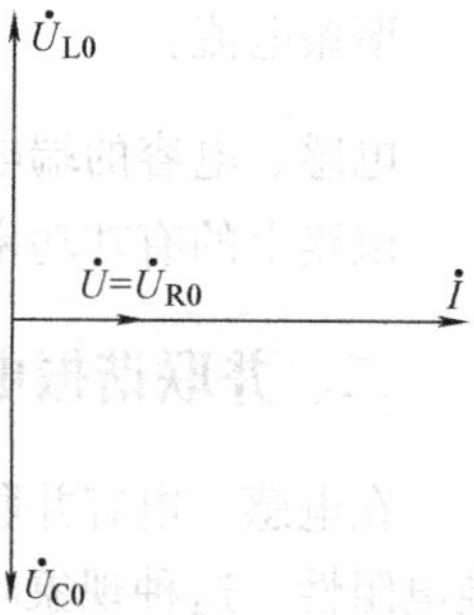

从式（5-6-6）和式（5-6-7）及相量图可以看出，当电路处于谐振状态时，电感两端的电压与电容两端的电压大小相等，相位相反，它们与总电压 U 的关系为

$$U_{L0} = U_{C0} = \rho I_0 = \frac{\rho}{R} U = QU \tag{5-6-9}$$

式中，Q 称为谐振电路的品质因数：

$$Q = \frac{\omega_0 L}{R} = \frac{1}{\omega_0 CR} = \frac{\rho}{R} \tag{5-6-10}$$

图 5-6-2　串联谐振时各元件端电压的相量图

Q 是无量纲的量，只由电路参数确定。对于具有电阻的实际电感线圈与电容串联的电路，电感线圈的品质因数可近似为电路的品质因数。

品质因数 Q 是衡量谐振电路特性的一个重要参数。如果谐振时电路中的特性阻抗愈大，而电阻愈小，则品质因数 Q 愈高。此时，电感 L 和电容 C 两端的电压是电路端电压的 Q 倍。这就说，电感 L 及电容 C 的端电压有升高的现象，所以串联谐振又称为电压谐振。

*应用*：电压谐振所产生的高电压在电信工程上是十分有益的，因为外来的无线电信号非常微弱，通过电压谐振可把信号电压升高几十甚至几百倍。收音机的谐振回路就是一个例子。如果外加电压为 5mV，品质因数为 100，则电路发生谐振时，电容及电感两端就可得到

500mV 的输出电压。

在电力系统中，谐振现象往往会给系统正常运行带来不利影响。这是因为电力系统大多采用高压传输，工作电压本来就很高，一旦电路发生谐振，便会在电容器和电感线圈两端出现非常危险的高电压，损坏电气设备。因此，电力传输系统要尽量避免发生谐振。

(4) 功率特性　谐振时，电路呈纯电阻性，则阻抗角 $\varphi = 0$，于是，电源供给的有功功率为

$$P = UI\cos\varphi = UI = I_0^2 R \quad (5\text{-}6\text{-}11)$$

无功功率为
$$Q = UI\sin\varphi = 0 \quad (5\text{-}6\text{-}12)$$

或：
$$Q = Q_L - Q_C = 0$$

即
$$Q_L = Q_C \quad (5\text{-}6\text{-}13)$$

【例 5-6-1】 已知 $RLC$ 串联电路中，$L = 500\mu H$，$C = 161.5 pF$，$R = 18\Omega$，求谐振频率 $f_0$，特性阻抗 $\rho$，品质因数 $Q$。若输入信号，电压 $U = 10V$，求 $I_0$ 及 $U_{L0}$、$U_{C0}$、$U_R$ 各是多少？电路的有功功率是多少？

**解：** 谐振频率 $f_0 = \dfrac{1}{2\pi\sqrt{LC}} = \dfrac{1}{2\pi\sqrt{500\times10^{-6}H \times 161.5\times10^{-12}F}} = 560 kHz$

特性阻抗：$\rho = \sqrt{\dfrac{L}{C}} = \sqrt{\dfrac{500}{161.5}\times 10^6}\Omega \approx 1760\Omega$

品质因数：$Q = \dfrac{\rho}{R} = \dfrac{1760\Omega}{18\Omega} \approx 98$

串联谐振时电阻上的电压等于电源电压，即
$$U_R = U = 10V$$

谐振电流：$I_0 = \dfrac{U}{R} = \dfrac{10V}{18\Omega} \approx 0.56A$

电感、电容的端电压：$U_{L0} = U_{C0} = Q_0 U = 98 \times 10V = 980V$

电路上的有功功率：$P = I_0^2 R = (0.56A)^2 \times 18\Omega \approx 5.64W$

## 二、并联谐振电路

在电感、电容并联电路中，当满足一定条件时，电路的总电流与端电压同相位，电路呈纯电阻性，这种现象叫做并联谐振。

**1. 并联谐振的条件和谐振频率**

实际电感线圈是由电阻和电感串联组合起来的，而电容器的损耗及漏电流一般很小，可以略去不计，这样就获得了如图 5-6-3 所示的并联谐振电路。

各支路复阻抗为
$$Z_1 = R + jX_L = R + j\omega L$$
$$Z_2 = -jX_C = -j\dfrac{1}{\omega C}$$

设外加电压相量为 $\dot{U}$，根据相量形式的欧姆定律和基尔霍夫定律，可以求出总电流为

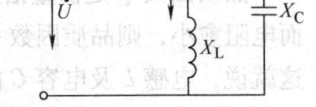

图 5-6-3　并联谐振电路

$$\dot{I} = \dot{I}_L + \dot{I}_C = \frac{\dot{U}}{R + j\omega L} + j\omega C \dot{U}$$

整理后可写成：

$$\dot{I} = \dot{U}\left[\frac{R}{R^2 + \omega^2 L^2} + j\left(\omega C - \frac{\omega L}{R^2 + \omega^2 L^2}\right)\right] \tag{5-6-14}$$

根据并联谐振的定义，当电路产生谐振时，电压和电流相同，电路呈纯电阻性。因此，由式（5-6-14）可知，并联电路产生谐振的条件是

$$\omega C - \frac{\omega L}{R^2 + \omega^2 L^2} = 0 \tag{5-6-15}$$

由式（5-6-15）可以推导出电路谐振角频率为

$$\omega_0 = \sqrt{\frac{1}{LC} - \frac{R^2}{L^2}} = \frac{1}{\sqrt{LC}}\sqrt{1 - \frac{R^2}{L/C}} \tag{5-6-16}$$

可以相应的求出并联谐振频率为

$$f_0 = \frac{1}{2\pi\sqrt{LC}}\sqrt{1 - \frac{R^2}{L/C}} \tag{5-6-17}$$

一般地，实际电感线圈的电阻 $R$ 在工作频率范围内远小于 $\sqrt{L/C}$，则在此条件下：

$$f_0 \approx \frac{1}{2\pi\sqrt{LC}} \tag{5-6-18}$$

为了使并联电路产生谐振，可以通过调整 $L$ 和 $C$ 的值或改变电源频率来实现，方法与串联电路的调谐方法相同。

2. 并联谐振电路的特性

（1）阻抗特性　由式（5-6-14）可以知道，当电路发生谐振时，电流 $\dot{I}$ 的虚部为零，则此时电路的总阻抗 $Z_0$ 为

$$Z_0 = \frac{\dot{U}}{\dot{I}} = \frac{R^2 + \omega_0^2 L^2}{R}$$

由于 $R \ll \omega_0 L$，所以分子中的 $R^2$ 可以忽略。因而：

$$Z_0 \approx \frac{\omega_0^2 L^2}{R} \approx \frac{\frac{1}{LC}L^2}{R} = \frac{L}{RC} \tag{5-6-19}$$

一般电感线圈的电阻总是很小的，比线圈本身的阻抗小的多，即 $R \ll \omega_0 L = \sqrt{L/C}$，所以并联谐振电路的阻抗具有很高的数值，且呈纯电阻性。

（2）电流特性　谐振时电路总电流 $\dot{I}_0 = \frac{\dot{U}}{Z_0}$，当电压一定时，由于 $Z_0$ 具有很高的电阻值，所以电流很小，其有效值为

$$I_0 = \frac{U}{Z_0} = \frac{U}{L/RC} = \frac{RC}{L}U \tag{5-6-20}$$

电容支路电流为

$$\dot{I}_{C0} = j\omega_0 C \dot{U} = j\omega_0 C \frac{L}{RC} \dot{I}_0 = j\frac{\omega_0 L}{R}\dot{I} = jQ_0 \dot{I}_0$$

当 $R \ll \omega_0 L$ 时，有 $R + j\omega_0 L$，因此电感支路电流为

$$\dot{I}_{L0} = \frac{\dot{U}}{R + j\omega_0 L} \approx \frac{\frac{L}{RC}}{j\omega_0 L}\dot{I}_0 = -j\frac{1}{\omega_0 CR}\dot{I}_0 = -jQ_0\dot{I}_0 \qquad (5\text{-}6\text{-}21)$$

由以上分析可以看出，并联谐振电路中电容支路和电感支路电流相位近似相反，大小近似相等，且为总电流的 $Q_0$ 倍。$Q_0$ 是并联谐振电路的品质因数，和串联谐振的品质因数一样，也是 $Q_0 = \omega_0 L/R$。由于并联谐振时可以在 $L$ 和 $C$ 上引起较大的电流，所以并联谐振又叫做电流谐振。

并联谐振电路电压、电流相量图如图 5-6-4 所示。由图可知电压 $\dot{U}$ 和总电流 $\dot{I}_0$ 同相；电容支路电流 $\dot{I}_{C0}$ 超前总电流 90°，而电感支路电流 $\dot{I}_{L0}$ 滞后总电流接近 90°，这是由于电感支路电阻很小的缘故。由于 $\dot{I}_{L0}$ 与 $\dot{I}_{C0}$ 接近于大小相等而方向相反，所以它们的相量和，即总电流 $\dot{I}_0$ 很小。

在电子技术中，常利用并联谐振电路在谐振时能呈现高阻抗这一特点，在高内阻电源情况下，用并联谐振来达到选择信号的目的。如图 5-6-5 所示电路中，$\dot{U}$ 为交流电源的电压，$R_i$ 为电源内阻，A、B 两端接入并联谐振电路。当外加电源的频率等于电路的谐振频率时，谐振电路的输入阻抗 $Z = L/(RC)$ 很大，因而在其两端获得一个高电压；而对于其他频率，电路不发生谐振，阻抗较小，因此在 A、B 两端所形成的电压就低。这样便起到了选择信号的作用。可以证明，品质因数越高，并联谐振电路的选择信号的能力越强，但品质因数过高，传输的信号会失真。

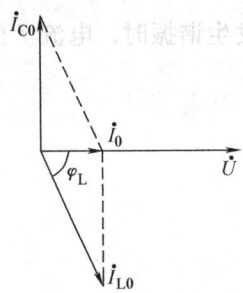
图 5-6-4　并联谐振电路电压与电流的相量图

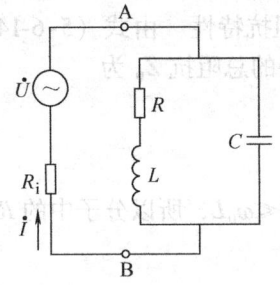
图 5-6-5　并联谐振电路在信号选择中应用

## △第七节　谐振的利用

由于串联谐振和并联谐振具有诸多特点，因而它们被广泛应用在各种电子线路中。下面我们通过部分实例来对其应用作一简单介绍。

### 一、串联谐振的应用实例

1. 收音机的输入电路

收音机的输入电路是一个串联谐振电路,如图 5-7-1a 所示。当各种不同频率的电磁波信号被天线线圈 $L_1$ 接受后,由于电磁感应都会在线圈 $L_1$ 中感应出不同频率的信号,如图 5-7-1b 所示等效电路中的 $e_1$、$e_2$、$e_3$ 等。如果调节电容器 $C$,使电路与频率为 $f_1$ 的 $e_1$ 发生谐振,那么对 $e_1$ 来讲,电路呈现的阻抗最小,在电路中产生的电流最大,在电容两端就能得到较高的输出电压。而对于 $e_2$、$e_3$ 等其他频率的信号,由于这些频率未使电路发生谐振,故电路对它们呈现的阻抗很大,相应的电流也就很小,电容两端输出的电压就很小。结果我们从收音机中听到的就是频率为 $f_1$ 的电台广播。

2. 串联吸收回路

在一些电子线路中,为了使电路获得所需的频率特性,抑制某种频率信号的干扰,通常在放大器的输入端接入吸收回路。吸收回路是一种滤波器,只对某个频率有最大的衰减,因而又叫陷波器。串联吸收回路只是众多吸收回路中的一种,如图 5-7-2 所示。

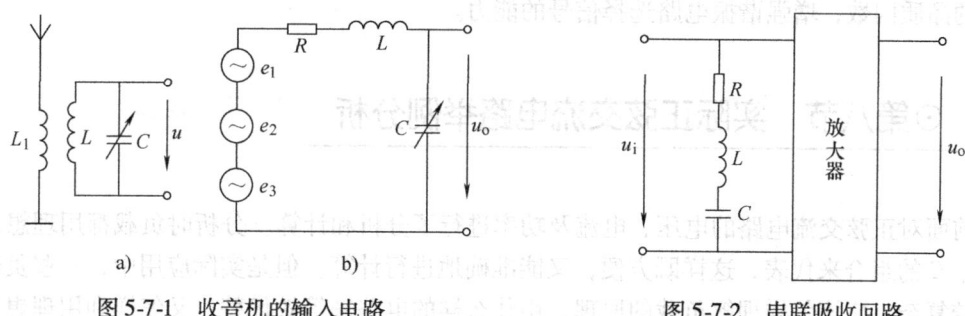

图 5-7-1 收音机的输入电路　　　　图 5-7-2 串联吸收回路

图中 $RLC$ 串联支路并联在放大器的输入端,该支路的固有频率 $f_0 = \dfrac{1}{2\pi\sqrt{LC}}$。若输入信号 $u_i$ 是具有一定频率范围的信号,则其中频率为 $f_0$ 的信号会使 $RLC$ 串联支路发生谐振。根据串联谐振的特点,谐振时电路的总阻抗最小,等于电阻 $R$ 的阻值;而在实际中,电阻 $R$ 一般是电感元件的内阻,理想情况下可忽略为零。因此,对于频率为 $f_0$ 的信号,$RLC$ 串联支路完全相当于短路,即频率为 $f_0$ 的信号被全部吸收掉。

## 二、并联谐振的应用实例——双音频选号调度电话

图 5-7-3 所示为双音频选号调度电话分机的选频放大示意图。

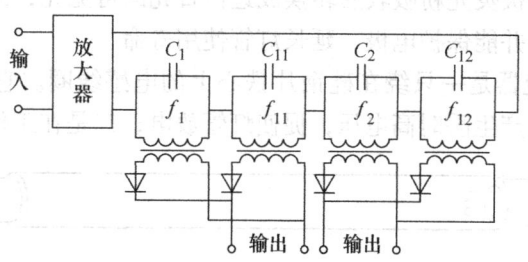

图 5-7-3　双音频选号调度电话选频放大电路示意图

每个车站设一个分机,都接在同一对线路上,总机设在调度室。每个分机中有四个不同谐振频率的谐振电路,其中两个频率是分机专用的,如图中 $f_1$ 和 $f_2$,用于调度员发出相应的

频率信号进行呼叫；另外两个频率则是各站共用的，如图中$f_{11}$和$f_{12}$，这两个频率是调度员呼叫全部车站分机时使用的。

当调度总机需要呼叫某一车站时，就发出$f_1$和$f_2$频率的信号，被呼叫站接到信号后，相应的两个并联谐振电路便发生谐振，产生高压电输出，使晶体管开关电路动作，电话振铃，被呼叫站可与调度员通话。而其他各站分机由于对$f_1$和$f_2$频率信号不谐振，输出电压小，开关电路不动作，电话不振铃。如调度室要呼叫所有车站，则发

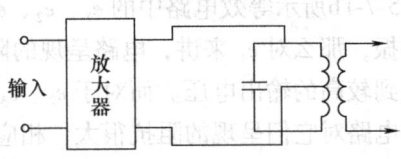

图 5-7-4　实际中的并联谐振电路

出$f_{11}$和$f_{12}$两个频率的信号，这样各站分机的谐振电路都会发生谐振，电话都振铃。

应当指出，在实际电路中，并联谐振电路的接法与原理图所表示的是有区别的。在实际电路中，线圈大多接成如图5-7-4所示的带中间抽头形式，这样接的作用在于提高并联谐振电路的品质因数，增强谐振电路选择信号的能力。

## ⊙第八节　实际正弦交流电路举例分析

前面对正弦交流电路的电压、电流及功率进行了分析和计算。分析时负载都用理想元件$R$、$L$、$C$的组合来代表，这样既方便，又能准确地进行计算。但是实际应用中，一些负载的性质较复杂，应该怎样理解负载的原理，用什么样的电路来等效代替，又怎样利用理想元件的特点为实际服务和应用等，都需要我们用理论联系实际的方法来解决。

### 一、荧光灯结构原理及等效电路分析

荧光灯是一种常见的照明灯具，它从交流电源吸收能量转换成近似日光的可见光能，为我们照明，应用非常广泛。

荧光灯由灯管、镇流器、辉光器三个主要部件组成。

(1) 灯管　灯管是一根直径为15～38mm的玻璃管，如图5-8-1所示。在管内壁上涂上一层荧光粉（有毒的金属盐），灯管两端各有一个灯丝，灯丝由钨丝绕制，用以发射电子。管内抽真空后充入一定量的氩气与少量的水银。当管内产生弧光放电时，发出一种波长极短的不可见光，这种光波被荧光粉吸收后转换成近似日光的可见光，因此也称为日光灯。氩气能帮助灯管易于点燃，并能保护电极，延长灯管使用寿命。

(2) 镇流器　镇流器是一只绕在硅钢片铁心上的电感线圈。它有两个作用，一是在启动时与辉光启动器配合产生瞬时高电压，促使灯管放电；二是在工作时限制灯管中的电流。

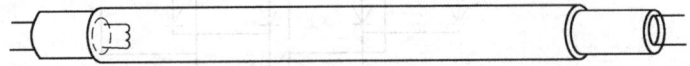

图 5-8-1　荧光灯管

(3) 辉光启动器　如图5-8-2所示，它是一个充有氖气的玻璃泡，其中装有一个固定的静触片和用双金属片制成的U形动触片。辉光启动器的作用是将电路接通和自动断开。为

避免辉光启动器两触片断开时产生火花将触片烧坏，在氖气管旁有一只纸质电容器与触片并联。辉光启动器的外壳是铝质（或塑料）的圆筒，起保护作用。

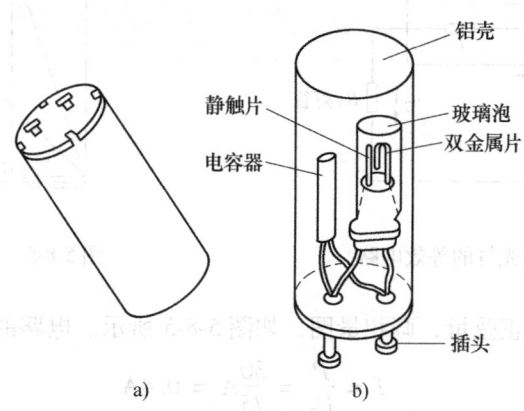

图 5-8-2　辉光启动器

荧光灯实际接线电路如图 5-8-3 所示。在电路刚接上电源时，灯管尚未放电，辉光启动器的触片处于断开位置。此时，电路中没有电流，电源电压全部加在辉光启动器的两个触片上，使氖管中产生辉光放电而发热，两触片接触将电路接通，于是有电流流过镇流器和灯管两端的灯丝，使灯丝加热并发射电子，这时辉光启动器内辉光放电已停止，双金属片冷却缩回，两触片分开，使流过镇流器和灯丝的电流中断，在此瞬间，镇流器产生了相当高的自感电动势。它和电源电压串联后加在灯管两端引起弧光放电，荧光灯发光。灯管正常工作之后，一半以上的电压降落在镇流器上，灯管两端的电压也就是辉光启动器两触片之间的电压较低，不足以引起辉光启动器氖管的辉光放电，因此，它的两个触片仍保持断开状态。

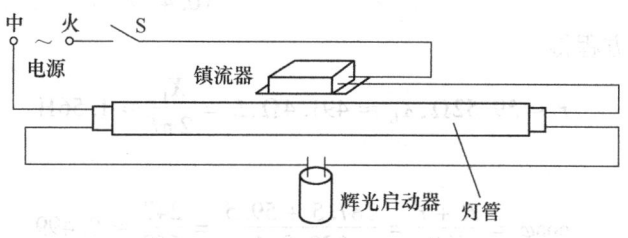

图 5-8-3　荧光灯接线图

荧光灯在正常工作状态下，其等效电路如图 5-8-4 所示。

其中，发光的灯管是一个耗能元件，用电阻元件 $R$ 表示，镇流器是一个具有电阻 $r$ 的线圈 $L$，它们和灯管串联在一起，接在交流电源上，电源电压为 $u$，我们即可用这个 $RL$ 串联电路来分析电路上的电压、电流的大小及关系。

【例 5-8-1】　荧光灯等效电路图如图 5-8-4 所示，为求其参数，在其正常工作时，测出其各部分电压。总电压 $U=220\text{V}$，$f=50\text{Hz}$，灯管两端 $U_2=75\text{V}$，镇流器两端 $U_1=198\text{V}$，又知荧光灯额定功率为 30W，估算其参数 $R$、$r$、$L$ 及其功率因数。

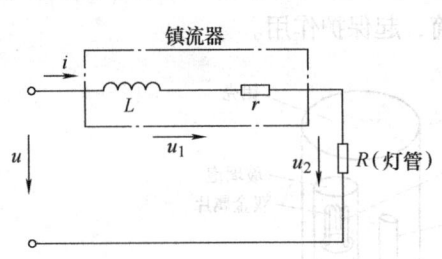

图 5-8-4 荧光灯的等效电路

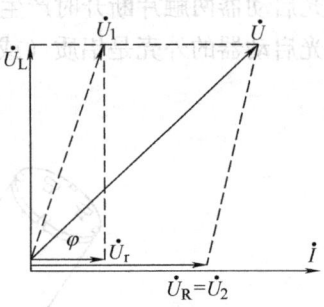

图 5-8-5 荧光灯电路相量图

**解**：设电流为参考正弦量，画相量图，如图 5-8-5 所示。电路的总电流有效值为

$$I = \frac{P}{U_2} = \frac{30}{75}\text{A} = 0.4\text{A}$$

灯管的等效电阻为

$$R = \frac{U_2}{I} = \frac{7.5}{0.4}\Omega = 187.5\Omega$$

根据测得数据和求得的参数，列出下面方程组：

镇流器两端有 $\sqrt{r^2 + X_L^2} = \frac{U_1}{I}$，即

$$r^2 + X_L^2 = \left(\frac{198}{0.4}\Omega\right)^2$$

整体电路有 $\sqrt{(r+R)^2 + X_L^2} = \frac{U}{I}$，即

$$(r + 187.5\Omega)^2 + X_L^2 = \left(\frac{220}{0.4}\Omega\right)^2$$

联立上面两个方程得

$$r \approx 59.52\Omega, X_L \approx 491.4\Omega, L = \frac{X_L}{2\pi f} \approx 1.56\text{H}$$

又得

$$\cos\varphi = \frac{R + r}{U/I} = \frac{187.5 + 59.5}{220/0.4} = \frac{247}{550} \approx 0.499$$

## 二、趋肤效应及应用

电流流过导体时，在导体外部周围产生磁场，而且在导体内也有磁场，这种现象用导体的电感来表示。如果假想导体由许多细铜丝所组成，每一根铜丝不仅有电阻，而且也有电感，可以看成是 RL 串联电路，许多这样的铜丝并联如图 5-8-6 所示。由图 5-8-6a 可知，中心铜丝 a 比边上铜丝交链的磁通多，所以电感 $L_a > L_b > L_c \cdots$。交流电流通过导体时，阻抗值也会不一样，即 $Z_a > Z_b > Z_c$。电流大小必定不同，为 $i_a < i_b < i_c \cdots$。

也就是说，在整个导体截面上，电流 $I$ 不是均匀分布的，导体中心处电流密度小，导体

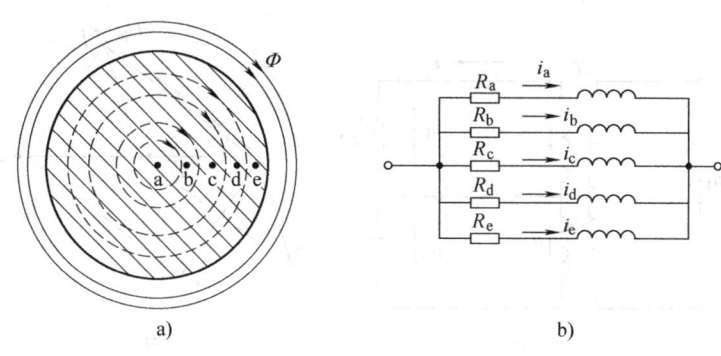

图 5-8-6 趋肤效应原理图

表面电流密度大，导体上出现的这种现象称为趋肤效应或集肤效应。显然，这样会使导体的有效截面减小，相应的电阻增加，这个电阻叫交流有效电阻，它大于直流时的电阻。

趋肤效应是交流电流在导体通过时表现的一种特征。这在实际工程中经常被利用，效果很好。

为节约铜材，长途电力输送电线采用了钢芯铝线。这是因为铝的电阻比铜的大，截面要做的大些，而大的截面又使趋肤效应显著，故可把导线做成空芯，但为了足够的机械强度，空芯铝线中间又用钢丝加固。

大容量双水内冷发电机，它的绕组导线由于截面大，考虑到趋肤效应，也做成空芯管子，管中通有循环的冷却水，以带走所产生的热量。

对高频线圈，虽然电流不大，但因频率高，趋肤效应显著，也用钢管制成。

机械零件的高频表面淬火，也是利用高频电流通过机械零件，由于趋肤效应，电流在零件表面通过，这样表面发热快，温度升高快，这样进行表面淬火比较理想，既提高了零件的硬度（表面），又保持了原来的韧性。

### 三、移相电路和分相电路

1. 移相电路

在交流电路中，电压和电流的相位差角主要取决于电路参数的性质以及电源的频率。移相电路就是利用上述性质而设计的。移相电路多种多样，在 RC 串联电路中，可通过改变参数 $R$、$C$ 达到改变 $U_o$ 和 $U_i$ 之间的相位关系的目的。且若使输出电压 $\dot{U}_o$ 超前输入电压 $\dot{U}_i$ 一定角度，可取电阻两端电压为输出电压，这在电子电路中应用较多。若使输出电压 $\dot{U}_o$ 滞后输入电压 $\dot{U}_i$ 一定角度，可从电容两端取输出电压。

图 5-8-7a 是桥式移相电路，T 是变压器。当改变电阻 RP 时，输出电压 $u_g$ 的有效值 $U_g = U$ 不变，但是输出电压 $u_g$ 与电源电压 $u$ 之间相位差 $\varphi_2$ 改变。可以证明，当电阻 $R$ 从 0 变到 ∞（开路）时，$u_g$ 与电源电压 $u$ 的相位差从 180°变到 0°。

在电子线路中，有时需要一种移相网络，其电路如图 5-8-8 所示，要求输出电压 $u_2$ 超前于输入电压 $u_1$ 180°。通过分析和理论计算可知：$U_2 = \dfrac{1}{29} U_1$，与电路参数 $R$、$C$ 及 $\omega$ 无关，且 $u_1$ 和 $u_2$ 相反，相位差为 180°。

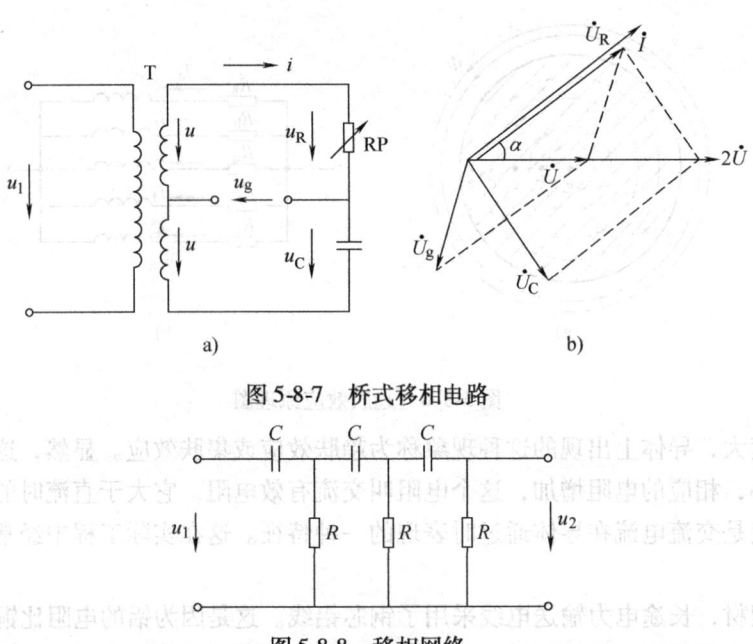

图 5-8-7 桥式移相电路

图 5-8-8 移相网络

**2. 分相电路**

家用电器（例如电风扇）中用的单相异步电动机，其定子要求有两相绕组。当加交流电压后，这两相绕组内的电流大小相等，但是两电流相位必须互差 90°，这样才能使电动机正常起动和运行。为此，要求两个电流必须出现相位差。实际采取的措施，就是在其中一相绕组（二次绕组）中串联一适当电容器 $C$，通常称为分相（裂相），这种电路叫分相电路，如图 5-8-9 所示。

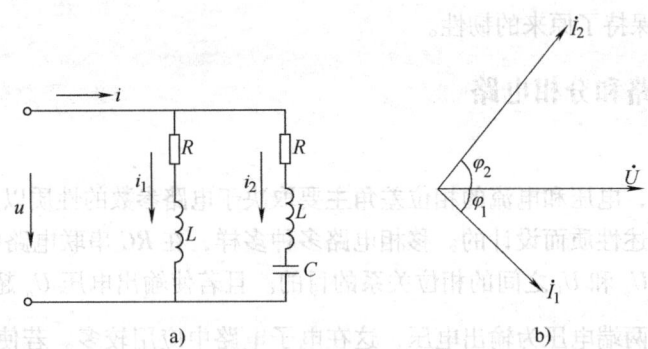

图 5-8-9 单相电动机分相
a) 原理图  b) 相量图

分相的原理和前面的移相原理相似，即改变电路参数后，电流和电压相位差即可改变。本来两个相同的绕组，其电流和电压均有相同的初相位，因此这两电流同相位。若其中一个绕组串联适当的电容 $C$，使该支路的性质由原来的感性变成容性。此时该电路电流变为超前（对电压 $U$ 而言），另一个支路仍然是滞后的电流，这样两相绕组电流必有相位差，从图 5-8-9b 相量图即可看出。

## 四、家庭供电线路

图 5-8-10 所示为一家庭住房平面图形。根据住户的条件和要求，为满足需要，对室内用电线路予以布置。供电施工平面图如图 5-8-10 所示，电路原理图如图 5-8-11 所示。

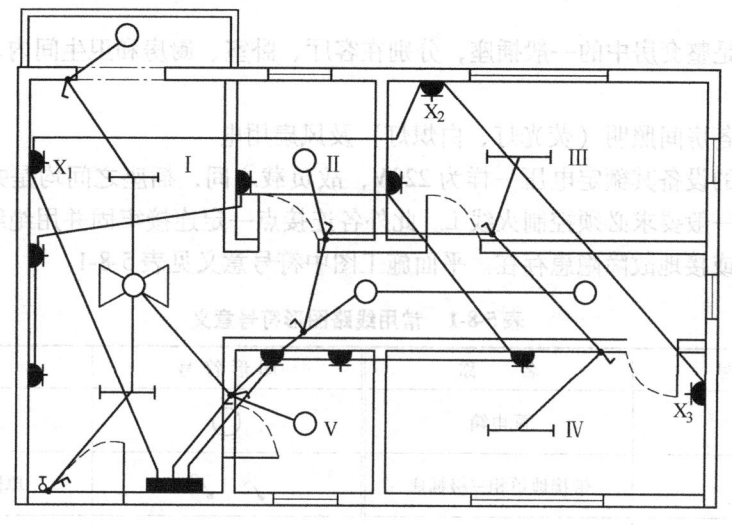

图 5-8-10　家庭供电施工平面图

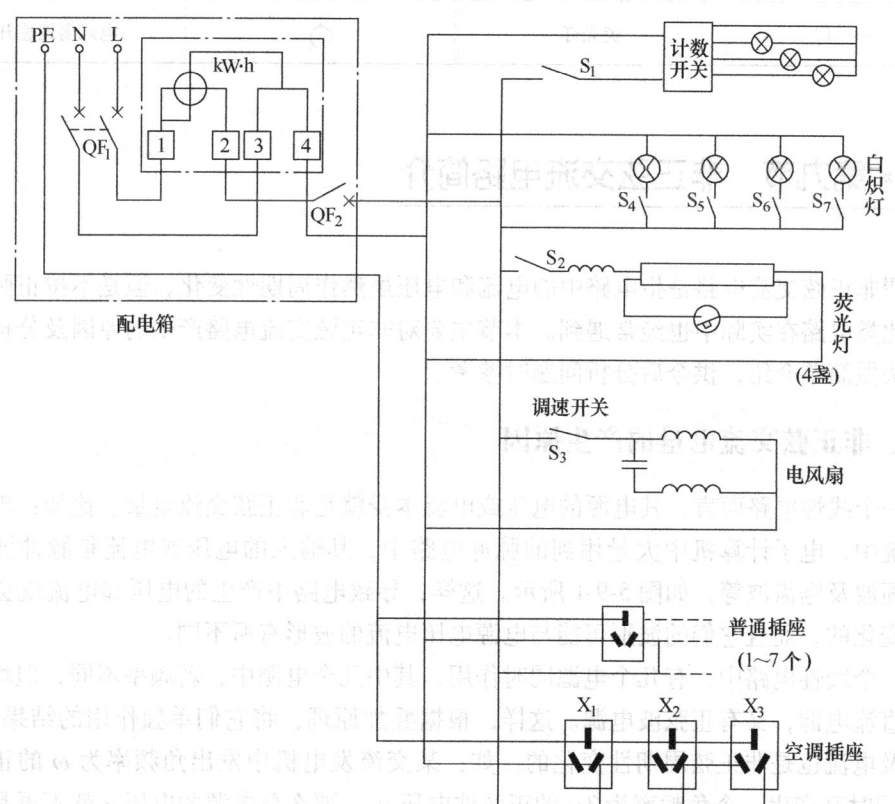

图 5-8-11　家庭供电原理图

配电箱内设有二极漏电断路器 QF$_1$ 和单极断路器 QF$_2$，零线接线板，保护接地接线板以及电能表 kW·h。单相电源由配电箱输入后，分三路并联输出。其中 L 为火线，N 为零线，PE 为保护接地线。

一路输出是空调用单相三极插座，主要为三部空调供电，此路由于供电电流大，故敷设的导线较粗。

二路输出是整套房中的一般插座，分别在客厅、卧室、厨房和卫生间内、方便用户临时用电使用。

三路是供各房间照明（荧光灯、白炽灯）及风扇用电

因为所用的设备其额定电压一样为220V，故负载之间，插座之间均是并联连接。照明及风扇的开关一般要求必须控制火线 L。此外各连接点一定连接牢固并用绝缘包扎好，防止有断路、短路或接地故障隐患存在。平面施工图中符号意义见表5-8-1。

表 5-8-1　常用线路图形符号意义

| 图形符号 | 名　　称 | 图形符号 | 名　　称 |
|---|---|---|---|
| ▬ | 配电箱 | ○ | 一般灯具 |
| ⌒ | 带接地单相三极插座 | ╱ ╱ | 单极、双极开关 |
| kW·h | 电能表 | ▷◁ | 吊扇 |
| ├──┤ | 荧光灯 | ⊙ | 电风扇调速开关 |

##  *第九节　非正弦交流电路简介

所谓非正弦交流电路是指电路中的电流和电压虽然作周期性变化，但是不按正弦规律变化。因此类电路在实际中也经常遇到。本节主要对非正弦交流电路产生的原因及分析此类电路的方法做简单介绍，供今后分析问题时参考。

### 一、非正弦交流电量的产生原因

对一个线性电路而言，其电源的电压或电流本身就是非正弦交流电量。比如：现代自动控制系统中，电子计算机中大量用到的脉冲电路中，其输入的电压或电流是脉冲波，或方波、尖顶波及锯齿波等，如图5-9-1所示。这样，导致电路中产生的电压和电流就会是非正弦交流变化的，而且它们的波形可能与电源电压电流的波形有所不同。

若一个线性电路中，有几个电源同时作用，其中几个电源中，若频率不同，但均为正弦波；有直流电源，又有正弦波电源。这样，根据叠加原理，将它们单独作用的结果合成后，其电压及电流也是非正弦周期性变化的。如：某交流发电机中发出角频率为 $\omega$ 的正弦波电压 $u_1$，同时又产生一个角频率为 $3\omega$ 的正弦波电压 $u_2$，那么总电源的电压 $u$ 就不再是正弦波电压，如图5-9-2所示。

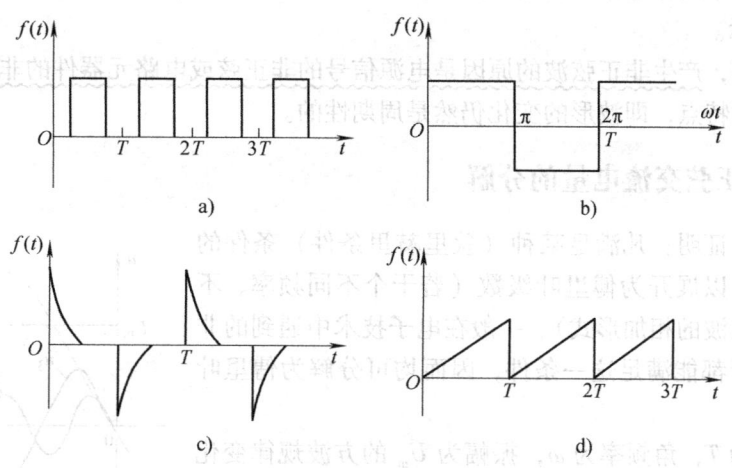

图 5-9-1　几种非正弦交流电量的波形
a）脉冲波　b）方波　c）尖顶波　d）锯齿波

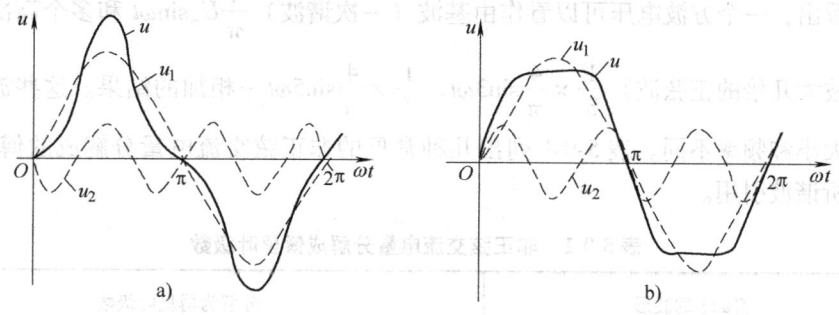

图 5-9-2　两个不同频率的正弦电压叠加

从负载方面讲，如果电路中含有非线性元器件时，即使电源电压是正弦波，电路中的电流也将是非正弦交流电流。图 5-9-3a 所示电路中，输入电压 $u_i$ 是正弦波，由于电路中半导

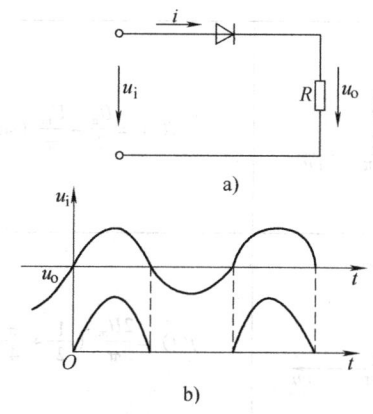

图 5-9-3　二极管整流电流及半波整流电压

体二极管具有单向导电性，属非线性器件，这使输出电压 $u_o$ 成为半波非正弦交流电压，如图 5-9-3b 所示。

由此可知，产生非正弦波的原因是电源信号的非正弦或电路元器件的非线性所致。但它们有一个共同特点，即波形的变化仍然是周期性的。

## 二、非正弦交流电量的分解

数学上已证明，凡满足某种（狄里赫里条件）条件的周期函数都可以展开为傅里叶级数（若干个不同频率、不同幅值的正弦波的相加形式）。一般在电子技术中遇到的非正弦交流电量都能满足这一条件，因而均可分解为傅里叶级数。

以周期为 $T$，角频率为 $\omega$，振幅为 $U_m$ 的方波规律变化的交流电压为例。图 5-9-4 所示。通过分解，可得：

$$f(t) = \frac{4}{\pi}U_m(\sin\omega t + \frac{1}{3}\sin3\omega t + \frac{1}{5}\sin5\omega t + \cdots)$$

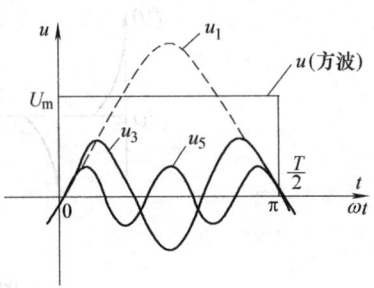

图 5-9-4　方波电压

可以看出，一个方波电压可以看作由基波（一次谐波）$\frac{4}{\pi}U_m\sin\omega t$ 和多个高次谐波（指频率比基波大几倍的正弦波）$\frac{1}{3} \times \frac{4}{\pi}\sin3\omega t$、$\frac{1}{5} \times \frac{4}{\pi}\sin5\omega t\cdots$ 相加的结果。这些波形都是正弦波，但大小和频率不同。表 5-9-1 列出几种常见的非正弦交流电量分解成的傅里叶级数，供以后分析谐波引用。

表 5-9-1　非正弦交流电量分解成傅里叶级数

| 名称 | $f(\omega t)$ 的波形 | 分解为傅里叶级数 |
|---|---|---|
| 方波 | （方波波形图，幅值 $U_m$，周期 $2\pi$） | $f(t) = \frac{4}{\pi}U_m(\sin\omega t + \frac{1}{3}\sin3\omega t + \frac{1}{5}\sin5\omega t + \cdots)$ |
| 锯齿波 | （锯齿波波形图，幅值 $U_m$，周期 $2\pi$） | $f(t) = \frac{U_m}{2} - \frac{U_m}{\pi}(\sin\omega t + \frac{1}{2}\sin2\omega t + \frac{1}{3}\sin3\omega t + \cdots)$ |
| 单相半波整流 | （半波整流波形图，幅值 $U_m$，周期 $2\pi$） | $f(t) = \frac{2U_m}{\pi}(\frac{1}{2} + \frac{\pi}{4}\cos\omega t - \frac{1}{3}\cos2\omega t - \frac{1}{15}\cos4\omega t + \cdots)$ |

(续)

| 名称 | $f(\omega t)$ 的波形 | 分解为傅里叶级数 |
|---|---|---|
| 单向全波整流 | (波形图：单向全波整流) | $f(t) = \dfrac{4U_m}{\pi}\left(\dfrac{1}{2} - \dfrac{1}{3}\cos\omega t - \dfrac{1}{15}\cos 2\omega t - \cdots - \dfrac{1}{4k^2-1}\cos k\omega t - \cdots\right)$ |
| 三角波 | (波形图：三角波) | $f(t) = \dfrac{8U_m}{\pi^2}\left(\sin\omega t - \dfrac{1}{9}\sin 3\omega t + \dfrac{1}{25}\sin 5\omega t - \cdots\right)$ |
| 梯形波 | (波形图：梯形波) | $f(t) = \dfrac{4U_m}{\alpha\pi}\left(\sin\alpha\sin\omega t + \dfrac{1}{9}\sin 3\alpha\sin\omega t + \dfrac{1}{25}\sin 5\alpha\sin\omega t + \cdots\right)$ |
| 矩形脉冲 | (波形图：矩形脉冲) | $f(t) = \alpha U_m + \dfrac{2U_m}{\pi}\left(\sin\alpha\pi\cos\omega t + \cdots + \dfrac{1}{k}\sin k\alpha\pi\cos k\omega t + \cdots\right)$ |

## 三、非正弦交流电路的分析方法

当非正弦交流电源电压或电流作用在线性电路中时，对其电路中的电流或电压分析和计算主要按下列步骤：

1) 先将电源电压（或电流）变为傅里叶级数，即分解为直流分量和系列谐波分量。

2) 分别计算电源的直流分量和各次谐波单独作用时在电路中产生的电压和电流。

3) 将步骤2中所属于同一支路或元件的电压、电流根据叠加原理以瞬时值进行叠加，其结果即是所求。

💡 *注意*：具体求解时，还要注意以下几点：

1) 当直流分量单独作用于电路时，电容相当于开路，电感相当于短路，按直流电路的方法求解各电压和电流。

2) 在基波作用下的电路中，$x_{L1} = \omega L$，$x_{C1} = \dfrac{1}{\omega C}$，可按正弦交流电路的方法求解各电压

和电流。

3）在 $k$ 次谐波作用下的电路中，$x_{Lk} = k\omega L = kx_{L1}$，$x_{Ck} = \dfrac{1}{k\omega C} = \dfrac{x_{C1}}{k}$，仍按正弦交流电路的方法求解。

4）在用叠加原理计算最后结果时，必须按各分量的瞬时值相加。

**【例 5-9-1】** 在电压放大电路中常见 $RC$ 并联电路，今有 $RC$ 并联电路，如图 5-9-5a 所示，已知 $R = 1\mathrm{k}\Omega$，$C = 50\mathrm{\mu F}$，$i = I_0 + i_1 = (1.5 + \sin 6280t)\ \mathrm{mA}$，电流的波形如图 5-9-5b 所示。试求端电压 $u$ 及电容电流 $i_C$。

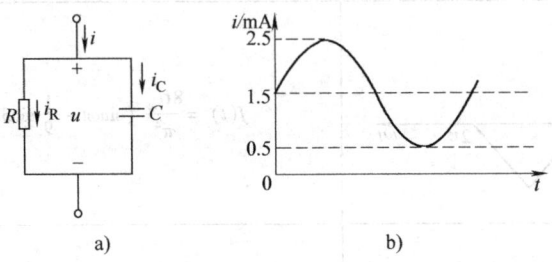

图 5-9-5 例 5-9-1 图

**解**：设电压 $u = U_0 + u_1$，其中 $U_0$ 为直流分量，$u_1$ 为交流（基波）分量。如图 5-9-6 所示，运用叠加原理进行计算。

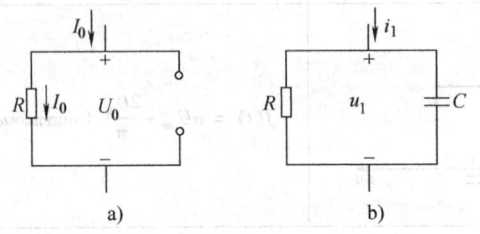

图 5-9-6 各分量单独作用时的电路

（1）计算 $i$ 的直流分量 $I_0 = 1.5\mathrm{mA}$ 单独作用时所产生的端电压 $U_0$。

在图 5-9-6a 所示的直流电路中，电容相当于开路，电流 $i$ 中的直流分量 $I_0$ 只能流过电阻 $R$，因而直流电压分量 $U_0$ 为

$$U_0 = I_0 R = (1.5 \times 10^{-3} \times 1 \times 10^3)\mathrm{V} = 1.5\mathrm{V} = 1500\mathrm{mV}$$

（2）计算 $i$ 的基波分量 $i_1 = \sin 6280t\ \mathrm{mA}$ 单独作用时产生的端电压 $u_1$，在图 5-9-6b 所示的正弦电路中：

$$x_{C1} = \frac{1}{\omega C} = \frac{1}{6280 \times 50 \times 10^{-6}}\Omega \approx 3\Omega$$

相量阻抗：

$$Z_1 = \frac{R(-jx_{C1})}{R - jx_{C1}} = \frac{1000 \times (-j3)}{1000 - j3} \approx 3\angle -89.9°\ \Omega$$

电压的基波分量：

$$\dot{U}_{m1} = Z_1 \dot{I}_{m1} = [(3 \angle -89.9°) \times 1 \angle 0°] \text{mV} = 3 \angle -89.9° \text{ mV}$$

$$u_1 = 3\sin(6280t - 89.9°) \text{mV}$$

(3) 叠加后得

$$u = U_0 + u_1 = [1500 + 3\sin(6280t - 89.9°)] \text{mV}$$

(4) 因为电容对直流相当开路，所以电压的直流分量作用时，电容电流为零。那么，电容电流只由电压的交流谐波分量产生，即

$$\dot{I}_{Cm1} = \frac{\dot{U}_{m1}}{-jx_C} = \frac{3 \angle -89.9°}{-j3} = 1 \angle 0.1° \text{ mA}$$

即

$$i_C = \sin(6280t + 0.1°) \text{ mA}$$

通过该例说明：由于容抗（3Ω）远远小于电阻（$R=1\text{k}\Omega$），使总电流的交流分量 $i_1$ 几乎都从电容 $C$ 上流过，电容器对交流分量起到了旁路作用，电容的这一旁路作用在电子技术中得到广泛应用。

## 四、非正弦交流电路中的有效值和有功功率

对非正弦交流电路中的电流，是由其直流分量和其各次谐波分量组成，根据正弦交流电的有效值定义，可以得到，非正弦交流电路中的电流有效值为

$$I = \sqrt{I_0^2 + I_1^2 + I_2^2 + I_3^2 + \cdots}$$

式中，$I_0$ 为电流直流分量的值；$I_1$、$I_2$、$I_3$……分别是各谐波分量的有效值。

同样，电压的有效值为

$$U = \sqrt{U_0^2 + U_1^2 + U_2^2 + U_3^2 + \cdots}$$

根据能量守恒定律，非正弦交流电路中总有功功率等于直流分量和各次谐波作用下分功率之和，即

$$P = P_0 + P_1 + P_2 + P_3 \cdots$$

式中，$P_0$、$P_1$、$P_2$、$P_3$……分别是直流分量及各谐波分量分别作用下的有功功率。

## 本 章 小 结

1. 用相量图法分析交流电路（$RL$ 串联、$RC$ 串联、$RLC$ 串联）的方法：先画出相量图，然后根据相量图中各电量的几何关系来求解。当电路结构、参数不同时，电路表现的特点不同，分析时要特别注意。要记住用 $Z$、$U$、$S$ 三角形来分析交流电路。

2. 用相量法分析交流电路，关键在于复数计算。先画相量模型电路，然后按直流电路的方法来分析交流电路，但是必须用复数计算。

3. 交流电路中的有功功率、无功功率和视在功率，各含义一定要清楚。另外，要知道交流电路中功率因数的含义及提高的意义、方法。

4. 谐振电路分串联谐振和并联谐振两种电路。它们发生谐振的条件各有不同，且发生谐振后的特性也不相同。掌握这些主要为以后在实际中应用或避免事故发生。

5. 对非正弦交流电路中，要知道产生非正弦交流电量的原因，对非正弦交流线性电路按叠加原理的方法来分析。

## 练习及思考题

### 一、选择填空

1. $RL$ 串联电路中,电阻上的分电压与总电压的相位关系是(　　)
   a. 同相位　　b. $\dot{U}_R$ 超前 $\dot{U}$ $\varphi$ 角 ($\varphi < \dfrac{\pi}{2}$)　　c. $\dot{U}_R$ 滞后 $\dot{U}$ $\varphi$ 角 ($\varphi < \dfrac{\pi}{2}$)

2. $RLC$ 串联电路中,若使电流超前电压一个 $\varphi$ 角 ($\varphi < 90°$),必须使(　　)
   a. $\omega L > \dfrac{1}{\omega C}$　　b. $2\pi f L > \dfrac{1}{2\pi f C}$　　c. $x_L = x_C$

3. 在 $RC$ 串联电路中,若电源的频率增加,电路中的功率因数(　　)
   a. 不变　　b. 增加　　c. 降低

4. 串联电路发生谐振后,电路中的电流比不发生谐振时的(　　)
   a. 要减小　　b. 要增加　　c. 一样

5. 若提高电感性质负载的功率因数,在实际工程上采取(　　)
   a. 负载两端并联一个适当电容　　b. 和负载串联一个适当电容
   c. 负载两端并联一个适当的电阻

### 二、纠错改误

| 错　误 | 改　正 | 错　误 | 改　正 |
|---|---|---|---|
| $\dot{U}_L / \dot{I}_L = x_L$ | | $S = \sqrt{P^2 + Q_L^2 + Q_C^2}$ | |
| $\dot{U}_C = \dot{I}_C X_C$ | | $Q = Q_L + Q_C$ | |
| $u_L = \dot{I}_L X_L$ | | $S = P + Q$ | |
| $\dot{U}_C = \dot{I} X_C$ | | $S = UI\cos\varphi$ | |
| $U = U_R + U_L$ | | $\varphi = \arctan \dfrac{R}{Z}$ | |
| $\dot{U} = \sqrt{U_R^2 + U_L^2}$ | | $\cos\varphi = \dfrac{R}{X}$ | |
| $i = I_1 + I_2$ | | $S = S_1 + S_2$ | |
| $I = \dot{I}_1 + \dot{I}_2$ | | | |

### 三、分析计算

1. 在题图 5-1 所示各电路中,各电源的数值相同,交流电源的频率相同 $R = X_L = X_C$ 且各指示灯规格相同,试分析判断哪个灯最亮,哪个灯最暗。

2. 某线圈接在电压为 20V 的直流电源上,测得流过线圈的电流为 1A;当把它改接到 $f = 50Hz$,电压有效值为 120V 的正弦交流电源上时,测得流过线圈的电流为 0.3A,求线圈的直流电阻和电感 $L$ 各为多少?

3. 在 $RC$ 串联电路中,若电源电压 $u = 220\sqrt{2}\sin 314t$ V,电流则为 $i = 22\sqrt{2}\sin(314t + \dfrac{\pi}{4})$ A,该电路中的阻抗、电阻、电容及有功功率各是多少?

4. 将 $RC$ 串联电路接在 100V/50Hz 的交流电源上,实测电流 $I = 2A$,有功功率 $P =$

120W，求电路中的电阻 $R$ 和电容 $C$ 各为多大？

5. 为了降低单相电动机的转速，可采用降低电动机端电压的方法来实现。为此，可在电路中串联一个电抗线圈 $L$，如题图 5-2 所示。已知，电动机旋转时，绕组电阻 $R = 200\Omega$，电抗 $x_L = 280\Omega$，电源电压 $U = 220V$，$f = 50Hz$，欲将电动机端电压降低为 180V，试求串联的 $x'_L$ 及其电感 $L$ 应为多大？

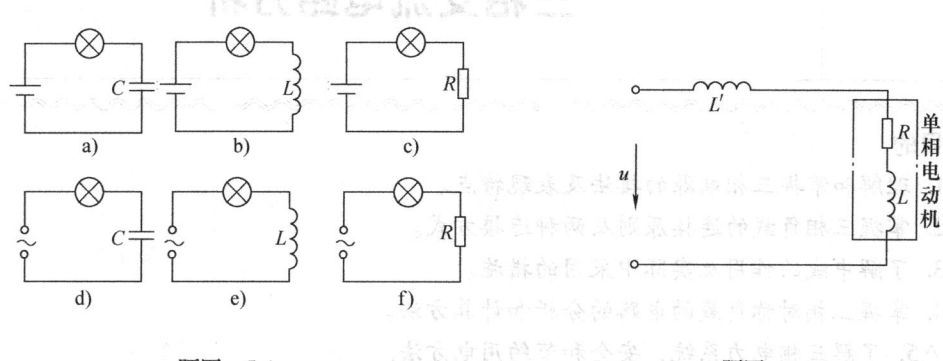

题图 5-1 题图 5-2

6. 功率为 40W，功率因数 $\cos\varphi_1 = 0.5$ 的荧光灯 20 只，并联在 220V 的交流电源上，求其总电流 $I$、视在功率 $S$（日光灯可视为 $RL$ 串联电路）和功率因数 $\cos\varphi$。

7. 上题中，若使其功率因数 $\cos\varphi$ 提高到 0.9，需要在电源上并联一个多大的电容器？

8. 一实际电感线圈与一个电容器串联，已知 $C = 0.4\mu F$，当调节外加电压的频率为 100Hz 时发生谐振，此时 $I_0 = 1.1A$，而电容上的电压 $U_{C0}$ 为外加电压的 11.1 倍，求电感线圈的 $R$、$L$ 值。

9. 一个电阻为 $20\Omega$，电感为 $640\mu H$ 的线圈，与容量为 $400pF$ 的电容器组成串联或并联电路。求两种情况下，发生谐振时的阻抗和谐振频率 $f_0$。

10. 求题图 5-3 所示各电路中安培计 $A_0$ 的读数。

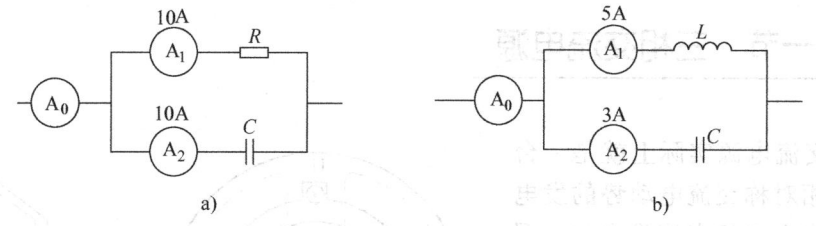

题图 5-3

### 四、思考题

1. 有功功率、无功功率及视在功率主要含义、单位及它们之间的关系是什么？
2. 交流电路和直流电路比较，在分析和计算时，主要有哪些区别？
3. 提高功率因数的意义及如何提高功率因数？

*4. 串联和并联谐振的条件及主要特点各是什么？

△5. 你能举出交流电的使用实例吗？

*6. 非正弦交流电产生的主要原因有哪些？如何分析这种电路？

# 第六章

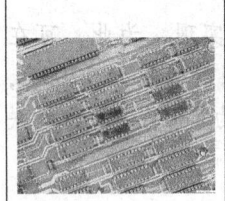

## 三相交流电路分析

**教学目的**

1. 理解和掌握三相电源的接法及表现特点。
2. 掌握三相负载的连接原则及两种连接方式。
3. 了解中线的作用及实际中采用的措施。
4. 掌握三相对称负载的电路的分析和计算方法。
△5. 了解三相电力系统，安全和节约用电方法。
△6. 了解三相功率及电能的测量方法。

前面介绍的正弦交流电路，电源通过两条导线与负载连接，称为单相交流电路。目前电力系统普遍采用由三相交流电源组成的供电系统，称为三相交流电路。与单相交流电路比较，三相交流供电系统在电能的产生、输送、分配以及应用方面都具有显著的优点。例如在发电机尺寸相同的条件下，三相交流发电机可以输出更多的功率；在相同距离内，以相同的电压输送相同的功率时，三相供电系统可以节省有色金属导电材料；在应用方面，三相交流异步电动机是主要的动力设备，它具有结构简单、性能良好的优点。

本章主要介绍三相交流电的产生及其主要特点，单相负载的连接方式，三相对称电路的分析以及三相交流电路的功率计算。另外介绍我国电力系统供电制和三相对称负载的实例分析。

## 第一节 三相交流电源

三相交流电源实际上就是一台能产生三相对称交流电动势的发电机，通常称为三相交流发电机。图 6-1-1 所示为最简单的三相发电机的原理图。它主要是由电枢和磁极组成。

电枢是固定的，亦称定子，由定子铁心和三相绕组组成。定子铁心是用内圆表面冲有槽的硅钢片叠成。在槽内放置三组匝数相等、互相独立的对称绕组，称为三相绕组。

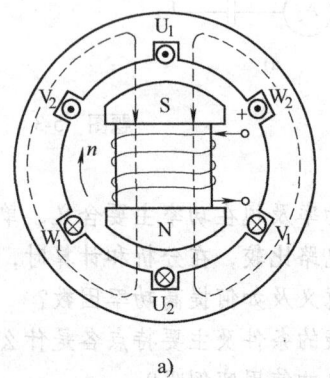
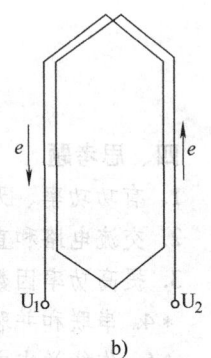

图 6-1-1 三相交流发电机原理图

绕组的起端分别用 $U_1$、$V_1$、$W_1$，末端用 $U_2$、$V_2$、$W_2$ 标注。其中一组绕组如图 6-1-1b 所示。三相绕组在空间相隔 120°。发电机的磁极是旋转的，亦称转子。转子铁心上绕有励磁绕组，通过直流电产生磁场。

图 6-1-1 所示的发电机转子由原动机（例如水轮机、汽轮机和柴油机等）带动，并按顺时针方向作匀速旋转时，每相绕组将依次切割磁力线，产生频率相同，幅值相等的正弦波电动势，在 $U_1U_2$、$V_1V_2$、$W_1W_2$ 三个绕组中所产生的电动势分别为 $e_U$、$e_V$、$e_W$；电动势的参考方向选定由绕组的末端指向起端。显而易见，这三相电动势达到最大值或零值的顺序是不同的。这种达到最大值或零值的先后顺序，称为三相电源的相序。例如，图 6-1-1 所示发电机的电动势相序为 $e_U - e_V - e_W - e_U$。

对于图 6-1-1 所示的发电机来说，转子在空间旋转一周，各相电动势将变化一个周期，即变化 360°。若以 $U_1U_2$ 相电动势作为计时开始的参考电量，即 $t=0$ 时其初相角为零，则三相电动势的瞬时表达式如下：

$$\begin{cases} e_U = E_m \sin\omega t \\ e_V = E_m \sin(\omega t - 120°) \\ e_W = E_m \sin(\omega t - 240°) = E_m \sin(\omega t + 120°) \end{cases}$$

相应的波形图和相量图如图 6-1-2 所示，将其称为三相对称电动势。

发电机产生的三相对称电动势大小相等，频率相同，相位互差 120°。若将它们输出，在各相绕组端必得到三相对称交流电源电压 $u_U$、$u_V$、$u_W$，称为三相对称电压。这三相电源电压若分别和所供负载相连，形成三个互不相

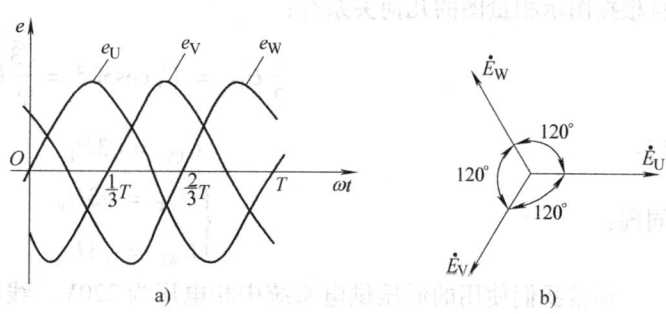

图 6-1-2 三相电动势的波形和相量图

干的单相供电系统，则丝毫不能体现三相电源的优越性。故实际中在电源内将三相绕组连接成星形或三角形，如图 6-1-3 所示，这就是三相供电制。

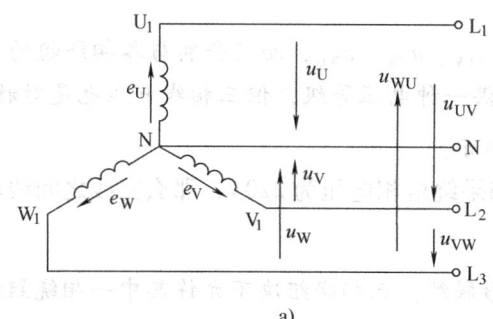
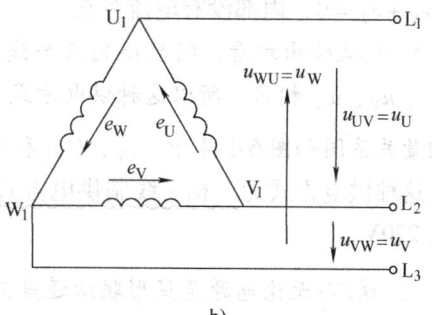

图 6-1-3 电源的两种接法
a) 星形联结　b) 三角形联结

**1. 电源的星形联结（Y联结）**

如图 6-1-3a 所示，三相绕组的末端连接在一点 N，称为电源的中点或零点。从中点引出的线称为中线（零线）。从三相绕组的起端 $U_1$、$V_1$、$W_1$ 引出的三根线称为端线或相线（俗称火线）。按这样的接法输出供电，称为<u>三相四线制</u>。这种供电可同时输出两种电压等级，一种是每一根相线与中线之间的电压，称为相电压，如图中的 $u_U$、$u_V$、$u_W$ 统一用 $u_P$ 表示。另一种是任意两根相线间的电压，称为线电压，如图中 $u_{UV}$、$u_{VW}$、$u_{WU}$，统一用 $u_L$ 表示。

显然，根据 KVL，从图中可得：

$$u_{UV} = u_U - u_V$$
$$u_{VW} = u_V - u_W$$
$$u_{WU} = u_W - u_U$$

由于 $u_U$、$u_V$、$u_W$ 三相相电压对称，画出相量图如图 6-1-4 所示。

从相量图可见，三个线电压也是对称的，而且在相位上线电压比相应的相电压（如 $\dot{U}_{UV}$ 对应 $\dot{U}_U$）超前 30°，这种供电方式可供不同等级的负载选择。且根据图示相量图的几何关系有：

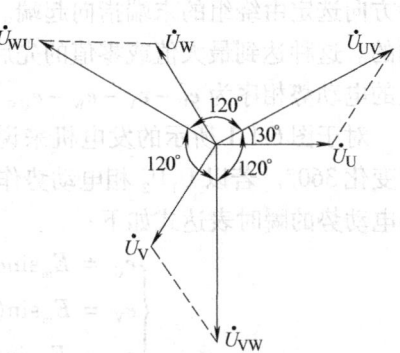

图 6-1-4 三相电压相量图

$$\frac{1}{2}U_{UV} = U_U\cos 30° = \frac{\sqrt{3}}{2}U_U$$

得：
$$U_{UV} = \sqrt{3}U_U$$

同理：
$$\begin{cases} U_{VW} = \sqrt{3}U_V \\ U_{WU} = \sqrt{3}U_W \end{cases}$$

通常我们使用的低压供电系统中相电压为 220V，线电压为 380V，记为 380/220V 三相四线制供电系统。

**2. 电源的三角形联结（△联结）**

如图 6-1-3b 所示，三相绕组的端点依次相接成闭合的三角形，从三个接点上引出输出端线（相线）接负载。从绕组内部看，因为三相绕组中产生的三个电动势是对称的，所以 $e_U + e_V + e_W = 0$，内部没有电流存在。

*结论：*从输出端看，明显得到三个线电压 $u_{UV}$、$u_{VW}$、$u_{WU}$，而且分别与各相绕组的相电压 $u_U$、$u_V$、$u_W$ 相同，所以这种供电方式只提供一种电压等级，但三相线电压也是对称的，其相量关系图如图 6-1-4 中 $\dot{U}_{UV}$、$\dot{U}_{WU}$ 和 $\dot{U}_{VW}$ 所示。

这种供电方式为<u>三相三线制供电方式</u>。如果绕组相电压为 220V，那么三线之间线电压亦为 220V。

💡*注意：*无论电源是星形联结还是三角形联结，三相绕组决不允许其中一相绕组的首末端接反。

例如，在如图 6-1-5a 所示的星形联结电路中，一旦 $L_1$ 相绕组首末端接反，$u_U$ 和原来相差 180°，三相输出的相电压在相位上就不会有 120°的相位差，即出现相位上严重不对称，从图 6-1-5b 所示的相量图上即可看出。且三个线电压也出现大小不等，相位差不等的严重不对称现象。

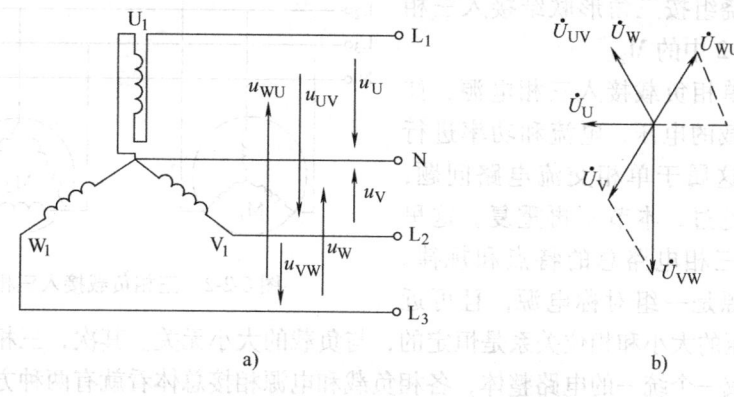

图 6-1-5　星形联结时一相接反

再比如，三角形联结时，若一相绕组接反，在三相绕组闭合回路中，因为 $e_U+e_V+e_W\neq 0$，且绕组的阻抗都不大，这样必然在回路内会产生很大的电流，俗称环流。很大的环流会使绕组遭到破坏，这在实际中是决不允许的。

##  第二节　三相负载的连接方式

在工程技术和日常生活中，用电设备种类繁多。其中有的只需要单相电源供电即可，如照明灯及家用电器；有的则需要三相电源供电，如三相交流电动机、大功率三相电阻炉等。现以 380/220V 三相四线制供电系统为例，说明这些负载如何接到三相供电线路中。

### 一、负载接入三相电源的原则和接入情况

负载接入三相电源的原则有两条：一是电源电压必须等于负载的额定电压，这样才能使负载安全可靠的长期工作；二是负载尽可能均匀分布到三相电源上，力求使三相电路的负载均衡、对称（负载阻抗的大小和性质相同），这样才能合理的使用三相电源。

遵循上述原则，大量使用的照明灯及家用电器都属于单相负载，其额定电压均为 220V，那么就将其接在三相电源的相线（端线）与中线之间，并将它们尽可能均匀的分布在各相中，如图 6-2-1 所示。

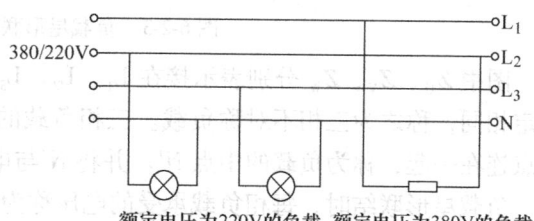

图 6-2-1　单相负载接入三相供电系统

**注意**：有的单相负载如接触器、继电器等，它们的励磁线圈额定电压是 380V，这时应将其接在两条相线（端线）之间。

有的动力负载（如三相交流异步电动机）则必须使用三相电源。它本身的三相绕组是一组对称的三相负载。根据电动机每相绕组的额定电压不同，以不同方式接入三相电源。若电动机每相绕组的额定电压为 220V，则将三相绕组按星形联结接入电源，如图 6-2-2 中的

$M_1$。若电动机的每相绕组的额定电压为380V，则三个绕组按三角形联结接入三相电源，如图6-2-2中的$M_2$。

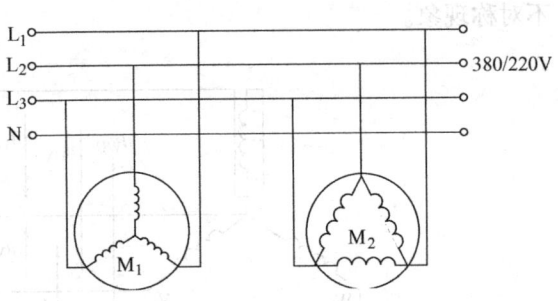

对某一相单相负载接入三相电源，如果只需对该负载的电压、电流和功率进行分析和计算，这属于单相交流电路问题，在前一章已讨论过，本节不再重复。这里我们着重注意三相电路总的特点和规律。

首先，三相电源是一组对称电源，且可近似认为电源电压的大小和相位关系是恒定的，与负载的大小无关。其次，三相电路中所有的负载和电源组成一个统一的电路整体，各相负载和电源相接总体看就有两种方式，星形联结和三角形联结，各相之间电压和电流则有不同的确定关系，只要我们掌握了它们的有关规律，就能够取得事半功倍的效果。下面就电路的两种不同接法分别进行分析。

图6-2-2 三相负载接入三相电源

## 二、负载的星形联结

在图6-2-2中，三相交流电动机$M_1$是按星形联结的。在图6-2-1中若干个额定电压为220V的单相负载接在三相电源的相线和中线之间，也可看作是星形联结的。电源与负载的连接方式依习惯画法表示如图6-2-3所示。

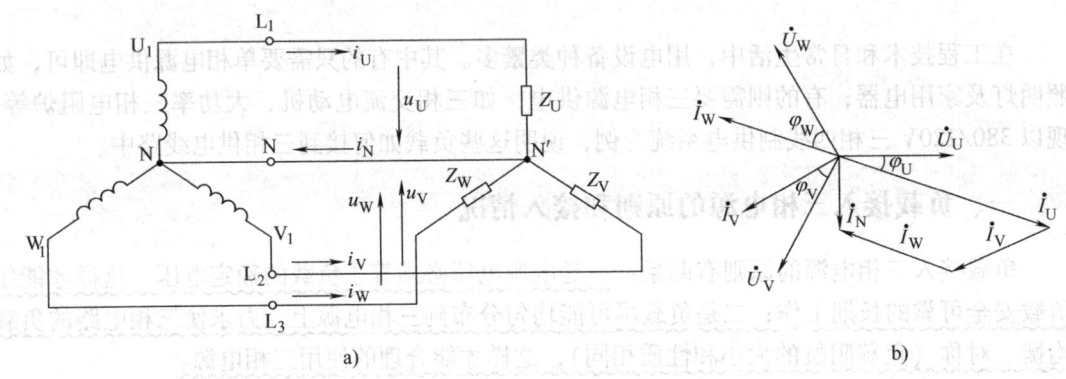

图6-2-3 负载星形联结的三相四线制

图中$Z_U$、$Z_V$、$Z_W$分别表示接在$L_1$、$L_2$、$L_3$三相电源上的负载。它们的大小和性质不一定相同，称之为三相不对称负载。三相负载的一端分别接在相线$L_1$、$L_2$、$L_3$上，另三个端点连在一起，称为负载的中点$N'$。并将$N'$与电源的中点$N$相连接。

负载星形联结时，每相负载承受的电压称为负载的相电压。通过每相负载的电流称为负载的相电流，其参考方向与负载的相电压参考方向一致。流过相线（端线）的电流称为线电流，其参考方向从电源端流向负载端。流过中线的电流为中线电流$i_N$，参考方向从负载中点$N'$流向电源中点$N$。这样，此种电路有如下基本关系和特点：

1）忽略输电线上的阻抗压降，负载的相电压就等于电源的相电压，且负载的相电压是线电压的$1/\sqrt{3}$倍。三相负载的相电压是对称的。

2）每相负载相电流的大小和相位与其对应的相电压及负载的阻抗有关。例如 $L_1$ 相中，$I_U = \dfrac{U_U}{Z_U}$，$i_U$ 和 $u_U$ 的相位差是 $\varphi_U = \arctan \dfrac{X_U}{R_U}$。或者说，每相负载电流和相电压的大小、关系可按单相交流电路来分析。若各负载不一样，$i_U$、$i_V$、$i_W$ 的大小及相位也不一样。图 6-2-3b 所示相量图是典型的举例。

3）对应的相电流和线电流相同。

4）根据节点电流定律有：中线电流等于各相（线）电流之和，即

$$i_N = i_U + i_V + i_W$$

或

$$\dot{I}_N = \dot{I}_U + \dot{I}_V + \dot{I}_W \tag{6-2-1}$$

由图 6-2-3b 所示的相量图看出：若各负载不一样（或者说不对称）时，$I_N \neq 0$，即中线电流不为零。

💡 *注意*：在不对称负载星形联结的三相四线制电路中，中线起着保证负载相电压对称和不变，使负载安全正常工作的重要作用，因此，要可靠连接，不能断开。中线上不允许安装熔断器及开关。若中线断开或者去掉，将使负载的相电压不再等于电源的相电压，造成有的负载电压过高，超过其额定值，有的负载电压过低，低于额定值，不能正常工作。在此，仅举一特例来说明。

图 6-2-4 所示电路中，设三相负载原是对称的，即 $Z_U = Z_V = Z_W$。现在 $L_1$ 相负载断路，此时三相负载为严重不对称情况。

若中线正常存在时，$L_2$、$L_3$ 两相负载的电压仍然和电源电压相同，它们仍正常工作。

若中线断开或者去掉，当 $L_1$ 相发生断路时，$L_2$、$L_3$ 两相负载变为串联，且加在它们之间的总电压为

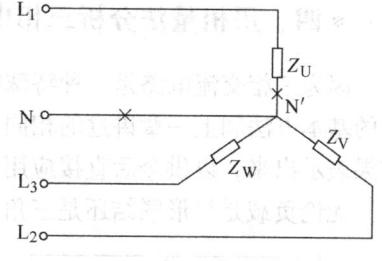

图 6-2-4 特殊举例图

$U_{VW}$、（线电压），这样每相负载的电压仅为 $\dfrac{1}{2} U_{VW}$，与其额定电压相差很多，因此使其无法正常工作。

## 三、负载的三角形联结

当三相负载的额定电压等于电源的线电压时，负载就分别接在三条相线（端线）之间，这样负载就成为三角形联结。

三相负载三角形联结时有以下特点和关系：

1）无论三相负载对称与否，负载的相电压等于对应的电源线电压，所以负载的相电压是对称的。

2）每相负载的相电流大小以及与其应相电压的相位关系和电压及阻抗大小性质有关。例如在图 6-2-5中有如下关系成立。

$$i_{UV} = \dfrac{U_{UV}}{Z_{UV}}$$

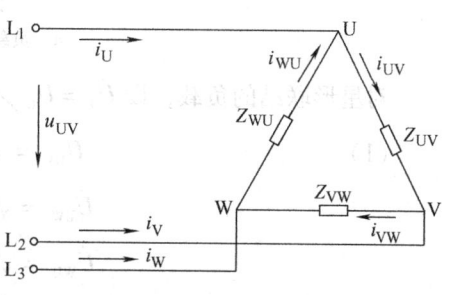

图 6-2-5 负载的三角形联结

$i_{UV}$ 与 $u_{UV}$ 之间相位差： $\varphi_{uv} = \arctan \dfrac{X_{UV}}{R_{UV}}$

3）线电流与相电流不同。若按图 6-2-5 所示标注参考方向，线电流和相电流的关系为

$$i_U = i_{UV} - i_{WU}; \quad i_V = i_{VW} - i_{UV}; \quad i_W = i_{WU} - i_{VW}$$

或 $\dot{I}_U = \dot{I}_{UV} - \dot{I}_{WU}; \quad \dot{I}_V = \dot{I}_{VW} - \dot{I}_{UV}; \quad \dot{I}_W = \dot{I}_{WU} - \dot{I}_{VW}$ （6-2-2）

4）三相负载中任何一相发生变化，对其他两相负载的工作无影响，但该相电流以及相关的两个线电流会相应变化。

**【例 6-2-1】** 三相不对称负载三角形联结，电路如图 6-2-5 所示，各相电流分别为 $i_{UV}$、$i_{VW}$、$i_{WU}$，试求三个线电流之和。

**解：** 按图示的参考方向有：

$$i_U = i_{UV} - i_{WU}; \quad i_V = i_{VW} - i_{UV}; \quad i_W = i_{WU} - i_{VW}$$

将上面等式两边分别相加，则：

$$i_U + i_V + i_W = 0$$

从上面例题得知，在三相三线制交流电路中，三个线电流瞬时值的代数和恒等于零，与三相负载是否相同无关。正因为如此，实际工程中，常用三芯的电力电缆输送电能，否则，由于电流产生交变磁场，电缆的金属外壳将有涡流存在。

## *四、用相量法分析三相电路

因为三相交流电路是一种特殊的、较复杂的交流电路，所以用相量法表示和分析三相电路的基本方法和上一章讲过的相同。不过，三相电路较为特殊，又常用，故将其相量分析的结果表示出来，以供今后直接应用。

无论负载是星形联结还是三角形联结，首先画出它们的相量模型，如图 6-2-6 所示。

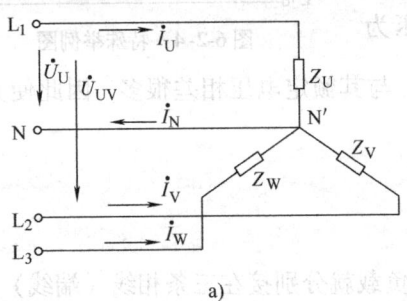
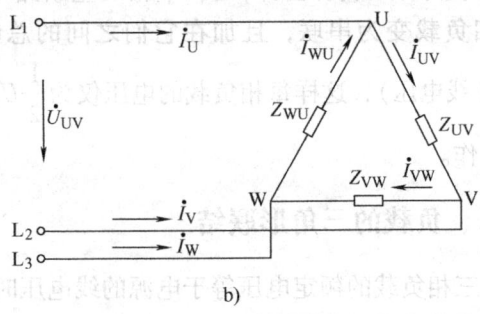

图 6-2-6 相量模型
a）负载星形联结 b）三角形联结

对星形联结的负载，设 $\dot{U}_U = U_U \angle 0°$，$\dot{U}_V = U_V \angle -120°$，$\dot{U}_W = U_W \angle +120°$，则

(1) 
$$\dot{U}_{UV} = \sqrt{3}\dot{U}_U \angle 30° = U_{UV} \angle 30°$$

$$\dot{U}_{UW} = \sqrt{3}\dot{U}_V \angle 30° = U_{UW} \angle -90°$$

$$\dot{U}_{WU} = \sqrt{3}\dot{U}_W \angle 30° = U_{WU} \angle 150°$$

且 $U_U = U_V = U_W = U_P \quad U_{UV} = U_{VW} = U_{WU}$

(2) 若 $Z_U = R_U + jX_U$, $Z_V = R_V + jX_V$, $Z_W = R_W + jX_W$, 则

$$\dot{I}_U = \frac{\dot{U}_U}{R_U + jX_U} \qquad \dot{I}_V = \frac{\dot{U}_V}{R_V + jX_V} \qquad \dot{I}_W = \frac{\dot{U}_W}{R_W + jX_W}$$

且

$$\dot{I}_N = \dot{I}_U + \dot{I}_V + \dot{I}_W$$

对三角形联结的负载，设 $\dot{U}_{UV} = U_{UV} \angle 0°$，则

(1) $\dot{U}_{UW} = U_{UW} \angle -120°$, $\dot{U}_{WU} = U_{WU} \angle +120°$

且 $U_{UV} = U_{VW} = U_{WU}$。

(2) $\dot{I}_{UV} = \frac{\dot{U}_{UV}}{Z_{UV}}$, $\dot{I}_{VW} = \frac{\dot{U}_{VW}}{Z_{VW}}$, $\dot{I}_{WU} = \frac{\dot{U}_{WU}}{Z_{WU}}$

且 $\dot{I}_U = \dot{I}_{UV} - \dot{I}_{WU}$, $\dot{I}_V = \dot{I}_{VW} - \dot{I}_{UV}$, $\dot{I}_W = \dot{I}_{WU} - \dot{I}_{VW}$。

**【例 6-2-2】** 图 6-2-6a 所示三相电路中，三相电源线电压为 380V，若 $Z_U = 11\Omega$, $Z_V = j11\Omega$, $Z_W = -j11\Omega$，求各线电流及中线电流。

**解：** 因为三相电源是对称的，所以，设相电压 $\dot{U}_U = 220\angle 0°$ V, $\dot{U}_V = 220\angle -120°$ V, $\dot{U}_W = 220\angle 120°$ V，则

$$\dot{I}_U = \frac{\dot{U}_U}{Z_U} = \frac{220\angle 0°}{11} A = 20\angle 0° A$$

$$\dot{I}_V = \frac{\dot{U}_V}{Z_V} = \frac{220\angle -120°}{11\angle +90°} A = 20\angle 150° A$$

$$\dot{I}_W = \frac{\dot{U}_W}{Z_W} = \frac{220\angle -120°}{11\angle -90°} A = 20\angle -150° A$$

$$\dot{I}_N = \dot{I}_U + \dot{I}_V + \dot{I}_W$$
$$= 20A + (20\cos150° + j20\sin150°)A + [20\cos(-150°) + j20\sin(-150°)]A$$
$$= [(20 - 0.866 \times 20 - 0.866 \times 20) + j20(0.5 - 0.5)]A$$
$$= -12.64A$$
$$= 12.64\angle 180° A$$

其相量图如图 6-2-7 所示。

**【例 6-2-3】** 图 6-2-6b 所示三相电路中，三相电源线电压为 380V, $Z_{UV} = Z_{VW} = Z_{WU} = (40 + j30)\Omega$。当 $Z_{UV}$ 相发生断路后，三相线电流各是多少？

**解：** 若 $Z_{UV}$ 相发生断路，则

$$\dot{I}_{UV} = 0, Z_{VW} = Z_{WU} = 50\angle 36.87°\Omega$$

设 $\dot{U}_{UV} = 380\angle 0°$ V，则

$$\dot{U}_{VW} = 380\angle -120° V \qquad \dot{U}_{WU} = 380\angle 120° V$$

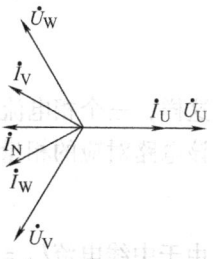

图 6-2-7 例 6-2-2 相量图

$$\dot{I}_{VW} = \frac{\dot{U}_{VW}}{Z_{VW}} = \frac{380 \angle -120°}{50 \angle 36.87°} A = 7.6 \angle -156.87° A = (-7 - j3) A$$

$$\dot{I}_{WU} = \frac{\dot{U}_{WU}}{Z_{WU}} = \frac{380 \angle 120°}{50 \angle 36.87°} A = 7.6 \angle +83.13° A = (0.9 + j7.5) A$$

$$\dot{I}_U = -\dot{I}_{WU} = 7.6 \angle -96.87° A$$

$$\dot{I}_V = \dot{I}_{VW} = 7.6 \angle -156.87° A$$

$$\dot{I}_W = \dot{I}_{WU} - \dot{I}_{VW} = (0.9 + j7.5) A - (-7 - j3) A = (7.9 + j10.5) A = 13.14 \angle 53° A$$

## 第三节　三相对称电路的计算

三相负载的大小和性质完全相同，即各相的电阻 $R_U = R_V = R_W = R_P$，各相的电抗 $X_U = X_V = X_W = X_P$，各相的阻抗角 $\varphi_U = \varphi_V = \varphi_W = \varphi_P$，各相的总阻值 $Z_U = Z_V = Z_W = Z_P$，这样的负载称为三相对称负载。例如三相交流电动机的定子绕组、变压器一次侧的三相绕组等都可认为是三相对称负载。这类负载与三相对称交流电源相接，称为三相对称电路。三相动力设备或单相负载均匀分布到各相中去，均可依上述情况处理。本节主要对三相对称电路进行分析计算。

三相对称电路实际上是三相交流电路的一种特例。它也有两种接法：一种是负载的星形联结；另一种是负载的三角形联结。

### 一、对称负载的星形联结（Y联结）

因为三相电源是对称的，即 $U_U = U_V = U_W = U_P = \frac{U_L}{\sqrt{3}}$，且三相线电压或相电压的相位又互差 $120°$。

又因为各相负载大小相等、性质相同，即 $Z_U = Z_V = Z_W = Z_P$；$\varphi_U = \varphi_V = \varphi_W = \varphi_P$。

所以，各相相电流或线电流大小必然相等，各相电流和其对应的相电压的相位差也相同，即

$$I_U = I_V = I_W = \frac{U_P}{Z_P} \qquad \varphi_P = \arctan \frac{X_P}{R_P} \tag{6-3-1}$$

这样，三个相电流相位也互差 $120°$，属于三相对称电流。

该电路对应的相量图如图 6-3-1b 所示。从相量图中可得：

$$\dot{I}_N = \dot{I}_U + \dot{I}_V + \dot{I}_W = 0 \tag{6-3-2}$$

由于中线电流 $\dot{I}_N = 0$。N′和 N 电位相同。因此，实际中亦可去掉中线，电路变成三相三线制电路。那么三个线电流均流向中点 N′，此时又无中线，它们如何构成回路呢？这里，必须注意图 6-3-1a 所示电路中，电流标注的是参考方向。因为三相电流实际上是对称的（相位互差 $120°$），$i_U + i_V + i_W = 0$，所以它们的实际方向每个瞬时必然是两正一负或两负一

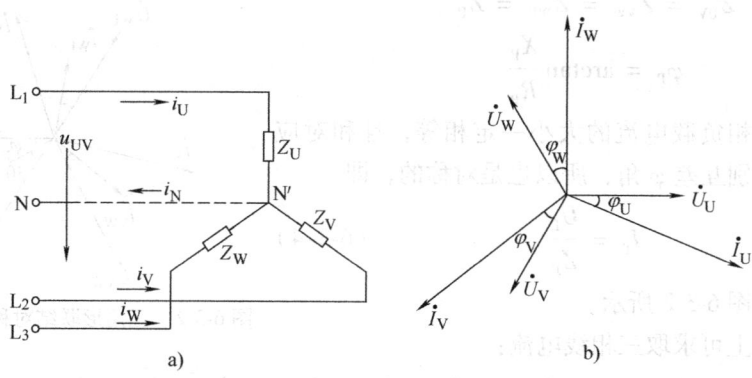

图 6-3-1 三相对称负载的星形联结

正，或一正一负一零，即三根相线（端线）互为三相电流的回路，虽无中线并无影响。

> 提示：这样，在计算对称负载的三相电路中，只需要计算其中的任意一相即可，其余两相均相同，不过它们的相位互差 120°。

【例 6-3-1】 有一星形联结的对称三相负载，每相电阻 $R_P = 6\Omega$，感抗 $X_L = 8\Omega$，电源电压对称，已知 $u_{UV} = 380\sqrt{2}\sin(\omega t + 30°)$ V，试写出各个线电流的表达式（参照图 6-3-1a 电路）。

**解**：只计算 $L_1$ 相，因为：

$$U_U = \frac{U_{UV}}{\sqrt{3}} = \frac{380}{\sqrt{3}}V = 220V$$

且 $u_U$ 相位滞后 $u_{UV}$ 30°，所以：

$$u_U = 220\sqrt{2}\sin\omega t \text{ V}$$

$L_1$ 相线电流即是 $L_1$ 相相电流，所以：

$$I_U = \frac{U_U}{Z_U} = \frac{220}{\sqrt{6^2+8^2}}A = 22A$$

$i_U$ 滞后 $u_U$ 的角度为

$$\varphi_U = \arctan\frac{X_L}{R} = \arctan\frac{8}{6} = 53°$$

所以：
$$i_U = 22\sqrt{2}\sin(\omega t - 53°) \text{ A}$$

其余两相相电流为
$$i_V = 22\sqrt{2}\sin(\omega t - 173°) \text{ A}$$
$$i_W = 22\sqrt{2}\sin(\omega t + 67°) \text{ A}$$

## 二、对称负载的三角形联结（△联结）

图 6-2-5 所示的电路中，若三相负载的大小和性质完全相同，即可称为对称负载的三角形联结。这时，加在各相负载的电压等于电源的线电压且对称，即

$$U_{UV} = U_{VW} = U_{WU} = U_L \tag{6-3-3}$$

且三相线电压相位互差 120°。若负载对称，则

且

$$Z_{UV} = Z_{VW} = Z_{WU} = Z_P$$

$$\varphi_P = \arctan\frac{X_P}{R_P}$$

这样，三相负载电流的大小一定相等，且和对应的电压相位分别互差 $\varphi$ 角，所以也是对称的，即

$$I_P = \frac{U_L}{Z_P} \qquad (6\text{-}3\text{-}4)$$

相量图如图 6-3-2 所示。

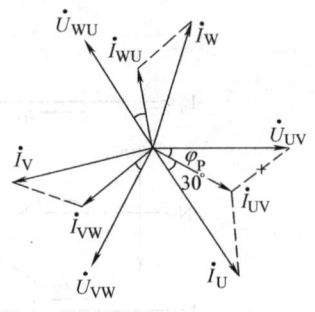

图 6-3-2 三角形联结对称负载的相量图

从相量图上可求取三相线电流：

$$\dot{I}_U = \dot{I}_{UV} - \dot{I}_{WU} \qquad \dot{I}_V = \dot{I}_{VW} - \dot{I}_{UV} \qquad \dot{I}_W = \dot{I}_{WU} - \dot{I}_{VW}$$

根据相量图几何关系，$\dot{I}_U$ 滞后 $\dot{I}_{UV}$ 30°，且

$$\frac{1}{2}I_U = I_{UV}\cos 30° = \frac{\sqrt{3}}{2}I_{UV}$$

得：

$$I_U = \sqrt{3}I_{UV}$$

同理，$\dot{I}_V$、$\dot{I}_W$ 分别滞后 $\dot{I}_{VW}$、$\dot{I}_{WU}$ 30°。

$$I_V = \sqrt{3}I_{VW}, I_W = \sqrt{3}I_{WU}$$

所以：

$$I_U = I_V = I_W = I_L = \sqrt{3}I_P \qquad (6\text{-}3\text{-}5)$$

因此三个线电流也是对称的。

【例 6-3-2】 有一台三相交流异步电动机，每相的等效电阻为 $R = 29\Omega$，等效感抗为 $X_L = 21.8\Omega$。电动机绕组为三角形联结，电源线电压为 380V。试求电动机的线电流和相电流的大小。

**解**：三相异步电动机为三相对称负载，已知每相等效电阻和感抗，则

每相等效阻抗值：$Z_P = \sqrt{R^2 + X_L^2} = \sqrt{29^2 + 21.8^2}\Omega = 36.28\Omega$

这时相电流：$I_P = \dfrac{U_L}{Z_P} = \dfrac{380}{36.28}\text{A} = 10.47\text{A}$

线电流：$I_L = \sqrt{3}I_P = \sqrt{3} \times 10.47\text{A} = 18.13\text{A}$

## 第四节 三相交流电路的功率

### 一、三相交流电路的功率

不论三相负载对称与否，不论负载是何种接法，三相交流电路总的有功功率等于三相负载有功功率之和，即

$$P = P_U + P_V + P_W = U_U I_U \cos\varphi_U + U_V I_V \cos\varphi_V + U_W I_W \cos\varphi_W \qquad (6\text{-}4\text{-}1)$$

式中，$U_U$、$U_V$、$U_W$ 是三相负载的相电压；$I_U$、$I_V$、$I_W$ 是三相负载的相电流；$\varphi_U$、$\varphi_V$、$\varphi_W$ 是各相负载相电压、相电流的相位差。

同样，三相电路的总无功功率等于三相负载无功功率之代数和，即

$$Q = Q_U + Q_V + P_W = U_U I_U \sin\varphi_U + U_V I_V \sin\varphi_V + U_W I_W \sin\varphi_W \tag{6-4-2}$$

💡 *注意*：按单相交流电路的约定，对电感性负载，$\varphi$ 取正，无功功率为正；对容性负载，$\varphi$ 取负，无功功率取负。

三相交流电路总的视在功率为

$$S = \sqrt{P^2 + Q^2} \tag{6-4-3}$$

💡 *注意*：$S \neq S_U + S_V + S_W$。

## 二、对称三相电路的功率

当三相负载对称时，各相负载的有功功率相等，所以总的有功功率是一相有功功率的3倍，即

$$P = 3P_P = 3U_P I_P \cos\varphi_P \tag{6-4-4}$$

对称的三相负载若是星形联结，则：

$$U_P = \frac{1}{\sqrt{3}} U_L, I_P = I_L$$

将这一关系式代入式（6-4-4），三相电路的有功功率为

$$P = 3U_P I_P \cos\varphi_P = 3\frac{1}{\sqrt{3}} U_L I_L \cos\varphi_P = \sqrt{3} U_L I_L \cos\varphi_P \tag{6-4-5}$$

对称的三相负载若是三角形联结，则：

$$U_P = U_L, I_P = \frac{1}{\sqrt{3}} I_L$$

将这一关系式代入式（6-4-4），三相电路的有功功率为

$$P = 3U_P I_P \cos\varphi_P = 3U_L \frac{1}{\sqrt{3}} I_L \cos\varphi_P = \sqrt{3} U_L I_L \cos\varphi_P \tag{6-4-6}$$

式中，$\varphi_P$ 是对称负载的阻抗角，也就是相电压、相电流之间的相位差角。

式（6-4-6）在计算三相电路功率时具有普遍的实际意义，因为三相交流电路中线电压和线电流的数值能比较容易的检测出来。

同理，对称三相交流电路的总无功功率为

$$Q = 3U_P I_P \sin\varphi_P = \sqrt{3} U_L I_L \sin\varphi_P \tag{6-4-7}$$

对称的三相交流电路总视在功率为

$$S = \sqrt{P^2 + Q^2} = 3U_P I_P = \sqrt{3} U_L I_L \tag{6-4-8}$$

【**例6-4-1**】 三相对称负载，每相的电阻 $R_P = 6\Omega$，感抗 $X_L = 8\Omega$，三相对称电源的线电压 $U_L = 380\text{V}$。求将三个单相负载分别接成星形及三角形时的总功率 $P_Y$ 及 $P_\triangle$。

**解**：将负载接为星形时：$U_P = \frac{U_L}{\sqrt{3}} = \frac{380}{\sqrt{3}} \text{V} = 220\text{V}$

每相负载阻抗值： $Z_P = \sqrt{R_P^2 + X_L^2} = \sqrt{6^2 + 8^2} \Omega = 10\Omega$

阻抗角：$\varphi = \arctan\dfrac{X_L}{R_P} = \arctan\dfrac{8}{6} = 53.1°$

此时相电流：$I_P = \dfrac{U_P}{Z_P} = \dfrac{220}{10}\text{A} = 22\text{A}$

总功率：$P_Y = 3U_P I_P \cos\varphi_P = 3 \times 220 \times 22 \times \cos53.1°\text{W} = 8710\text{W} = 8.7\text{kW}$

将负载接为三角形时：$U'_P = U_L = 380\text{V}$

$$I_P = \dfrac{U'_P}{Z_P} = \dfrac{380}{10}\text{A} = 38\text{A}$$

$$P_\triangle = 3U'_P I_P \cos\varphi_P = 3 \times 380 \times 38 \times \cos53.1°\text{W} = 26000\text{W} = 26\text{kW}$$

【例6-4-2】 将例6-3-2中的三相异步电动机的绕组：（1）接成三角形，接入线电压为220V的电源；（2）接成星形，接入线电压为380V的电源。试分别计算有功功率，并加以比较。

**解**：（1）三角形联结时：

$$I_P = \dfrac{U_P}{Z_P} = \dfrac{220}{36.28}\text{A} = 6.06\text{A}$$

$$\cos\varphi_P = \dfrac{R_P}{Z_P} = \dfrac{29}{36.28} = 0.8$$

$$I_L = \sqrt{3}I_P = \sqrt{3} \times 6.06\text{A} = 10.48\text{A}$$

$$P_\triangle = \sqrt{3}U_L I_L \cos\varphi_P = \sqrt{3} \times 220 \times 10.48 \times 0.8\text{W} = 3.19\text{kW}$$

（2）星形联结时：

$$I_P = \dfrac{U_P}{Z_P} = \dfrac{U_L/\sqrt{3}}{Z_P} = \dfrac{220}{36.28}\text{A} = 6.06\text{A}$$

$$I_L = I_P = 6.06\text{A}$$

$$P_Y = \sqrt{3}U_L I_L \cos\varphi_P = \sqrt{3} \times 380 \times 6.06 \times 0.8\text{W} = 3.19\text{kW}$$

比较（1）和（2）的结果可见，不管哪种接法，电动机每相绕组所承受的电压均为220V，通过绕组的电流亦相等，所以，电动机每相的功率是相等的。

## △第五节 电力供电系统

在现代社会中，电能的生产和输送已成为一个国家工业化和发达程度的重要标志。电能的供应已成为国民经济和人民生活必不可少的主要环节。由于电能不能大量储存，电能的生产、传输、分配和使用就必须在同一时间内完成。这就需要将发电设备、输配电线路和用电设备有机地连成一个"整体"。我们将这个由发电、输电、变电、配电和用电五个环节组成的"整体"称为电力系统。如图6-5-1所示。

本节主要介绍我国目前电力系统的概况，作为用户了解这些内容后，以便更有计划的用电和节电，更有效地安全用电。

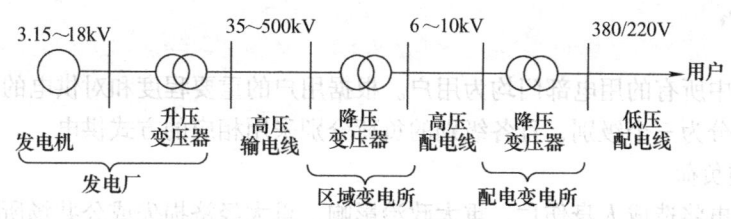

图 6-5-1  电力系统示意图

## 一、发电和输电

  自然界中蕴藏的能源是极为丰富的，各种非电形式的能量（如煤炭、石油、水力、核能等）都可以方便的通过发电厂转换成电能。发电厂按照所利用的能源种类分为火力、水力、风力、核能、太阳能发电厂等。它是电能的发源地，是电力系统的中心环节。

  现阶段我国的发电厂主要还是火力发电厂和水力发电厂，核能发电厂在大力发展中。近年来，国家也开始建立起一批利用绿色能源和再生能源进行发电的发电厂，如：风力发电厂、潮汐发电厂、太阳能发电厂、地热发电厂和垃圾发电厂等，以逐步缓解未来能源短缺和绿色环保问题，并且做到因地制宜，合理利用。

  一般发电厂的发电机发出的电都是对称的三相正弦交流电（有效值相等，相位互差 $120°$ 的三相电压 $u_U$、$u_V$、$u_W$）。在我国，发电厂发出的电压等级主要有 10.5kV、13.8kV、15.75kV、18kV 等，频率为 50Hz。

  较大的发电厂大多建在水力、煤炭资源丰富的地区附近，容量大，距离用电中心较远，还需要远距离输电。而发电机发出的电压较低，为减少输电线路的电压损失和功率损耗，一般先通过升压变压器将电压提高后，再用高压或超高压线路输送。我国国家标准中规定的输电电压等级有 35kV、66kV、220kV、500kV 等多种，通常采用三相三线制交流输电方式。目前，我国还采用高压直流输电方式，将交流电转化为直流电后再输送，既降低损耗，又节约输电原材料。

## 二、变电和配电

  变电是指改变电压。发电厂发出的电压，通过升压变电所将电压先升高，高压输电线再将高压电能送向远方用电地区。用电地区再通过降压变电所将电压适当降低后，向该地区用户供电。根据供电的范围不同，降压变电所可分为一次（枢纽）变电所和二次变电所。一次变电所是从 110kV 以上的输电网变电，将电压降到 35～110kV，供给一个大的区域用电。二次变电所，大多数从 35～110kV 输电网络中变电，将电压降到 6～10kV，向较小范围供电。

  配电就是电力的分配。从配电变电站到用户终端的线路称为配电线路。配电线路的电压，简称配电电压。配电电压通常以 1kV 为界线划分：1kV 以上的配电系统为高压系统，常用配电线路有 3kV、6kV 和 10kV 三种，这种用户为高压用户。这种用户大多在大型厂矿企业中。1kV 以下的配电系统为低压系统，其配电线路为 220/380V，多用于居民生活用户，称为低压用户。

### 三、用户

电力系统中所有的用电部门均为用户。根据用户的重要程度和对供电的可靠性要求来分级，用电负荷分为三个级别，且各级别的负荷分别采用相应的方式供电。

1. 第一类负荷

指中断供电将造成人身伤亡，重大政治影响，重大经济损失或公共场所秩序严重混乱的负荷。对此类负荷，应有两个或两个以上独立电源供电，当其中一个电源发生故障时，另一个电源应能自动投入运行，同时还必须增设应急电源。

2. 第二类负荷

指中断供电将造成较大的经济损失（如大量产品报废）或造成公共场所秩序混乱的负荷（如大型体育场、剧场等）对第二类负荷，尽可能要有两个独立的电源供电。

3. 第三类负荷

不属于第一、二类负荷者是第三类负荷。此类负荷对供电没什么要求，可非连续性供电，如小市镇公共用电，机修车间等。通常用一个电源供电。

### 四、常用的低压供电系统

通常我国的低压配电系统采用的是相电压为220V，线电压为380V的三相四线制配电系统。负荷与电源连接，必须根据其额定电压而定。例如，图6-5-2所示，额定电压为220V的单相负荷，则应接在相（火）线和中（零）线之间（如电灯）。额定电压为380V的三相负荷（如三相异步电动机）必须要与三根相线相接。如果负荷的额定电压不等于电源电压，则必须用变压器。

由于运行和安全的需要，我国分380/220V低压供配电系统，广泛采用电源中性点直接接地的运行方式（这种接地方式称为工作接地），同时还引出中性线（N）和保护线（PE）形成三相五线制系统，国际上称为TN-S系统，如图6-5-3所示。

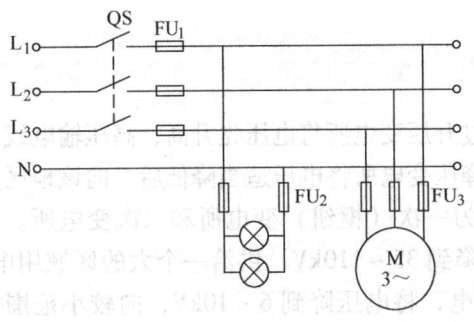
图6-5-2 负荷与电源的连接

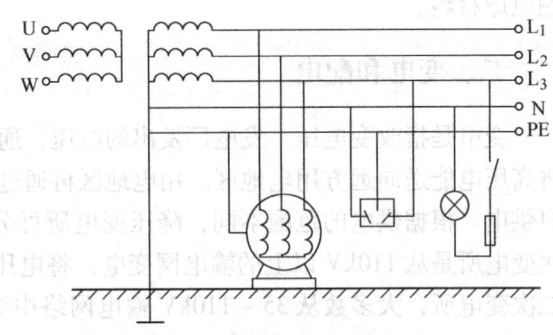
图6-5-3 三相五线制系统

低于配电线路是指经配电变压器（或配电变电所）将高压（6~10kV）降到380/220V等级的线路。对用户较少的单位只设置一台配电变压器和一个低压配电屏就可以了。对较大的用户则需建变配电所。所内配有高低电压开关设备（如高压开关柜，低压配电屏，动力和照明配电箱等）。典型的低配电系统，如图6-5-4所示。

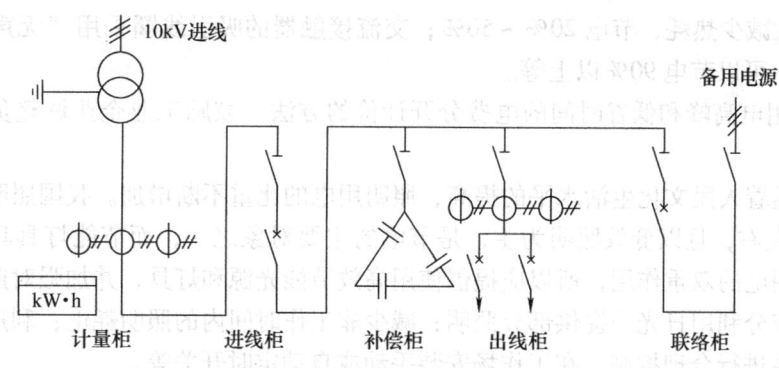

图 6-5-4　典型低压配电系统接线图

为了合理地分配电能，一般采用分级分片供电方式。配电线路连接方式有放射式和树干式两种，如图 6-5-5a、b 所示。

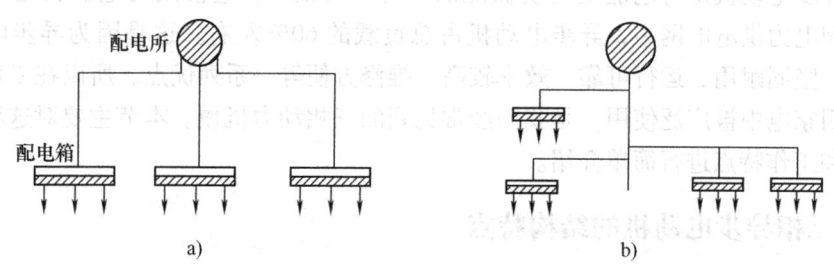

图 6-5-5　配电线路的连接方式
a）放射式配电　b）树干式配电

## 五、节约用电

节约用电就是提高电能的利用率。当今人类社会面临一个普遍的重大问题就是能源问题。目前我国的能源政策是："开发和节约并重，近期把节约放在优先地位"。由于电能是高品质的二次能源，且应用又非常广泛，因此节约用电具有十分重要的意义。

工业企业是电能使用和消费的主要用户，为节约用电，提高电能的利用率，主要采取以下措施：

1. 加强用电管理，合理使用电能　①合理地选择和使用电动机，尽可能使电动机工作在额定负载或接近额定负载状态，这样效率最高。采用 Y 系列节能电动机和 YX 系列高效率电动机。②合理配置变压器。采用新型节能变压器，如 $S_9$ 系列以及干式节能电力变压器，并且根据负载的容量和使用情况合理选择变压器容量和台数。③加强用户的节能意识和节电管理。

2. 提高功率因数　①提高用电设备的负荷率，保证在最大功率下运行。②加装无功补偿设备——并联补偿电容。

3. 改造用电设备，推行运用节能新技术　例如：采用远红外加热干燥新技术，进行

# 电工基础

600℃以下的低温加热，一般可节电30%；采用硅酸铝耐火保温纤维材料作工业炉窑的炉衬，可以大大减少热耗，节电20%~50%；交流接触器的吸引线圈采用"无声直流节能运行"电路后，可以节电90%以上等。

4. 采用用电高峰和低谷时间的电费分开计价的方法　鼓励工业企业调整负荷，避峰节电。

此外，随着人民文化生活水平的提高，照明用电的比重不断增加。我国照明用电占总发电量的10%左右，且以低效照明为主，是节电的主要对象之一，而节能灯具具有节约用电和缓和高峰用电的双重作用，所以应提倡使用高效节能光源和灯具，并加强对照明的科学管理。例如：充分利用日光来提供部分照明；减少非工作时间内的照明耗电；利用高效调节装置对照明设备进行合理控制；在工作场安装手动或自动定时开关等。

## Δ 第六节　三相异步电动机

三相异步电动机是将电能变为机械能的一种动力设备，它使用的电源就是三相交流电源。在三相电力供电电网中，异步电动机占总负载的60%左右。这是因为异步电动机具有结构简单、坚固耐用、运行可靠、效率较高、维修方便等一系列优点，所以在工矿企业、农业以及民用家电中被广泛使用，是我们经常见到的三相动力机械。本节主要对这种设备的原理、结构和工作特点进行简单介绍。

### 一、三相异步电动机的结构特点

在实际生产中，由于工作条件和工作情况的不同，异步电动机的种类繁多，结构均有差别。在此仅介绍它们的共同结构特点。现例举普通三相笼型异步电动机。它在结构上主要分两大部分：定子和转子。如图6-6-1所示。

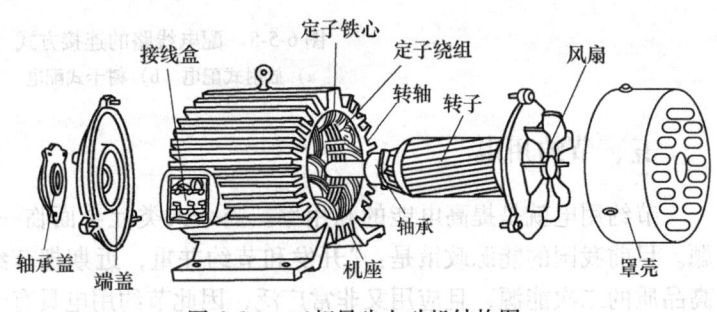

图6-6-1　三相异步电动机结构图

**1. 定子**

它是电动机的固定部分，由以下几部分组成。

机座：起支撑保护作用，一般用铸铁制成。

铁心：电动机磁场磁路的一部分，由0.5mm厚的硅钢片冲制叠压而成，固定在机座内圆上。它的内圆冲有若干个定子槽。

定子三相绕组：用绝缘铜线绕制而成，分三相，按一定的方式嵌放在定子铁心槽内，用它接受三相交流电能。各相绕组之间，绕组与铁心之间都用绝缘材料隔开。三相绕组的六个出线端在定子的接线盒处引出，以便按一定的接法去接三相电源。常用两种接法：星形联结（Y联结）和三角形联结（△联结），如图6-6-2所示。

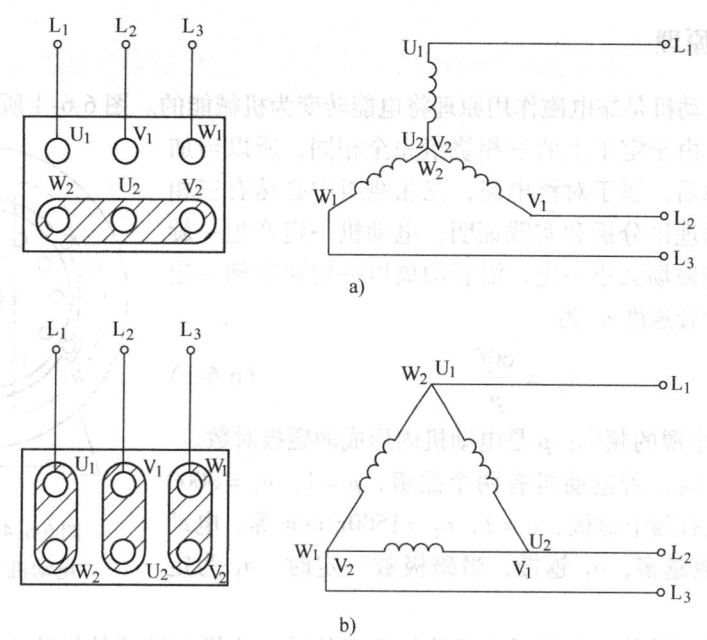

图 6-6-2 定子绕组出线端接法
a) 星形联结 b) 三角形联结

## 2. 转子

它是电动机的旋转部分,由以下几部分组成。

轴:电能变成机械能后由它输送出去,用 45 钢加工而成。

转子铁心:它也是由硅钢片冲制而成,将它固定在轴上,它的外圆冲有若干槽,它既起固定转子绕组的作用,又是磁路的一部分。

转子绕组:在铁心上每一槽内放一根导体,用两个端环分别将所有槽的导体两端短接起来形成转子绕组。绕组形如鼠笼,故称笼形绕组,如图 6-6-3 所示。中小型电动机均用铝水浇铸制成转子,又称铸铝转子。

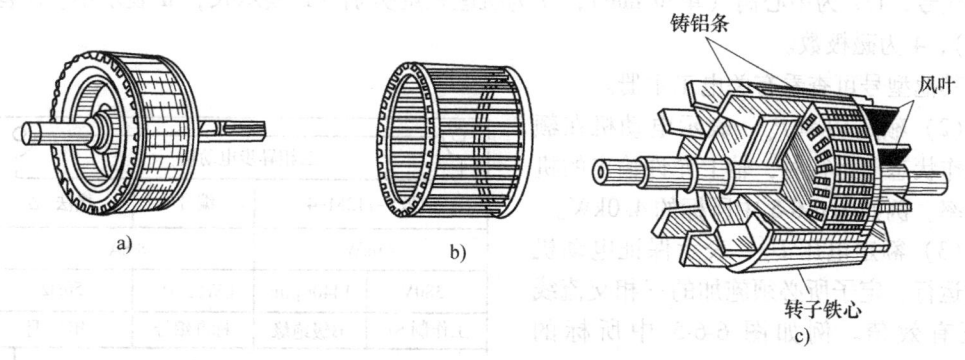

图 6-6-3 笼形绕组
a) 笼形转子 b) 笼形转子绕组 c) 笼形铸铝转子

## 二、工作原理

三相异步电动机是靠电磁作用原理将电能转变为机械能的。图 6-6-4 所示的是两极异步电动机原理图。由于定子上的三相绕组完全相同,所以当加上三相对称电源后,属于对称电路,三相绕组中必然有三相电流产生。根据理论分析和实践证明,电动机一定产生一旋转磁场,此旋转磁场大小一定,沿着圆周以一定速度朝一定方向旋转,其旋转速度 $n_1$ 为

$$n_1 = \frac{60f}{p} \tag{6-6-1}$$

式中,$f$ 是交流电源的频率;$p$ 是电动机内形成的磁极对数。

当 $f=50\text{Hz}$ 时,若电动机有两个磁极,$p=1$,$n_1=3000$ r/min;若电动机有四个磁极,$p=2$,$n_1=1500\text{r/min}$ 等。电动机形成的磁极数越多,$n_1$ 越慢,当磁极数一定时,$n_1$ 为定值。

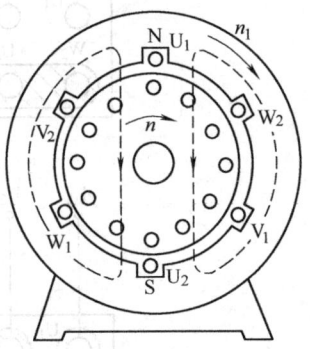

图 6-6-4 两极异步电动机工作原理图

开始转子是不转的,定子通电后旋转磁场旋转,这样与转子的导体必然做相对切割运动。此时,转子导体上会产生感应电动势及感应电流,形成载有电流的导体。根据电磁力定律,转子导体必然会产生电磁力及电磁转矩。分析证明,此电磁转矩的方向和旋转磁场的旋转方向一致,这样转子在此转矩作用下,和旋转磁场方向一致,开始旋转起来,直至稳定转速 $n$,但 $n<n_1$。由于两转速不一样,故称"异步"电动机。例如:两极电动机的额定转速 $n_e$ 为 2880r/min 左右,低于旋转磁场转速;四极电动机的额定转速 $n_e$ 为 1450r/min 左右,等等。

## 三、三相异步电动机的铭牌及主要技术数据

异步电动机的机座上面装着一块铭牌,如图 6-6-5 所示。铭牌上标着该电动机的型号及主要技术数据,供使用者参考。我们必须知道它们的含义。

(1) 型号　它表示三相异步电动机的类别。例如:Y-112M-4。它表示 Y 为异步电动机的代号;112 为中心高(单位 mm);M 为机座长度类别(L 表示长,M 表示中,S 表示短机座);4 为磁极数。

其他型号可查看有关电工手册。

(2) 额定功率 $P_e$　表示电动机在额定工作状态下运行时,轴上允许输出的机械功率。例如图 6-6-5 中所标的 4.0kW。

(3) 额定电压 $U_e$　表示保证电动机正常运行,定子所必须施加的三相交流线电压有效值。例如图 6-6-5 中所标的 380V。

(4) 额定电流 $I_e$　表示电动机在额定状态下运行时,三相绕组从电网上吸取的

| 三相异步电动机 | | | |
|---|---|---|---|
| 型号 Y-112M-4 | | 编号 | 接法 △ |
| 4.0kW | | 8.8A | |
| 380V | 1440r/min | LW82dB | 50Hz |
| 工作制 $S_1$ | B级绝缘 | 标准编号 | 年　月 |
| ×××电机厂 | | | |

图 6-6-5　铭牌

三相线电流有效值的允许值。例如图 6-6-5 中所标的 8.8A。

(5) 额定转速 $n_e$。指在额定状态下工作时电动机的转速。

还有些技术数据，如额定功率因数 $\cos\varphi_e$ 等，不标注在铭牌上，可在产品目录电工手册上查取。

以上所例举的主要技术数据之间有一个关系式：

$$P_e = \sqrt{3}U_e I_e \eta_e \cos\varphi_e \qquad (6\text{-}6\text{-}2)$$

其中，额定时输入功率 $P_1 = \sqrt{3}U_e I_e \cos\varphi_e$，$\eta_e = P_e/P_1$。

### 四、使用三相异步电动机的注意事项

1) 在通电前一定将电动机的主要技术数据看清楚，严格按额定电压及定子的接线方法接电源。

2) 电动机所带的机械负载尽可能为额定值，空载或轻载时效率低，且功率因数低，但过载会使电动机电流过大、过热。

3) 电动机在运行时，要时刻注意它的转速、声音、振动、气味和升温，如有不正常的情况，应立即采取措施排除故障。

4) 一定要尽力保持电动机工作环境的清洁和干燥。

5) 对电动机要定期检修、保养，这是延长电动机使用寿命的重要措施。

##  ⊙第七节　安全用电知识

随着电力工业的发展和电工技术的不断应用，电能已被广泛地用于生产和生活中。电气化给我们带来了巨大的物质文明，但是如果使用不当，它也会对人类构成威胁，如人身触电伤亡事故或电气设备的损坏等。

电气事故主要包括触电事故、电磁场伤害事故、雷击事故、电路故障引发的电气火灾和爆炸事故、危及人身安全的电气线路事故。由于物体带电不像机械危险部位那样容易被人们察觉，因此，更具有危险性。但是，我们只要认真学习安全用电知识，加强安全用电观念，严格遵守安全操作规程和安全工作制度，危险是可以避免的。

本节着重介绍触电事故对人体的伤害，触电的方式种类以及预防触电的措施和方法。以增强人们的避免意识。

### 一、触电对人体的伤害

触电一般是指人身触及带电体时，电流对人体所造成的伤害。电流对人体的伤害是多方面的。根据伤害性质不同，触电可分为电伤和电击两种。

电伤是由电弧或熔化飞溅的金属微粒对人体外部造成的伤害。例如带着负荷，误拉合开关刀闸时，产生强烈的电弧烧伤或灼伤操作人员；熔丝熔断时，飞溅的金属沫使人的皮肤烫伤等。尽管电伤的危险程度小于电击，但有时后果也很严重。

电击是指电流流过人体内部造成人体内部器官的伤害。当电流流过人体时，使人体内部

器官,如呼吸系统、血液循环系统、中枢神经系统等要发生变化,机能紊乱,严重时会导致休克乃至死亡。例如:电流通过头部时会使人昏迷,严重时使人不醒而死亡;电流流过脊髓时会导致肢体瘫痪;电流通过中枢神经有关部分时,会引起中枢神经系统强烈失调而致残;特别严重的是电流通过心脏时会导致心跳停止,血液循环中断,使人产生严重窒息而死亡。"心室纤维性颤动"是电击致死最多的原因。因为电击的后果非常严重,所以通常所说的触电事故,主要是指电击。

研究和调查结果表明,电击伤害的程度与通过人体电流的大小,电压的高低,电流的频率,持续时间以及人体的状况等因素有关系。

通过人体的电流越大,人体的生理反应越明显,致命的危险性也就越大。按工频电流通过人体时,一般男性的允许电流为 9mA 以下,女性的为 6mA 以下。若当电流超过 50mA,在很短时间内就会导致触电者死亡。

同时,电流通过人身的持续时间越长,对人的危害越严重,如果持续时间较长,即使电流小到 8~10mA,也可致人于死亡。因此,一旦发生触电事故,要尽快的使触电者脱离电源。

50~60Hz 的工频交流电流对人体的伤害最严重。

人体的电阻大约 10~100kΩ,而且受外界影响变化也很大,比如受伤或潮湿时,人体电阻会下降到 0.5~1kΩ。所以人体所承受的电压不高。从安全角度看,40V 以上的电压就是危险电压。

## 二、触电方式

按照人体触及带电体的方式和电流通过人体的途径,触电方式可分为单相触电,两相触电和跨步电压触电三种情况。

### 1. 单相触电

单相触电是指人体在地面上或其他接地导体上,人体某部位触及一相带电体的情况。大多数单相触电是由于电气设备损坏或绝缘不良使带电的部分裸露,而用电者不注意碰到所引起的。这种触电事故在实际中多见。而且,接地电网比不接地电网的单相触电危险性大。图 6-7-1 所示为两种电网触电的示意图。

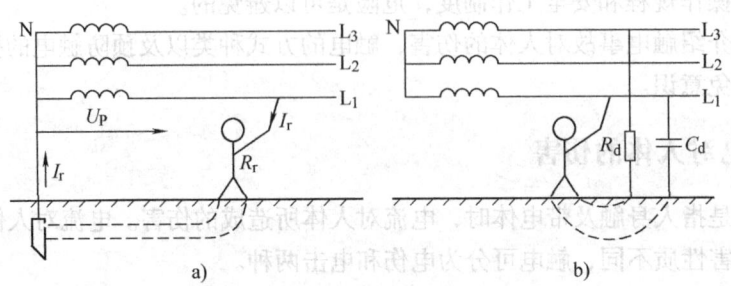

图 6-7-1 两种电网单相触电示意图
a) 接地电网 b) 不接地电网

图 6-7-1a 为接地电网单相触电情况。接地电网是指三相电网的中性点 N 通过接地线和接地体与大地相连（称为工作接地）。这时，假设人体电阻 $R_r$ 为 1kΩ，中性点接地电阻一般 $R_d \leq 4\Omega$。由于 $R_r \gg R_d$，人体在触电后基本上受相电压（$U_{相} = 220V$）作用，因此通过人体的电流为

$$I_r = \frac{U_{相}}{R_d + R_r} \approx \frac{U_{相}}{R_r} = \frac{220V}{1k\Omega} = 220mA$$

可见，这种单相触电非常危险。

图 6-7-1b 所示为不接地电网的单相触电情况，由于各相线对地有绝缘电阻 $R_d$ 和对地电容 $C_d$，因此触电后，人体和各相的 $R_d$、$C_d$ 构成触电电流的回路。理论分析表明，不接地电网的触电电流要小很多。但是当线路绝缘不良或对地电容较大时，这种触电对人体也有较大的危险性。

2. 两相触电

两相触电是指人体的两个部位同时触及两相带电体的触电事故，如图 6-7-2 所示的情况。这时人体在三相电源的线电压作用下，其危险性比单相触电危险性更大。

3. 跨步电压触电

当带电体接地有电流流入地下时，电流在接地点周围土壤中产生电压降，人在接地点周围，两脚之间出现的电压即为跨步电压，由此引起的触电事故叫做跨步电压触电，如图 6-7-3 所示的情况。特别是遇到高压线路断线接地处，或有大电流流过接地装置附近，都可能出现较高的跨步电压。

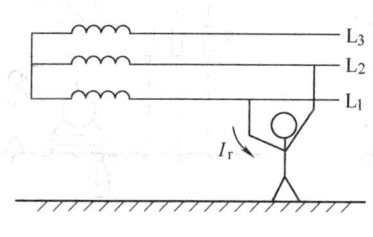

图 6-7-2 两相触电情况

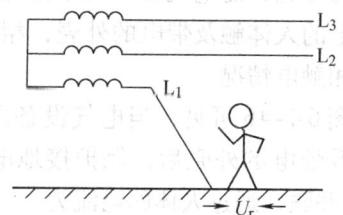

图 6-7-3 跨步电压触电情况

一般情况下，人离开接地点 20m 处以外，跨步电压才接近零。20m 以内范围，距接地点越近，危险性越大。

## 三、预防触电事故的措施

预防触电事故，保证电气工作的安全措施，在我国早已受到高度重视，制定了保证安全的组织措施和制度，并采取了多种安全技术措施。

1. 保证安全的组织措施和制度

例如：为了保证从事电气工作人员安全，从业人员必须执行下列四项制度：工作票制度，工作许可制度，工作监护制度，工作间断、转移和终结制度。从业人员必须经过专业培训合格，持有《特别工种安全操作证》才允许上岗等。

2. 保证安全的技术措施

1）操作人员在上岗操作时必须执行停电、验电、挂接地线、挂告示牌及设置遮栏等措施。

2）为防止偶然触及或过分接近带电体，还应采用绝缘、屏护、间距等措施。例如：用绝缘材料将带电体、导线封闭好，并要检查绝缘材料的绝缘电阻是否符合要求，如低压电力和照明线路要求绝缘电阻不低于 0.5MΩ。还要采用遮拦、护罩、护盖、箱匣等，将带电体同外界隔离开来，特别对于高压设备更要加装屏护装置，不仅防止触电，还防止电弧伤人，便于检修工作的进行。此外，设置人体与带电体之间的安全距离。例如：带电体与地面之间，带电体与其他设施或设备之间，带电体与带电体之间必须保证有一定的安全距离等等。

3. 防止意外间接触电措施

电气设备的外壳、手柄、支架等正常工作时不带电，但有时因绝缘损坏等因素，使不带电体意外带电。当人体接触时，发生触电，这种称为间接触电，因为人们对这种情况戒心不足，很容易出现触电事故。为此，采取了保护接地，保护接零及安装漏电保护器等安全措施。

（1）保护接地 保护接地就是将电气设备的外壳通过接地线和接地体之间同大地进行良好的连接。它适用于三相三线制中性点不接地系统。图 6-7-4b 为常用低压电气设备的保护接地情况。

图 6-7-4a 为一相线路与电气设备的金属外壳间绝缘损坏而碰壳，而电气设备又未接地的情况。此时站在地面上的人体触及带电的外壳，相当于图 6-7-1b 所示的单相触电情况。

由图 6-7-4b 可见，当电气设备采用保护接地后，人体触及带电的外壳后，保护接地电阻 $R_b$ 和人体的电阻 $R_r$ 并联，通过人体的电流为

$$I'_r = \frac{R_b}{R_b + R_r} \cdot I_r \quad (R_b \ll R_r)$$

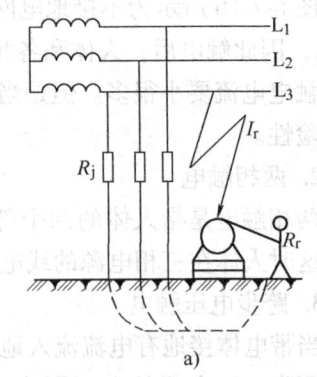
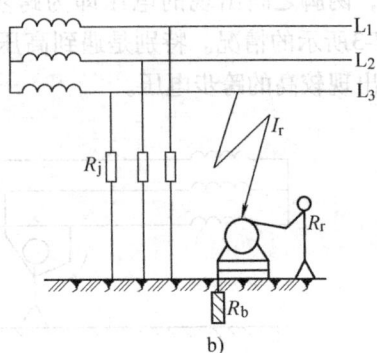

图 6-7-4 保护接地原理图

由上式可见，$R_b$ 越小，通过人体的电流就越小，保护效果越明显。一般对于 1kV 以下的低压中性点不接地系统，$R_b \leq 4\Omega$；对于 1kV 以上的高压中性点不接地系统，$R_b \leq 10\Omega$。

（2）保护接零 保护接零是指在中性点接地的三相四线制低压系统中，将电气设备的金属外壳用导线接在中线（零线）上，如图 6-7-5 所示。

由图 6-7-5 所示可见，当电气设备的某相电气绝缘损坏而接触外壳时，相电压经过相线就会产生很大的短路电流，迅速使熔断器等保护电器动作（如熔断器熔断），从而保证了外壳带电的电气设备与电源脱离，避免了人体触电的可能性。

在此要特别说明，在中性点接地的低压系统中，电气设备不能采用保护接地来防止人体触电，否则是非常不安全的，如图 6-7-6 所示的情况。

由图可知，当电气设备一相线路绝缘损坏发生碰壳时，通过回路的故障电流为

$$I_{SC} = \frac{U_P}{R_d + R_b} = \frac{220}{4+4}A = 27.5A$$

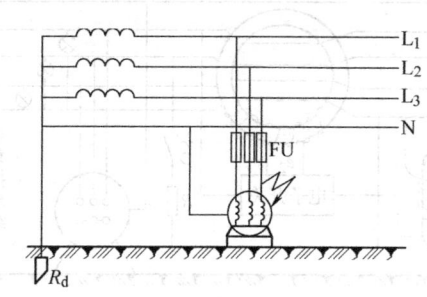
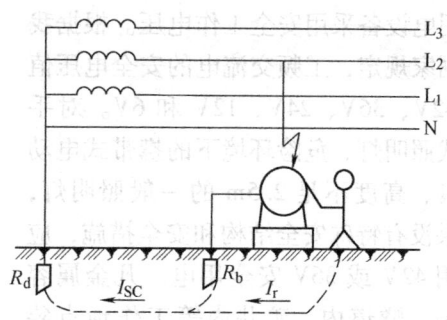

图 6-7-5 保护接零　　　　图 6-7-6 中性点接地系统采用保护接地的后果

因为熔断器的熔断电流是熔断器额定电流的 3 倍左右,这就是说,故障电流 $I_{SC}$ 通过 10A 以下的额定电流熔丝才能使其熔断,截断故障设备。对于安装 10A 以上的熔断器不能熔断。这种情况,电气设备的金属外壳带电后对地电压为

$$U_d = \frac{R_b}{R_d + R_b} \cdot U_P = \frac{4}{4+4} \times 220V = 110V$$

这样大的电压会留下人体触电的危险隐患。同时中线对地电压:

$$U_N = \frac{R_b}{R_d + R_b} \cdot U_P = 110V$$

这个电压对于外壳接零的其他电气设备也是危险的。

由以上分析可知,在中性点接地的低压系统中,电气设备必须采用保护接零,且要求中线有足够的机械强度,连接可靠。实际应用时,为了降低由于中线以外断路使电气设备外壳带电所造成的触电危险,在每一接户线(引向用户的中线)的引线端外要重复接地。重复接地的电阻必须小于 10Ω。

(3) 安装漏电保护开关　漏电保护开关又称漏电保护器,它是为了防止低压电网中人身触电或漏电造成火灾等事故而研制的一种新型电器,它除起断路的作用外,还能在设备漏电或人身触电时迅速断开电路,保护人身和设备的安全,因而使用十分广泛。

漏电保护开关有很多类型,按动作原理分电压动作型和电流动作型,现在多用电流动作型(剩余电流动作保护器);按相数分三相和单相两种;按内部动作结构又可分为电磁式和电子式等。

注意:安装漏电保护开关时要注意以下几点:

① 漏电保护开关的保护范围应是独立回路,不能和其他线路有电气上的连接。

② 在潮湿、高温、金属占有系数大的场所及其他导电良好的场所,必须设置独立的漏电保护开关,不得用一台漏电保护开关同时保护两台以上的设备(或工具)。

③ 安装漏电保护开关后,不能撤掉或降低对线路、设备的接地或接零保护要求及措施。安装时应注意区分线路的工作零线和保护零线。工作零线应接入漏电保护开关,并应穿过漏电保护开关的零序电流互感器。经过漏电保护器的工作零线不得作为保护零线,并不得重复接地或接设备的外壳。线路的保护零线不得接入漏电保护开关,但要重复接地。图 6-7-7 所示为漏电保护与接零保护供用时的接线原理图。

(4) 采用安全电压　对经常接触的用电设备采用安全工作电压。根据我国国家规定，工频交流电的安全电压值为42V、36V、24V、12V和6V。对手提式照明灯、危险环境下的携带式电动工具、高度不足2.5m的一般照明灯，如果没有特殊安全结构和安全措施，应采用42V或36V安全用电。凡金属容器内、隧道内、矿井内等工作地点狭窄，动作不便以及周围有大面积接地导体的环境，使用手提式照明灯应采用

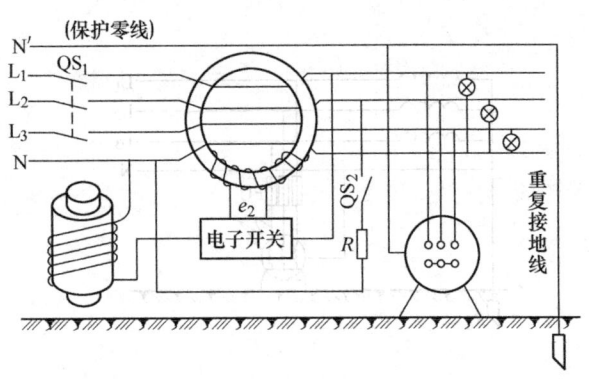

图6-7-7　漏电保护与接零保护供用时的接线原理图

12V安全电压等。使用安全电压工作，即使有触电发生，通过人体的电流不会超过允许范围，较为安全。

4. 加强安全用电知识的宣传和教育

对人们要进行安全用电知识的宣传和教育，提高人们对电的防范意识，学习安全用电、防电的措施和方法，这是防止触电，保证人身安全的重要方面。

##  ⊙第八节　三相电路的功率和电能测量

### 一、三相交流电路的功率测量

通常，用功率表测量三相交流电路的有功功率可采用以下方法。

若三相交流电路对称时（电源对称，三相负载相同），可用一表法测出其中一相的功率，将测得的数值乘以3就是三相总功率。图6-8-1所示即为一表法测量功率的接线图。

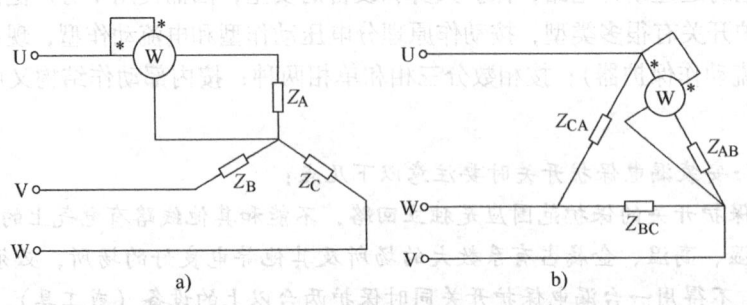

图6-8-1　一表法测量三相功率接线图
a) 负载为Y接　b) 负载为△接

在不对称的三相四线制电路中，可用三表法分别测量各相的有功功率，在将三相测量值相加即为三相总功率。三表法测量三相功率的接线图如图6-8-2所示。

在三相三线制电路中，不论负载连成星形或三角形，也不论负载是否对称都可采用两表法来测量三相总功率。下面以星形负载为例，说明测量方法。图 6-8-3 所示是用两表法测量三相功率的接线图。它将两个功率表的电流线圈串接在任意两根相线上，且标有"＊"号的接线端应接在靠电源的一方，而两个电压线圈标有"＊"号的接线端应与各自电流线圈标有"＊"号的接线端连接在一起。未标"＊"号的接线端则接在未串联电流线圈的一根相线上。

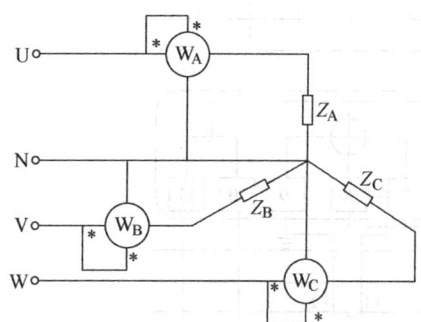
图 6-8-2　三表法测量三相功率接线图

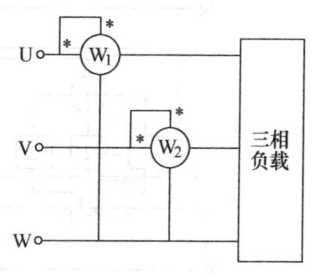
图 6-8-3　用两表法测量三相功率接线

这样两表的读数应分别为

$$P_1 = U_{13}I_1\cos\alpha$$
$$P_2 = U_{23}I_2\cos\beta$$

式中，$U_{13}$ 是 $L_1$、$L_3$ 之间的线电压；$I_1$ 是 $L_1$ 相的线电流，$\alpha$ 为 $U_{13}$ 和 $I_1$ 之间的相位差；$U_{23}$ 是 $L_2$、$L_3$ 之间的线电压；$I_2$ 是 $L_2$ 相的线电流，$\beta$ 为 $U_{23}$ 和 $I_2$ 之间的相位差。

因此，三相总的有功功率为

$$P = P_1 + P_2$$

当负载的功率因数较低时，线电压和线电流的相位差可能大于 90°，功率表的指针就要向相反方向偏转，这时必须将电流线圈反接，才能测出结果。但是在计算总功率时，这只被反接电流线圈的功率表，其读数记为负数。可见：$P = P_1 + P_2$ 中 $P_1 + P_2$ 为代数和。

## 二、三相电能表及测量电能的方法

三相电能表多用于动力和照明混合供电的三相四线制电路中。三相四线制电能表的额定电压为 220V，额定电流有 5A、10A、15A、20A 等多种。其中，额定电流为 5A 的必要时可以配电流互感器接入电路。

常用的三相四线电能表有 $DT_1$ 和 $DT_2$ 系列，DT 系列电能表共有 11 个接线端钮，自左向右按 1～11 依次编号。

三相四线电能表直接式接线时，其中 1、4、7 为接入电能表相线端钮；3、6、9 为接出相线的端钮；10、11 为接中性线的端钮；2、5、8 为接仪表内部各电压线圈的端钮，如图 6-8-4a 所示。

图 6-8-4b 所示是三相四线电能表经电流互感器间接接线图，电表上的 11 个端钮，其中电压线圈有 2、5、8、10 端钮分别接电源 U（黄线），V（绿线），W（红线）和 N（黑线）；电流线圈入线 1、4、7 端钮分别接电流互感器 $L_1$ 端；电流线圈出线 3、6、9 端钮分别接电

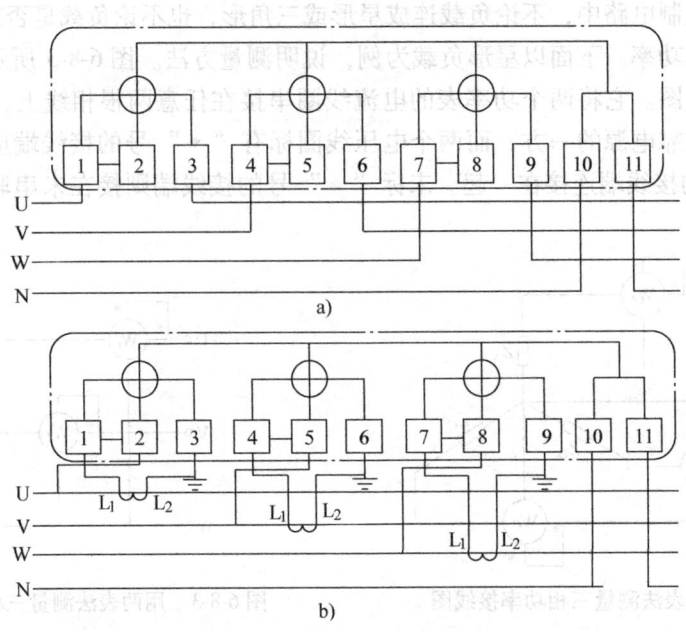

图 6-8-4 三相四线有功电能表接线
a) 直接接入 b) 经互感器接线

流互感器的 $L_2$ 端;电流互感器的 $L_2$ 接地 E(黄绿双色线);最后电能表外壳接地。

对三相三线制电路的电能测量,一般采用 $DS_1$ 和 $DS_2$ 型三相三线制电能表。此表额定电压为 380V,额定电流有 5A、10A、15A、20A、25A 等多种。其中,额定电流为 5A 的电能表用于 5A 以上的电路计算时可以经电流互感器接入。它有 8 个接线端钮,直接接入电路时,如图 6-8-5 所示,1、4、6 为接入端钮;3、5、8 为接出端钮;2、7 为接表内电压线圈的端钮。在表内,端钮 1 与 2、6 与 7 相连接。

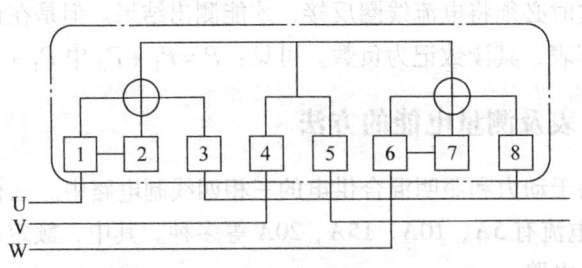

图 6-8-5 三相三线有功电能表直接接线

电能表装好后记下表中计数器的数字作为底数,为用电的起点。第二次抄表所得数字与底数之差,即为两次抄表时间间隔内的用电量(kW·h)。

# 本 章 小 结

三相交流电路是一种特殊形式的交流电路,这类电路应用广泛,学习中要特别注意掌握三相交流电路的特点和有关规律。

1. 三相交流发电机产生三相交流对称电动势(幅度、频率相等,相位互差 120°),输出的三相端电压也是对称的，且保持恒定，与负载无关。

2. 三相电源有两种接线方法，一种是星形联结的三相四线制，它能提供相电压和线电压两种电源电压；另一种是三角形联结的三相三线制，常用在输电线路中。

3. 三相负载有星形联结和三角形联结，采用的接法应使每相负载所承受的电压等于其额定电压。在三相四线制供电系统中，中线起着至关重要的作用，不能去掉，以稳定三相电压不变。

4. 当三相负载对称时，其相电压、相电流也对称，所以只需要计算一相的电压、电流，其余两相的电压、电流可依对称关系得到。

5. 三相负载按星形或三角形联结，负载对称或不对称时，线、相电量之间的关系如下：

| 负载接法 | 供电系统 | 负载情况 | 电 压 | 电 流 | 说 明 |
|---|---|---|---|---|---|
| 星形联结 | 三相四线制 | 负载对称 | $U_P = \dfrac{U_L}{\sqrt{3}}$ | $I_P = I_L$ | $I_N = 0$ |
| | | 负载不对称 | | | $I_N \ne 0$ |
| | 三相三线制 | 负载对称 | $U_P = \dfrac{U_L}{\sqrt{3}}$ | $I_P = I_L$ | |
| | | 负载不对称 | $U_P \ne \dfrac{U_L}{\sqrt{3}}$ | | 故障情况 |
| 三角形联结 | 三相三线制 | 负载对称 | $U_P = U_L$ | $I_P = \dfrac{I_L}{\sqrt{3}}$ | |
| | | 负载不对称 | | $I_P \ne \dfrac{I_L}{\sqrt{3}}$ | |

6. 三相负载的总有功功率、无功功率分别是每相负载有功功率、无功功率之和。视在功率 $S = \sqrt{P^2 + Q^2}$，负载为三相对称负载时，$P = \sqrt{3}U_L I_L \cos\varphi_P$，$Q = \sqrt{3}U_L I_L \sin\varphi_P$，以及 $S = \sqrt{P^2 + Q^2}$ 或 $S = \sqrt{3}U_L I_L$（对负载星形或三角形联结均适用）。

7. 了解我国的供电系统。安全用电和节约用电是用电单位和个人的两个重要方面，一定要高度重视。

8. 三相功率及电能的测量方法。

## 练习及思考题

**一、选择填空**

1. 三相四线制供电系统中，线电压指的是（　　）的电压。
   a. 火线之间　　　　　　b. 火线和零线之间　　　　　　c. 火线对地之间

2. 三相四线制供电的相电压若为220V，那么它的线电压大约为（　　）。
   a. 280V　　　　　　　　b. 346V　　　　　　　　　　　c. 380V

3. 电源的三相绕组为三角形接法时，它同时可以输出（　　）。
   a. 一种等级的电压　　　b. 两种等级的电压　　　　　　c. 三种等级的电压

4. 三相四线制连接的电路中，中线上的电流和各相电流之间的关系是（　　）。

a. $I_0 = I_A + I_B + I_C$　　　　b. $\dot{I}_0 = \dot{I}_A + \dot{I}_B + \dot{I}_C$　　　　c. $\dot{I}_0 = 0$

5. 三相对称负载Y联结的电路中，$I_{线}$ 和 $I_{相}$ 之间的大小关系是（　　）。

a. $I_{线} = \sqrt{3} I_{相}$　　　　b. $I_{线} = 3 I_{相}$　　　　c. $I_{线} = I_{相}$

6. 三相对称负载三角形联结的电路中，负载的相电压与（　　）相等。

a. 电源的线电压　　　　b. 电源的相电压　　　　c. 负载的线电压

7. 三相对称负载的有功功率为（　　）。

a. $P = 3U_{线} I_{线} \cos\varphi$　　　b. $P = \sqrt{3} U_{线} I_{线} \sin\varphi$　　　c. $P = \sqrt{3} U_{线} I_{线} \cos\varphi$

8. 在工频交流电路中，电压低于（　　）才能为安全电压。

a. 220V　　　　　　　b. 100V　　　　　　　c. 40V

## 二、判断对错

1. 在三相四线制电路中，凡是单相负载必须接在相线和中线之间。　　　　　　（　　）

2. 在安装三相供电系统的负载时，只要使三相的负载对称，就可以不要中线（零线）。

（　　）

3. Y联结的负载供电电路中，每线（相线）的线电流一定等于对应相负载的相电流，但各线之间的电流不一定相同。　　　　　　　　　　　　　　　　　　　（　　）

4. △联结的三相负载无论对称与否，三相负载的相电压基本上是对称的。　　（　　）

5. 三相负载的有功功率或无功功率都分别等于每相有功或无功功率之和。　　（　　）

6. 无论电路上接何种负载，三相总的视在功率（容量）$S = \sqrt{3} UI$。　　　　（　　）

## 三、分析和计算

1. 今有一台三相交流电动机，它的每相绕组额定电压为220V，问当三相电源的线电压为380V时，该电动机的三相绕组采用什么方式连接？当三相电源的线电压是220V时，该电动机又如何连接？

2. 对称的三相负载，每相为 RL 串联电路，其中 $R = 17.32\Omega$，$x_L = 10\Omega$，每相负载的额定电压为220V，接入三相四线制电源，电源的线电压为 $u_{UV} = \sqrt{2} \cdot 380\sin(314t + 30°)$ V。问（1）该三相负载应如何接入三相电源？（2）计算负载的线电流？（3）画出相量图。

3. 三相对称负载的额定电压为380V，每相负载是 RC 串联电路，其中 $R = 26.87\Omega$，$x_C = 26.87\Omega$。接入三相四线制电源，电源的相电压为：$u_U = \sqrt{2} \cdot 220\sin(314t - 30°)$ V。问：（1）三相负载应如何连接？（2）计算负载的相电流和线电流？（3）画出相量图。

4. 题图6-1所示三相交流电路中，已知 $R = x_L = x_C = 22\Omega$，三相电源的相电压 $u_U = \sqrt{2} \cdot 220\sin 314t$ V。问：（1）三相负载是否属对称负载？（2）求各相的线电流及中线的电流。

5. 有荧光灯60只，每只额定功率 $P_e = 40$W 额定电压 $U_e = 220$V $\cos\varphi = 0.5$，接在线电压为380V的三相四线制电源上。问这些荧光灯怎样连接比较合适？当这些荧光灯全部点亮时，总的相、线电流是多少？总的视在功率、有功功率为多大？

6. 一台三相异步电动机，每相定子的等效阻抗 $R = 28\Omega$，$x_1 = 21\Omega$。定子绕组为Y联结，三相电源的线电压为380V。求（1）线电流 $I_e$（2）三相功率 $P$。

7. 上题中若有一根电源线断开，定子电流（线电流）有无变化？计算分析出来。

8. 题图6-2所示三相电路中，已知 $U_e = 380V$，$R = 8\Omega$，$x_C = 6\Omega$。求（1）$S_1$、$S_2$ 都闭合时，两电流表的读数。(2) $S_1$ 合 $S_2$ 开，两电流表读数。(3) $S_1$ 闭 $S_2$ 开后，两电流表的读数。

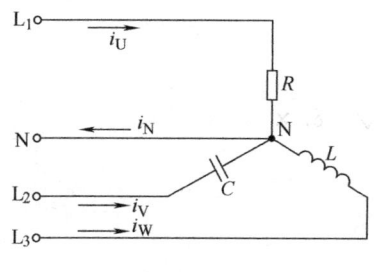

题图 6-1

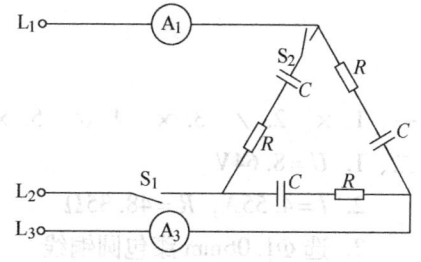

题图 6-2

## 四、思考题

1. 三相四线制电路中，为什么必须要有中线（零线）？
△2. 你对接触触电的防止措施有哪些？
△3. 节约用电的重要意义是什么？怎样做才行？
△4. 三相异步电动机的额定值含义是什么？
△5. 你会使用常用的测量仪表吗？

# 附录  部分练习题答案

## 第一章

一、1. × 2. ✓ 3. × 4. ✓ 5. × 6. ✓ 7. ✓ 8. ×

二、1. $U=8.64V$

2. $I=4.55A$, $R=48.35\Omega$

3. 选 $\Phi 1.06mm$ 漆包圆铜线

4. $R_{灯}=806.67\Omega$, $I_e=0.818A$

5. (1) $S_1$、$S_2$ 未闭合时，电压表读数为 5.8V

   (2) $S_1$ 闭合时，5.5V；$S_2$ 闭合时 5.2V

   (3) $S_1S_2$ 都闭合时，4.96V

6. a. 5A（向上）和 $2\Omega$ 并联    b. 10A（向下）和 $2\Omega$ 并联

   c. 12V（下正上负）和 $3\Omega$ 串联    d. 20V（上正下负）和 $4\Omega$ 串联

7. a. 0A   b. 0A

8. $I_b=40\mu A$, $I_C=1.8mA$, $I_e=1.84mA$, $U_{ce}=9.2V$

## 第二章

一、1. c 2. b 3. b 4. c 5. a 6. c 7. a 8. c 9. a 10. b 11. c 12. b
13. a 14. c 15. b

二、1. $R=120\Omega$

2. 0.8A, 55V

3. 4 号灯泡内短路

4. 4 号灯支路断路

5. 六种连接方式

6. (1) 10V；(2) 7.5V；(3) 5V

7. (2) $36\Omega$；(2) $12\Omega$；(3) $4\Omega$

8. (1) 40 个；(2) 255V

9. $R_X=4\Omega$

10. $I_2=1.5A$    $I_3=-0.5A$    $U=7V$

11. 4A

12. a) 8V（上正下负）和 $2\Omega$ 串联。

    b) 4V（上正下负）和 $4\Omega$ 串联。

    c) 21V（上正下负）和 $3\Omega$ 串联。

13. (1) $I=3A$   (2) $U_{SA}=15V$   $R_0=3\Omega$

14. $1\frac{2}{3} \sim \frac{5}{9}$A 变化。

15. a) $7\frac{1}{3}$V，1933Ω   b) $-1$V，9Ω

16. $R_{ab} = 1\frac{5}{7}$Ω，$U_{ab} = 17.14$V，$U_{ac} = 8.57$V

17. 3μF，7μF

18. $U = 375$V

19. $U = \frac{4}{3}$V

20. $U_1 = 81.8$V，$U_2 = 18.2$V，$U_3 = 3.55$V，$U_4 = 13.65$V

三、

1. （1）220V，60W 灯较亮   （2）110V，40W 灯较亮
2. 可以，但灯泡的功率达不到额定值
3. 不行，220V，40W 灯因承受电压过高而损坏。
4. 串联时，3:1；并联时，1:3

## 第三章

一、1. ✓  2. ×  3. ×  4. ×  5. ✓  6. ×  7. ✓  8. ✓  9. ✓  10. ✓

二、1. $F = 1$N（向左）

## 第四章

一、1. c  2. a  3. b  4. c  5. c

三、1. $i = 6.43\sin(314t - \frac{\pi}{6})$ A

2. （1）$i_L = 14.1\sin(100t + \frac{2\pi}{3})$ A

   （2）$Q_L = 100$var

3. （1）$i_C = 0.282\sin(100t + \frac{\pi}{3})$ A

   （2）$Q_C = 19.88$var

4. $I_R = 2$A   $I_L = 1$A   $I_C = 4$A

## 第五章

一、1. c  2. a  3. b  4. b  5. a

三、2. $R = 20$Ω   $L = 1.27$H

3. $Z = 20$Ω   $R = 7$Ω   $X_C = 7$Ω   $C = 455$μF   $P = 3422$W

4. $R = 30$Ω   $C = 79.62$μF

5. $X'_L = 89.97$Ω   $L' = 0.287$H

6. $I = 7.27\text{A}$  $\cos\varphi = 0.5$  $S = 1600\text{V}\cdot\text{A}$

7. $C = 4.65\mu\text{F}$

8. $L = 2.44\text{mH}$  $R = 1.38\Omega$

9. 串联时，$Z_0 = 20\Omega$  $f_0 = 3.14717 \times 10^5\text{Hz}$
   并联时，$Z_0 = 8 \times 10^4\Omega$  $f_0 = 3.14678 \times 10^5\text{Hz}$

10. a) $I_0 = 14.14\text{A}$   b) $I_0 = 2\text{A}$

## 第六章

一、1. a  2. b  3. a  4. b  5. c  6. a  7. c  8. c

二、1. ×  2. ×  3. ✓  4. ✓  5. ×  6. ×

三、1. 线电压为380V时：Y接；线电压为220V时：△接

2. (2) 线电流 $I_L = 11\text{A}$

3. (2) 相电流 $I_{相} = 10\text{A}$   线电流 $I_L = 17.32\text{A}$

4. (2) $i_U = 10\sqrt{2}\sin 314t\ \text{A}$   $i_V = 10\sqrt{2}\sin(314t - 30°)\ \text{A}$
   $i_W = 10\sqrt{2}\sin(314t + 30°)\ \text{A}$   $i_N = 27.32\sqrt{2}\sin 314t\ \text{A}$

5. 20只为一组分别接到三相相电压中，$I_P = I_L = 7.27\text{A}$   $S = 4800\text{V}\cdot\text{A}$   $P = 2400\text{W}$

6. (1) $I_L = 6.286\text{A}$ (2) $P = 3317.55\text{W}$

7. $I_L = 5.554\text{A}$

8. (1) $S_1$、$S_2$ 都闭合时，$I_1 = 65.816\text{A}$   $I_3 = 65.816\text{A}$
   (2) $S_1$ 合，$S_2$ 开时，$I_1 = 38\text{A}$   $I_3 = 65.816\text{A}$
   (3) $S_1$ 开，$S_2$ 合时，$I_1 = 57\text{A}$   $I_3 = 57\text{A}$

# 参 考 文 献

[1] 秦增煌. 电工学 [M]. 北京：高等教育出版社，1990.
[2] 谭恩鼎. 电工基础 [M]. 北京：高等教育出版社，1990.
[3] 徐晓森. 电工基础 [M]. 北京：中国铁道出版社，1989.
[4] 席时达. 电工技术 [M]. 北京：高等教育出版社，2000.
[5] 张仁醒. 电工基本技能实训 [M]. 北京：机械工业出版社，2005.
[6] 赵便华. 电子电工实习参考资料 [M]. 北京：机械工业出版社，1999.

# 参考文献

[1] 秦曾煌. 电工学 [M]. 北京:高等教育出版社,1990.
[2] 罗思温. 电工基础 [M]. 北京:高等教育出版社,1990.
[3] 徐瑞森. 电工基础 [M]. 北京:中国铁道出版社,1989.
[4] 席时达. 电工技术 [M]. 北京:高等教育出版社,2000.
[5] 渠云田. 电工及电子技术 [M]. 北京:机械工业出版社,2002.
[6] 杨碧畲. 电子电工设计基础 [M]. 北京:机械工业出版社,1999.